話し言葉と書き言葉の接点

ひつじ研究叢書〈言語編〉

第 95 巻	形態論と統語論の相互作用	塚本秀樹 著
第 96 巻	日本語文法体系新論	清瀬義三郎則府 著
第 97 巻	日本語音韻史の研究	高山倫明 著
第 98 巻	文化の観点から見た文法の日英対照	宗宮喜代子 著
第 99 巻	日本語と韓国語の「ほめ」に関する対照研究	金庚芬 著
第 100 巻	日本語の「主題」	堀川智也 著
第 101 巻	日本語の品詞体系とその周辺	村木新次郎 著
第 103 巻	場所の言語学	岡智之 著
第 104 巻	文法化と構文化	秋元実治・前田満 編
第 105 巻	新方言の動態 30 年の研究	佐藤髙司 著
第 106 巻	品詞論再考	山橋幸子 著
第 107 巻	認識的モダリティと推論	木下りか 著
第 108 巻	言語の創発と身体性	児玉一宏・小山哲春 編
第 109 巻	複雑述語研究の現在	岸本秀樹・由本陽子 編
第 110 巻	言語行為と調整理論	久保進 著
第 111 巻	現代日本語ムード・テンス・アスペクト論	工藤真由美 著
第 112 巻	名詞句の世界	西山佑司 編
第 113 巻	「国語学」の形成と水脈	釘貫亨 著
第 115 巻	日本語の名詞指向性の研究	新屋映子 著
第 116 巻	英語副詞配列論	鈴木博雄 著
第 117 巻	バントゥ諸語の一般言語学的研究	湯川恭敏 著
第 118 巻	名詞句とともに用いられる「こと」の談話機能	金英周 著
第 119 巻	平安期日本語の主体表現と客体表現	高山道代 著
第 120 巻	長崎方言からみた語音調の構造	松浦年男 著
第 121 巻	テキストマイニングによる言語研究	岸江信介・田畑智司 編
第 122 巻	話し言葉と書き言葉の接点	石黒圭・橋本行洋 編

ひつじ研究叢書
〈言語編〉
第122巻

話し言葉と書き言葉の接点

石黒圭・橋本行洋 編

ひつじ書房

まえがき

　研究というものは、進めば進むほど精緻化される傾向にある。もちろん、それによって分析が深まり洗練される部分もあるが、研究分野の細分化ばかりが目立ち、重箱の隅をつつくような状況が現れがちであることも否定できない。新しい研究分野が開拓された当初、その斬新なアイデアは多くの研究者を魅了し、広く共有されるが、研究が進むにつれて専門外の人がその内容を理解も評価もできなくなり、「そんなことをやって何の意味があるのだろう」と首を傾げる研究が増殖するようになる。

　研究分野の細分化に伴うそうした閉塞感を打破するには、狭くなりがちな研究分野を意識的に横断する工夫を施さなければならない。いわば、大風呂敷を広げられるような枠を提供する必要があるわけである。本書のもとになったシンポジウム「話し言葉と書き言葉の接点」は、2013年6月1日に大阪大学豊中キャンパスで開催されたが、それはまさに日本語研究における大風呂敷を提供することを目的としたものであった。

　本書に収録された論文のなかでも、さまざまな大風呂敷が広げられている。「話し言葉と書き言葉の接点」という大きなテーマを論じるために、執筆者一人一人が自分なりの話し言葉観、書き言葉観を前面に押しださざるをえないからである。その結果、従来あまり試みられなかったような大胆な論が随所で展開されており、それが研究の新たな活力を生みだしている。

　もちろん、研究という営みが実証的なものである以上、総論が大風呂敷であっても、各論が大雑把であってはならない。事実、本書のなかで扱われる言語現象にたいしては、それぞれの執筆者が精緻な分析を施している。しかしながら、それが一部の専門家にしか理解されない偏狭なものになっていないのは、それぞれの執筆者が、

自らの話し言葉観、書き言葉観という総論を縦糸とし、対象となる言語現象という各論を横糸として、それぞれのテキスト（織物）を丁寧に編みあげた証であろう。

　本書は、全体としては二部構成となっており、第Ⅰ部が共時的な分析、第Ⅱ部が通時的な分析となっている。以下、その内容を簡単に紹介する。

　金水敏氏の「フィクションの話し言葉について―役割語を中心に―」では、フィクションの話し言葉は、話し言葉らしい面は残しつつも、作り手と受け手という構図のなかで、作り手の意図に奉仕するために再構成されているという面で書き言葉的であるという主張がなされている。会話の研究で小説の会話やシナリオを使う問題点はしばしば指摘されるが、その理由が何なのか、とくに、自然談話とは異なるフィクションの話し言葉の冗長さと無駄のなさの共存が何に起因するのか、本論文を読めばすっきり理解できる。また、筆者の提唱する「役割語」という概念も、こうした構図のなかでこそ十分に把握できることがわかるだろう。

　定延利之氏の「話し言葉が好む複雑な構造―きもち欠乏症を中心に―」は刺激的なネーミングのタイトルである。話し言葉は単純な構造を好むというのが私たちの「常識」だからである。しかし、筆者は、「きもち欠乏症」をキーワードに、一般には気づかれにくい、話し言葉が好む複雑な構造を示し、私たちの「常識」をいともたやすく覆してみせる。そして、筆者の鋭い洞察に基づくそうした言語事実の発掘をとおし、日本語のある種の発話では気持ちが表れていないと不自然になるし、それが話し言葉の複雑さを生みだしていることに初めて気づかされるのである。

　田中ゆかり氏の「ヴァーチャル方言の3用法―「打ちことば」を例として―」は、「打ちことば」であるブログに出現する方言形式の文末表現を調査したものである。調査の結果、その方言形式が当該の土地と発信者の関連を喚起させるタイプ、その方言形式が当該の土地とブログの話題の関連を喚起させるタイプ、その方言形式から喚起されるキャラがブログの執筆態度と臨時的に結びつくタイプの3つの用法が示された。「話し言葉と書き言葉の接点」の1つで

あるブログには、話し言葉での典型的な方言使用とは異なる演出があり、それは古くから見られる創作活動の延長線上にあるという指摘は、共時的な分析の枠を越え、第Ⅱ部の通時的な分析へとつながる地平を見せている。

野田春美氏の「疑似独話と読み手意識」は、エッセイ、ブログ、Twitterなどを対象に、心のなかの言葉に似せた表現がどのように現れるかということを、豊富な具体的を示しつつ、詳細に記述した論考である。そうした記述をとおし、文章に表れる読み手意識には段階性があり、それが文章のテクストタイプと密接な結びつきがあることが看取できる図式が示される。成熟期にさしかかっているモダリティの記述的研究の新たな発展の1つの形が、そこに垣間見える。

話し言葉と書き言葉の違いを考える場合、音声か文字かという単純な対立にとどまらず、多様な対立軸を想定できる。そのため、どのような対立軸を設定するかによって明らかにできる範囲が異なり、そこに研究者自身の力量がおのずと現れる。滝浦真人氏の「話し言葉と書き言葉の語用論―日本語の場合―」は、まさに「日本語の場合」に適切な対立軸の抽出に成功している。それは、共在性と待遇性という2つの軸である。とくに、興味深いのは命令と禁止の非対称性であり、「人に関わると世界はシンメトリックではなくなる」という表現が印象的である。個人的には、大学入試センター試験の問題冊子の表紙にある「注意しなさい」「解答してはいけません」のような非対称性が気になって仕方がなかったのだが、それにたいする明快な解答が得られたことが収穫であった。

丸山岳彦氏の「現代日本語の多重的な節連鎖構造について―CSJとBCCWJを用いた分析―」は、文の長さから見える話し言葉と書き言葉の違いを取りあげている。日本語の文が長くなるのは、テ節や中止節、ガ節やケレドモ節が連鎖することによって起こり、とくにそれは独話で顕著である。しかし、それは体験的に知られていることで、レジスターごとに計量的に裏づけられたわけではない。それを筆者は、コーパス開発者の視点から客観的な手続きで明らかにしている。しかも、そうした現象が起こる理由が示唆的であり、長

い節連鎖構造が書き言葉でも現れるのは、語るようなエッセイ風の文体を生みだすためだとする洞察に、研究の今後の新たな方向性が示された感がある。

　石黒圭「指示語にみるニュースの話し言葉性」は、一見書き言葉に見えるニュースの原稿が話し言葉的な性格を持つことを論じたものである。ニュースでは、冒頭にニュース全体の内容をまとめたリードが置かれ、それに続いてニュースの詳細な内容が語られるのが一般的である。そして、リードが終了した直後ではまずニュースの前提となる状況が設定され、そうした状況を「これに対して」「これを受けて」「こうしたなかで」などのコ系の指示語を含む接続表現で受け、ニュースの大事な情報が示されるというパターンが多い。こうした構造を取ることで、視聴者は音声情報を耳から一度聞いただけで頭に入れることができ、その意味でニュースの原稿は音声言語にふさわしい構造をなしていることを主張する。

　屋名池誠氏の「文字の表音性」は、論理的に考えることの重要性を示唆する論文である。最初のページから数学で「有理数の稠密性」などと使われる「稠密」という語が現れ、あたかも自然科学の論文であるかのような趣がある。そして、読みすすめてもその印象は変わらないどころか、自然科学の論文としても十分に通用する高い質を備えていることが見えてくるのである。本論文の目的は、訓漢字の多読性を避け、語形と表記の対応をできるだけシンプルにするための、形態論的に筋の通った合理的な表記体系を提案するところにある。その議論の進め方はきわめて堅実、かつ隙がない。日本語は、文字に音声を載せる場合、訓に問題が起きやすい。とくに、送り仮名は例外が多く、表記が悲鳴を上げているかのようである。そうした悲鳴を最小限に抑えるための、表記を整えるさいの基本的な考え方として、今後参照されつづけることになろう。

　ここまでが第Ⅰ部の共時的な内容の紹介である。ここからは第Ⅱ部の通時的な内容の紹介に移るが、もう一人の編者の橋本氏とは異なり、私は歴史的な研究に暗いので、素人なりの感想になることをお許しいただきたい。

　乾善彦氏の「古代における書きことばと話しことば」は、古代・

中古の「話し言葉と書き言葉の接点」を探ったものである。当時の言葉が、和語を基調とした「生活のことば」と、漢語を基調とした「日常のことば」に分けられ、前者は「家庭でのことば」、後者は「職場でのことば」にたとえられる。文字として残っている「生活のことば」は万葉集や記紀歌謡のウタの言葉であり、伝承に見られるカタリの言葉である。一方、「日常のことば」は漢籍や宣命に見られる漢文訓読の言葉である。古事記や日本書紀は「日常のことば」であるが、古事記の仮名書き部や日本書紀の訓注は「生活のことば」であり、その内部に「話し言葉と書き言葉の接点」が見られるという指摘には目の開かれる思いがする。

山本真吾氏の「鎌倉時代口語の認定に関する一考察―延慶本平家物語による証明可能性をめぐる―」は、中世語の「国語史研究の谷間」と評される鎌倉時代の言葉、とくに扱いが難しい口語を実証的に検証した論考である。具体的には、平家物語諸本の延慶本に見られる「鎌倉時代の口頭語」について、長門本と源平盛衰記との対応関係のなかで詳細に調査している。本論文を読んであらためて考えさせられるのは、資料を慎重に吟味し、確証のあることだけを主張する研究姿勢の大切さである。本論文を読みすすめるうちに、業績を焦るあまり、検証可能性を軽く考えがちな昨今の研究の風潮にたいする警鐘が耳に聞こえてきそうな錯覚を覚えた。

野村剛史氏の「明治前期の手紙文にみられる「口語体」」は、「話し言葉と書き言葉の接点」の1つである手紙文に言文一致体の萌芽を見いだす興味深い試みである。Twitter、Facebook、LINEというメディアとそれを支えるスマホというツールの普及は、話し言葉と書き言葉の区分をあいまいにし、従来の単純な二分法を無意味なものにした。しかし、そうした状況は今日初めて生じたわけではなく、郵便事情が良好であった明治前期にすでに現出していたことを本論文は教えてくれる。もちろん、筆者が指摘するように、言文一致体普及の主役は小説であり、手紙文は脇役であろうが、本研究をきっかけに、メディア・リテラシーの高い書き手が口語体をどのように編みだしていくのか、そうした技法の時代ごとの共通点と相違点が、今後明らかにされていくことが期待される。

録音機器が開発される以前の時代の話し言葉を復元しようとすると、文献に頼らざるをえない。しかし、文字になっているどの部分が話し言葉であったのかを見分けるのは難しい。今野真二氏の「書かれたはなしことば」には、その見分け方のヒントがぎっしりつまっている。『日葡辞書』の注記、富士谷御杖『詞葉新雅』の「里言」、本居宣長『古今集遠鏡』の口語訳、安原貞室『かたこと』の「かたこと」、夏目漱石の自筆原稿、「ボール表紙本」などを取りあげつつ、辞書や文献の性格を吟味し、発想の転換をすれば、話し言葉復元のためのヒントが得られることが明快に語られる。とくにそうした文献に疎い私のような者にとって、たいへん参考になる論考である。

　中国人留学生に日本語を教えていると、漢語で誤解していることに気づく。先日、「多分」を文章で使った学生に「おそらく」のほうがよいと提案したところ、「漢語＝文体的に硬い言葉」と覚えていたらしく意外そうな表情をした。「多分」は中国語では使わないとその学生は話していたが、橋本行洋氏の「「全然」とその振り仮名」のように中国語に由来する同形語の場合、事情はさらに複雑であろう。「全然」は否定語との共起がよく問題にされるが、文法面だけでなく、意味面でも、表記面でも、文体面でも、かなりの変遷を経て定着してきたことが丁寧に観察されている。こうした丁寧な観察によって言葉の諸側面が初めて明らかになるのが言語研究の醍醐味であり、音声と表記のいずれか一面しか見ずに同形語と判断してしまうことの怖さを教えてくれる研究である。

　いずれの論文も骨のある内容であり、読むのに骨が折れるかもしれない。しかし、そうした苦労に見合うだけの知的好奇心を刺激する粒ぞろいの研究である。本書に収録されたこれらの論文が、読者お一人お一人の研究のお役に立てば、編者・執筆者一同、それに勝る喜びはない。

　2014年4月　編者の一人として

石黒圭

目次

まえがき　　　　　　　　　　　　　　　　　　v

I　共時的研究　　　　　　　　　　　　　　1

フィクションの話し言葉について
　役割語を中心に　　　　　　　　　　金水敏　3

話し言葉が好む複雑な構造
　きもち欠乏症を中心に　　　　　　定延利之　13

ヴァーチャル方言の3用法
　「打ちことば」を例として　　　　田中ゆかり　37

疑似独話と読み手意識　　　　　　　野田春美　57

話し言葉と書き言葉の語用論
　日本語の場合　　　　　　　　　　滝浦真人　75

現代日本語の多重的な節連鎖構造について
　CSJとBCCWJを用いた分析　　　　丸山岳彦　93

指示語にみるニュースの話し言葉性　　石黒圭　115

文字の表音性　　　　　　　　　　　屋名池誠　137

II　通時的研究　　169

古代における書きことばと話しことば　　乾善彦　171

鎌倉時代口語の認定に関する一考察
　延慶本平家物語による証明可能性をめぐる　　山本真吾　187

明治前期の手紙文にみられる「口語体」　　野村剛史　205

書かれたはなしことば　　今野真二　223

「全然」とその振り仮名　　橋本行洋　243

あとがき　　261

索引　　263

執筆者一覧　　269

詳細目次

まえがき　　　　　　　　　　　　　　　　　　　　　v

I　共時的研究　　　　　　　　　　　　　　　　　　I

フィクションの話し言葉について
役割語を中心に　　　　　　　　　　　　　　金水敏　　3

1. はじめに　　　　　　　　　　　　　　　　　　3
2. 話し言葉の特徴　　　　　　　　　　　　　　　3
3. フィクションの話し言葉　　　　　　　　　　　5
4. フィクションの話し言葉と役割語　　　　　　　7
5. 役割語ではない個別性　　　　　　　　　　　　10
6. 最後に　　　　　　　　　　　　　　　　　　　11

話し言葉が好む複雑な構造
きもち欠乏症を中心に　　　　　　　　　　定延利之　　13

1. はじめに　　　　　　　　　　　　　　　　　　13
2. 先行研究　「話し言葉〜書き言葉」の連続性　　13
3. 補足　これまでの筆者の話し言葉・書き言葉研究から　　15
4. 話し言葉が複雑な構造を好むとは？　　　　　　19
5. おわりに　発話の文法　　　　　　　　　　　　32

ヴァーチャル方言の3用法
「打ちことば」を例として　　　　　　　田中ゆかり　　37

1. はじめに　　　　　　　　　　　　　　　　　　37
2. ブログに現れるヴァーチャル方言　　　　　　　38
3. おわりに　　　　　　　　　　　　　　　　　　50

疑似独話と読み手意識　　　　　　　　　野田春美　57
 1. はじめに　57
 2. 疑似独話　57
 3. 読み手を特に意識した表現　66
 4. 「読み手意識」の下位分類　71
 5. おわりに　72

話し言葉と書き言葉の語用論
日本語の場合　　　　　　　　　　　　　滝浦真人　75
 1. ねじれたいくつかの軸　75
 2. カミュの独白、太宰の身上話　77
 3. 共在と待遇の語用論　80
 4. 悩める禁止　86

現代日本語の多重的な節連鎖構造について
CSJ と BCCWJ を用いた分析　　　　　　丸山岳彦　93
 1. 問題の所在　93
 2. 分析対象データ　96
 3. 分析　100
 4. 考察　107
 5. まとめ　113

指示語にみるニュースの話し言葉性　　　　石黒圭　115
 1. 調査の目的　115
 2. 調査の方法と資料　117
 3. 調査結果の全体的傾向　118
 4. 調査結果の個別的傾向　120
 5. おわりに　133

文字の表音性　　　　　　　　　　　　　　屋名池誠　137
 1. 「文字の表音性」　137
 2. 訓漢字の多読性　140
 3. 訓漢字の文法（形態論）的な多読性　141
 4. 訓漢字の語彙的な多読性　152
 5. 訓漢字における「文字の表音性」　167

Ⅱ　通時的研究　　　　　　　　　　　　　　169

古代における書きことばと話しことば　　　　乾善彦　171
　1. 書きことばとしての漢文　　　　　　　　　　171
　2. 話しことばの階層性　　　　　　　　　　　　176
　3. 書きことばとしてのカタリの文体の成立　　　183

鎌倉時代口語の認定に関する一考察
　　延慶本平家物語による証明可能性をめぐる　　山本真吾　187
　1. 鎌倉時代語研究の問題点　　　　　　　　　　187
　2. 延慶本平家物語の言語年代について　　　　　190
　3. 「旧延慶本」と鎌倉時代口語　　　　　　　　192
　4. まとめ　延慶本平家物語で証明できること　　201

明治前期の手紙文にみられる「口語体」　　　野村剛史　205
　1. 話し言葉と書き言葉の接点　　　　　　　　　205
　2. メディアのスピードと文体　　　　　　　　　206
　3. 明治期の友人相手の手紙の文体　　　　　　　208
　4. 書簡型口語体は、いつ、どれほど普及したか　213
　5. 書簡型口語体の影響力　　　　　　　　　　　217

書かれたはなしことば　　　　　　　　　　　今野真二　223
　1. はじめに　　　　　　　　　　　　　　　　　223
　2. 検証の手続き　　　　　　　　　　　　　　　224
　3. 安原貞室『かたこと』（1650年刊）　　　　　230
　4. 明治期の文献　　　　　　　　　　　　　　　234
　5. おわりに　　　　　　　　　　　　　　　　　241

「全然」とその振り仮名　　　　　　　　　　橋本行洋　243
　1. はじめに　　　　　　　　　　　　　　　　　243
　2. 明清白話小説の「全然」とその翻訳　　　　　243
　3. 近代日本文学作品における「全然」の振り仮名　246
　4. 『人情本刊行会叢書』における改変　　　　　249

5. 振り仮名の影響　251
6. 近代日本語辞書における「全然」　254
7. 「全然」の日常語化と辞書への登録　256
8. おわりに　258

あとがき　261

索引　263

執筆者一覧　269

I　共時的研究

フィクションの話し言葉について
役割語を中心に

金水敏

1. はじめに

役割語は次のように定義される。
> ある特定の言葉遣い（語彙・語法・言い回し・イントネーション等）を聞くと特定の人物像（年齢、性別、職業、階層、時代、容姿・風貌、性格等）を思い浮かべることができるとき、あるいはある特定の人物像を提示されると、その人物がいかにも使用しそうな言葉遣いを思い浮かべることができるとき、その言葉遣いを「役割語」と呼ぶ。　　　　　　　　　（金水2003: 205）

この定義にも現れているように、役割語は、話し手のキャラクターの一部と結びついた、話し言葉の変異である。しかしこの定義にははっきりとは書かれていない重要な特徴として、役割語はフィクションの話し言葉であるということがある。純然たる話し言葉ではないフィクションの話し言葉とはどのような特徴があるのか、書き言葉との関連から整理してみたい。

2. 話し言葉の特徴

現実の日常的な話し言葉について、次のような特徴から考えてみたい。
1. 場面依存的
2. 逐次処理的
3. 多視点的
4. 配慮表現の必要性
5. 個人的変異

それぞれの特徴について、やや詳しく説明しよう。日常的な話し

言葉は、場面依存性が高い。個別言語の文法によって、省略できる成分が異なるが、それぞれの文法が許す範囲で必要最小限の発話量にとどめようとする傾向があり、省略や簡略表現が多くなる。逆に、適切な省略・簡略化が無ければ、冗長で不自然な表現と感じられるだろう。例えば、レストランで店員に「すみません、手を拭きたいので、おしぼりいただけますか」と言うときに、「<u>私</u>は手を拭きたいので」というとかえっておかしい。

　また、指示語に代表される、直示表現（ダイクシス）が多用される。見えているものを「あれ」「これ」と指すのはもちろんであるが、現場にない対象でも「きのうあれ買ってきたから」などと指示表現ですませることは多い。

　次に、逐次処理的であることについて。日常会話は多くの場合、前もって細部まで計画されたことを話すのではなく、その場で状況や文脈に即応して構築していく。そのために、繰り返し、倒置、欠落等のいわば「不整表現」が多くなる。また時間つなぎのフィラーや、ポーズもたくさん入る。例えば「昨日私は掃除をしておいた」という表現が、「昨日、私しといたから、掃除。」などとなることはごく普通である。

　次に、多視点的であることについて。日常会話では、話し手が複数いて、それぞれの視点から会話が進められる。おおむね協調的に進むとしても、お互いの意図がかみ合わないことも往々にしてあるし、発話のターンがきっちり交互に進むとは限らない。つまり、重複発話もよく起こる。重複とまではいかなくても前のターンの最後と次のターンの最初が重なることはごく普通である。

　次に、配慮表現について。話し手と聞き手との関係によって、敬語を初めとする配慮表現が必須となる。しかし、3の多視点的であることと関連して、場面や対人関係の見積もり、およびそれに見合った敬語の程度などが人によって判断が異なる場合もあり、場合によっては相手の発話をなれなれしいと感じたり、慇懃無礼、あるいは他人行儀と感じたりすることはあるだろう。

　5の個人的変異について。これは、基本的に現実の会話で話されるのは、常に地域的あるいは社会的な方言であるということである。

さらにもっと個別的な個人の話し癖のようなものもしばしば含まれる。5が生じる理由は、話し言葉が本来対面コミュニケーションの道具で狭い地域で使用されるものであり、またその習得も家庭という小さな単位で実現するものであること、また共同体内部の結束を高めるために他の共同体と違う話し方を選ぶこともあること、また発話の技術的な面での個人差が大きいことなどが考えられる。むろん、5の特徴は広域的な社会活動にとって不利に働くこともあり、そのことを解消するために共通語が発生したり、標準語が制定されたり、話し方の教育が行われたりする。

　これに対し書き言葉は、元来、音声言語の時間的・空間的制約を乗り越えるために発生したものであり、そのために上記の特徴と反対の特徴をもつことを目指して作られている。つまり、自立性を高めて、文章を読めば内容が通じるように書き、直示表現の使用も制限される。また書いた時点と読む時点が異なっているので、時間をかけて作成・見直しができる。不整表現がなくなるように調整されるのが普通である。配慮表現は、文章の種類によって、書き手と読み手の立場がはっきりしている場合は丁寧表現などで盛り込まれるが、内容重視の中立的な文章であれば省かれるのが普通である。また書き言葉の文章には定型性があり、そのため一般的に書き手の要因には左右されにくい。例えば男性記者と女性記者で新聞記事の書きぶりが大きく異なるということはない。書き言葉を使いこなすためには、この定型的な文体・形式を学習によってわざわざ身につけなければならない。

3. フィクションの話し言葉

　さて、ではフィクションの話し言葉はどのような特徴をもつであろうか。上記の話し言葉の1〜5の特徴をある程度受け継ぎつつ、しかし自然な発話とは異なる特徴が生じてくる。それは、フィクションが全体として作者の意図を込めた構造物であり、個々の発話もその意図に沿って構築されるものだからである。なお、ここでフィクションの発話という場合、いわゆる間接話法のように地の文の一

部として組み込まれるものはのぞき、直接話法のみ扱う。ただし話法と地の文の境界は必ずしも分明なものではなく、特に古代の古典文学では話法と地の文は連続的とみなければならない場合も多い（黒木他 2008）が、この問題についてはこれ以上立ち入らない。

　まず場面依存性について。省略の増加、発話量の抑制、直示表現の多用などはフィクションの会話でももちろんみられるが、興味深いのは、山口（2007）が「巨視的コミュニケーション」と呼ぶ、説明的な台詞がフィクションではしばしば用いられることである。日常会話なら分かりきっているのでまず言わない話し相手の名前をことさらに入れ込んだり、発話の前提となる状況を長々と説明したり、食べているものの味を詳しく述べたりするような発話である。例えば、久しぶりで偶然人に会ったとき、私たちは「ああ、どうも」ぐらいで済ませるのが普通であるが、ドラマなどでは、「やあ、君は 5 月くらいまでは頻繁に部室に顔を出してのに、その後とんと顔を見せなくなった山田君じゃないか」などと、長々と説明を台詞に織り込むことがある。

　ここで言う巨視的コミュニケーションとは、フィクションの登場人物同士のコミュニケーション（微視的コミュニケーション）ではなく、作者から読者への説明が登場人物の発話を通して行われることを言う。つまり、フィクションの発話は、簡潔性を犠牲にして、フィクションのストーリーや場面説明のために奉仕させられることがあるということである。

　2 の不整表現、フィラー、ポーズ等は、フィクションの受け手にとっては本来不要なもので、ないほうがいい。だから、基本的には小説やドラマの登場人物は言いよどまないし、つっかえたりもしない。不必要にポーズを空けたりもしない。しかし、もし不整表現がドラマ等であえて用いられたとしたら、受け手はそこに、"意味"を読み取るだろう。つまり、話者はちゃんとしゃべれない人物であることを示しているとか、ちゃんと喋れないほど慌てているとか、言葉を選んで慎重に話そうとしているとか、別のことを考えているとか、といった状況であり、その状況がストーリーの展開やキャラクター描写にとって十分な意味があると考えるのである。つまり、

フィクションの話し言葉には無駄がないのである。

3の多視点性も同様である。つまり、かみ合わない会話、重複発話等は、受け手にとっては理解を妨げる要素なので、もしフィクションにそれが生じたとすれば、そうでなければならない意図が作り手にはあるはずだと受け手は考えるだろう。もしそのような意図がなければ、発話は順々に行儀よく行われるはずである。

4の配慮表現はフィクションでも用いられるが、それがもしほどよい程度を越えて、少なすぎたり過剰であったりすれば、それも作者の意図として受け手は受け取るだろう。つまり、敬語がちゃんと使えない人物であるとか、油断のならない人物であるとかいう暗示を受け手に与えるのである。

なお、平田オリザのような劇作家・演出家は、「現代口語演劇」という「リアル」を追求した演劇作品を提供している（平田1995）。そこでは通常の演劇ではタブーとされるような、重複発話、客に背を向けての発話、ぼそぼそとした聞こえにくい発話、倒置や繰り返し等の不整表現等を多用している。しかし平田氏の演劇さえも、あくまで計算された「リアル」であって、現実の発話そのものとはもちろん違うものである。

4. フィクションの話し言葉と役割語

さて、5の話し手による変異であるが、フィクションの話し言葉のヴァリエーションの一部がまさしく役割語である。ただし役割語は、必ずしも現実の話者に似せようとして用いられるのではない。山口（2007）にあるように、役割語もまた巨視的コミュニケーションの一種であり、作り手によるキャラクターの説明である。ステレオタイプに基づいて、話し手の属性を端的に受け手に伝えるのが目的で、現実と似ているかどうかは必ずしも関係しない。

例えば、典型的な役割語に〈老人語〉がある。「そうなんじゃ、わしはそれを見たんじゃよ」などと話す老人がマンガやドラマに登場することがあるが、これが〈老人語〉である。しかし現実には、人は年を取ったからといって〈老人語〉を話すわけではない。「〜

じゃ」のような話し方は方言に存在するが、その方言では老人だけでなく若者も同じように話す。しかしフィクションの中では〈老人語〉を話す老人は枚挙にいとまがないし、ある種の老人キャラクター（例えば魔法使いなど）はむしろ〈老人語〉を使わないとかえってミスマッチに感じられる。

　また近年では、フィクションの中の女性が、「あら、雨だわ」のような、露骨な〈女ことば〉を用いることは逆にまれになってきた。しかしこれは、フィクションにおける女性の描写が現実に近づいてきたことを必ずしも意味しない。それよりは、描くべき女性のタイプが細やかになってきたということだろう。「あら、雨だわ」という女性と「あれ、雨だよ」という女性と「おい、雨だぜ」という女性は、女性といってもまったく違うタイプのキャラクターとして表し分けられているのだ。

　また、方言という観点もある。方言をドラマなどで用いると、リアリティが増し、地域の特性がくっきりと示せるという利点がある。しかし、リアルな方言は広範囲の受け手（例えばテレビ・ドラマの視聴者など）にとっては分かりにくいことが多く、ストーリーの伝達にはマイナスに作用することも考えられる。また制作面から見ると、方言をリアルにしようとすればするほど、コストがかかるのが一般である。プロの方言指導者が脚本、演出の現場に参加する場合、その指導者への謝礼が必要となるし、また制作日数も延びたりする。このような点から、地方を舞台とするフィクションにおける方言の利用の態度は、おおよそ3つのタイプに分けられる。1つは、伝わりやすさを多少犠牲にしてもリアリティを重視し、方言指導をしっかり入れて作られる本格方言作品である。もう1つは、方言不使用、あるいは使っても「何となく方言っぽい」言葉を入れる程度の方言回避作品である。そして3つ目はその中間で、共通語を基調としながら、雰囲気作りのために要所要所でリアルな方言を織り込む「ほどほど」方言作品である。

　この3タイプについて、模式的に図示してみよう（図1）。グラフの横軸は、ドラマなどフィクションを作る際に方言のためにかけるコストを表す。縦軸は、方言のクオリティ、台詞の伝わりやすさ

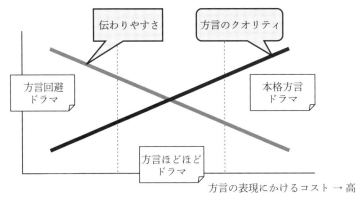

図1　方言ドラマの伝わりやすさ・クオリティ・コストの関係

を抽象的に表している。

　具体的な作品で考えてみよう。作家の万城目学は、関西を舞台にした以下のような小説を書いている。『鴨川ホルモー』(2006)、『鹿男あをによし』(2007)、『プリンセス・トヨトミ』(2009)、『偉大なる、しゅららぼん』(2011)がそれであり、主な舞台はそれぞれ京都、奈良、大阪、滋賀となっている。いずれも、地元の若い男女が主な登場人物となるのだが、これらのうち関西弁が台詞に全面的に生かされているのは『プリンセス・トヨトミ』のみで、あとは台詞に方言色がほとんどみられない。作者の万城目学は大阪出身で、自分自身が関西弁の話者であり、登場人物に関西弁をしゃべらせることに関してはほとんどコストがかからないにもかかわらず、である。ここでは、小説の主題との関連を考えるべきであろう。

　『プリンセス・トヨトミ』はまさしく「大阪らしさ」がテーマの作品で、大阪弁の使用は小説を効果的に演出する。ところが他の作品は、京都の妖怪、奈良の古代遺跡、滋賀の琵琶湖にそれぞれまつわる伝記的な題材が小説の主軸をなしており、キャラクターが関西人であるという要素は小説のストーリーにとってさほど関与せず、かえって読者の興味をそらせてしまうおそれの方が強いだろう。台詞への方言の導入の可否は、おそらくこのような面からも検討されているものと考えられる。

　なお、方言に対する取り組み態度の如何にかかわらず、ストーリ

フィクションの話し言葉について　　9

ーの展開上重要な主役や準主役級のキャラクターの台詞は、共通語ないし方言色が薄められるのが通常である。また、方言を話す登場人物がナレーションをも担当することがあるが、この場合も台詞に比べてナレーションでは方言色が薄まることが通常である。これは、方言が一般に読み手からキャラクターへの内面への共感を阻害する方向に働きやすく、逆に共通語は内面への共感をたやすくする働きがあるからと考えられる。(金水 (2003)。田中 (2011) も参照)。

5. 役割語ではない個別性

　以上、役割語を中心に、フィクションの話し言葉の変異について考えてきたが、役割語の範囲を超えた話し方の変異というものもあるだろう。1つの例が、西田 (2011)、富樫 (2011) で扱われている「ツンデレ」である。おおむね、若い女性で、好きな男性の前で愛情がすなおに表現できないが、状況によってでれでれしてしまうタイプの恋愛に不器用なタイプのキャラクターを指す。マンガやアニメでは、「べ、べつにあんたのことなんか何とも思ってないんだからね……」といった本心とは異なる強がりな台詞を言い淀みながら口にするのが定型だそうだ。〈女ことば〉の一種、と捉えられなくもないが、「ツンデレ」という社会的グループが存在するわけではないので役割語とはいえない。

　あるいは、特に類型には当てはまらない異様な発話を特徴とするキャラクターも存在する。例えば村上春樹の小説『海辺のカフカ』に登場するナカタの「〜であります」を多用する過剰に丁寧な話し方、同じく村上春樹の『1Q84』の「ふかえり」の、電報文のような話し方が思い出される。二人のキャラクターの共通する特徴として、普通の人が感じられないものを感じ、人でないものとコミュニケーションができるなどの超常性が指摘できる。そのことと、彼らの異様な発話スタイルは決して無縁ではないだろう。

　役割語ではない、個別的な発話の特徴とキャラクターの関係は、それこそ個別的な分析となるので言語学的な一般化が難しい領域に入って行かざるをえないが、より詳細な探求によって、フィクショ

ンの話し言葉の分析を深化させることができるだろう（定延2011も参照）。

6. 最後に

　以上、自然な日常会話の話し言葉の特徴と比較しながら、フィクションの話し言葉の特徴について考えてきた。フィクションの話し言葉は、自然な話し言葉に似ているところも違うところもあるが、似ているようでもそれは作り手の意図に奉仕する形で利用されているのであり、あくまで作品のために再構成された言語であるということができよう。そして役割語の利用もまた、同様に考えることができるのである。このことは、純然たるフィクションだけでなく、日常生活において相手にある出来事を伝える際の、過去の発話の引用でもある程度起こることと考えてよいだろう。また、この問題は翻訳においても大変重要な意味をもってくると考えられる。

参考文献

金水敏（2003）『ヴァーチャル日本語　役割語の謎』岩波書店
金水敏（編）（2007）『役割語研究の地平』くろしお出版
金水敏（編）（2011）『役割語研究の展開』くろしお出版
黒木邦彦・藤本真理子・清田朗裕・森勇太（2008）「中古和文における会話文と地の文の境界」『語文』91: pp.60–68. 大阪大学国語国文学会
定延利之（2011）『日本社会のぞきキャラくり―顔つき・カラダつき・ことばつき―』三省堂
田中ゆかり（2011）『「方言コスプレ」の時代―ニセ関西弁から龍馬語まで―』岩波書店
冨樫純一（2011）「ツンデレ属性における言語表現の特徴―ツンデレ表現ケーススタディ―」金水（編）『役割語研究の展開』pp.279–295
西田隆政（2011）「役割語としてのツンデレ表現―「常用性」の有無に着目して―」金水（編）『役割語研究の展開』pp.265–278
平田オリザ（1995）『平田オリザの仕事〈1〉現代口語演劇のために』晩聲社
山口治彦（2007）「役割語研究の個別性と普遍性―日英の対象を通して―」金水（編）『役割語研究の地平』pp.9–25

話し言葉が好む複雑な構造
きもち欠乏症を中心に

定延利之

1. はじめに

「話し言葉」(spoken language)と「書き言葉」(written language)に対するこれまでの研究は、「メディア」(音声・文字)の違いを絶対視せず、「メディア」に加えて「あり方」「内容」「構造」の観点から、「話し言葉」と「書き言葉」を多角的・連続的にとらえるに至っている。本稿はこの考えを紹介し(第2節)、「メディア」「あり方」「内容」に関して若干の補足をおこなった上で(第3節)、「構造」に関して、これまでの考えでは説明できない現象、つまり話し言葉が書き言葉よりも複雑な構造を好むという現象を指摘し(第4節)、話し言葉・書き言葉研究をさらに新たな段階へ進展させようとするものである。そこで中心的に論じられるのは、書き言葉と違って話し言葉は、これまで知られていなかった要因(きもちの現れ如何)によって自然さが影響されるということ、つまりきもちの現れが足りなければ、話し言葉は「きもち欠乏症」を発症して不自然になり得るということである。

2. 先行研究 「話し言葉〜書き言葉」の連続性

話し言葉・書き言葉研究は、先行研究の成果が着実に次の研究に受け継がれ直線的に進展してきたわけでは必ずしもなく、近年でも「話し言葉・書き言葉は、単なるメディアの違いとしてはとらえきれない」という「発見」が繰り返されることがあるようである。こうした状況から我々が少しでも早く脱却できるように、話し言葉と書き言葉に関する古典的な知見の1つをまずここで紹介しておきたい。これは具体的には、タネン(Tannen 1980; 1982)、チェイフ

（Chafe 1982; 1992a; 1992b）らの多角的・連続的な把握法で（宇野（1964）も、短く不明な点があるが同趣旨と思える）、これは以前にも紹介したが（定延 2003; 2011c）、ここでも筆者の言葉で手短に紹介しておく。

　タネンやチェイフは、話し言葉と書き言葉を、「メディア」「あり方」「内容」「構造」という4つの観点から多角的・程度的に、かつ動的に考えている。この考えによれば、話し言葉と書き言葉の違いとは、単なるメディアの違い（音声言語 vs. 文字言語）ではない。メディアの違いとつながるがメディアの違いには還元しきれない、あり方の違い・内容の違い・構造の違いをも含んだ多角的なもの、程度的なものであり、また、「数秒前にはこれこれの観点からみてこの程度話し言葉的であったが、数秒後はこれこれの観点からみてこの程度書き言葉らしくなっている」といった、発話の展開に対応した動的なものである。典型的な話し言葉と書き言葉は、それぞれ、次の表1のような姿をとるとされている。

表1　タネン、チェイフの考えによる典型的な話し言葉と書き言葉

言葉＼観点	話し言葉	書き言葉
メディア	音声	文字
あり方	インヴォルヴメント	ディタッチメント
内容	体験	知識
構造	単純で断片的	複雑

　以下ではこのうち「メディア」以外の「あり方」「内容」「構造」について概説しておく。

2.1　あり方

　話し言葉では、話し手と聞き手のお互いの関係が最も重視される。情報をもたない相手に言葉で情報を伝えるというよりも、相手と同じ場に共在し、その場の中で（時には相手と一緒に）言語表現をおこなうというインヴォルヴメント（involvement）の構図がよく当

てはまる。そのため、コミュニケーション・チャネルのモニター表現（上昇調イントネーション、ポーズ、あいづち）がよく使われる。それに対して、書き言葉的なストラテジーでは、解釈者とは切り離されたディタッチメント（detachment）の構図が当てはまる。言葉は相手に伝えるべき確固とした意味を備え、いかにも自律的にみえる（Tannen 1980: 213–214; 1982: 4, 9）。

2.2　内容

「あり方」の違いは「内容」にも強く関わる。チェイフによれば、話し言葉では、具体的でイメージしやすいことが表されがちである（Chafe 1982）。タネンはさらに、話し言葉では個人の体験が表されやすく、書き言葉では一般的な事実や洞察が表されやすいと述べている（Tannen 1982: 6–9）。

2.3　構造

話し言葉の構造は単純で断片的になりがちだが、書き言葉では長い単語や複雑な文型（たとえば名詞化構文・分詞構文・動名詞構文・関係節・補文構造）が使われがちとされている。この傾向を、チェイフはメディアの処理速度という観点から概ね次のように説明する（Chafe 1982; 1992a; 1998）：人間の書く速度は読む速度よりもはるかに遅いので、書き手と読み手はふつうオンラインではつながっていない。書き手は読み手とは切り離された時空間で熟考を重ね、アイデアを高度に凝縮することができる。それに対して、人間が話す速度と聞く速度は基本的に同じなので、話し言葉は熟考によって凝縮されず、話し手の意識をそのまま映し出す。類似の説明は佐藤やクヴァストホフの研究にもみられる（佐藤 1994; Quasthoff 1995: 257）。

3.　補足
これまでの筆者の話し言葉・書き言葉研究から

現代日本語共通語を対象として筆者自身がこれまでにおこなって

きた話し言葉・書き言葉研究を踏まえて、以上の考えのうち、「あり方」「内容」そして「メディア」の観点に関して、若干の補足をおこなっておく。

3.1 あり方（心身行動〜伝達の道具）

　インヴォルヴメントの構図の中で話し言葉のあり方をさらに追求すると、「相手の前であからさまにおこなう非意図的な心身行動」というものになる。これをとらえるには、「伝達論的なコミュニケーション観」も「目的論的な発話観」「道具論的な言語観」も、十分ではない（定延 2005; 2010b）。

　まず、伝達論的なコミュニケーション観が不十分であることについて。たとえば、日本語のフィラー（考えている最中に発せられる、指示的意味をもたない言葉）の1つに「さー」というものがあるが、これは考えてもよい結果が得られない場合専用のフィラーで、見ず知らずの他人に道を訊かれた場合の返答発話として「さー、わかりません」は自然だが、「さー、交番はそこを右に曲がったところです」は不自然である。このような言葉が現に存在するという事実は、伝達論的なコミュニケーション観（具体的には「考えてもよい結果が得られないとわかっているなら人間は「さー」などと言わずに相手に「わかりません」と情報を伝えるはずで、「さー」という言葉は存在しないはず」という考え）では説明できない。伝達論的なコミュニケーション観をより柔軟に考えれば、フィラー「さー」は、情報［話し手が考えてもよい結果が得られない考え事をしている］を伝達することばとして認められるかもしれないが、それでも説明できないことは残る。具体的には、道を訊ねてきた相手に「わかりません」と返答する前に「私は考えてもよい結果が得られない考え事をしています」としゃべることが意味不明か愚弄にしかならないのに対して、「わかりません」の前に「さー」としゃべることは丁寧な印象をかもし出しさえするという差は、伝達論的なコミュニケーション観では説明できない。フィラー「さー」は、何かを伝える言葉ではなく、考えてもよい結果は得られないと思いつつ相手の前であからさまに「ダメもと」で考える行動であり、それが相手に伝

わるのは結果に過ぎない。

　次に、目的論的な発話観と道具論的な言語観が不十分であることについて。たとえば、倒れていくソバざるを見ながら出前持ちが思わず叫ぶ「あーっ」のように、発話目的が想定し難い言葉が現にあるという事実は、目的論的な発話観と道具論的な言語観では説明できない。だが、目的論的な発話観と道具論的な言語観のほころびは、いま取り上げたソバ屋の出前持ちの発話「あーっ」のような、かぎられた局面にしか見られないというものではなく、実は日常生活の随所に観察できる。たとえば、相手に何かを提案する際、「それ、こうなさったら？」と、「～したら」構文でハキハキ言うのは、敬語が入っているとはいえ、『高飛車な人』というイメージが若干あり、敬うべき目上（上司など）に対して言うには問題がある。しかし、同じ「～したら」構文でも、おずおずとした口調で「それ、あのー、こうなさったら…」と、「言いさし」（白川2009）で述べれば、「自分があなたにアドバイスするなど出過ぎたこと」と考えていることが露わになり、謙虚な『いい人』の物言いになるので、目上に対しても問題がない。だが、このことを日本語学習者に教えた場合に、学習者が（使役の文型や可能の文型のような）「一般」の文型を言うような調子で「それ、あのー、こうなさったら」と言ってことばを切り、さあ自分は「言いさし」をおこなった、あとは誰が自分のこの発言を引き取ってくれるかと言わんばかりに周囲を見まわし、自分は『いい人』ですよというアピールを強烈ににおわせたりすれば、この学習者の人物イメージ演出はたちまち見透かされ、コミュニケーションはそれこそ台無しになってしまうだろう。「自分は『いい人』だ」とアピールしようという意図も露わに『いい人』の言動をなぞることは、『いい人』という目指す人物評から逆に自分を遠ざけてしまう。我々が社会生活を送る中で最も気にしてやまない「人物評」は、そもそも意図や目的意識といった目的論的な概念とは合わない。言語やコミュニケーションの研究領域では、「状況に応じて人間が柔軟に変化すること」は無条件で是とされやすいが、現実には、そうした柔軟性が「節操が無い」「プライドが無い」として批判・軽蔑され、むしろ「状況に応じず変わらないこ

と」が賞賛されることもあるということは、我々が日常よく承知しているはずのことではなかったか。筆者が最近考察を進めている「キャラクタ」も（定延2011a; 2011d; 2012–; 2014a）、「スタイル」という、状況に応じて柔軟に変えられ、使いこなされる意図的な概念の限界を補うものに他ならない（フィラーに関するまとめは定延（2013b）を、伝達論的なコミュニケーション観・目的論的な発話観・道具論的な言語観の批判的検討のまとめは定延（近刊b）を参照されたい）。

3.2　内容（体験〜知識）

「内容」（体験〜知識）の観点は、あまり活発に取り上げられないが、これは実は文法や発話行為と関わる。

まず文法との関わりについて。たとえば次の（1）のように、モノの存在場所の表現に格助詞「に」ではなく格助詞「で」が後接できる1つの場合とは、体験の表現の場合である（定延2004b）。

(1)　（グリコの「高原の岩清水＆レモン」は）¥100ローソンであった気がします。

　　　[http://detail.chiebukuro.yahoo.co.jp/qa/question_detail/q1067879250、

　　　　　　　　　　　　　　　　　　　　最終確認：2014年1月3日]

次に発話行為との関わりについて。たとえば、Aという人物の飲酒量を問われ「すごく飲みますよ」などと答えることは、[A氏の飲酒量は甚だしい]という情報を問診票などで得てそれを信じ込めば、誰にでもできるのに対して、りきんで「飲んみんまっすぅょー」のように答えることは基本的に、A氏の飲みっぷりを目の当たりにした体験者にかぎられる（Sadanobu 2004a）。体験と知識についての簡便なまとめは定延（2008; 2013d）、最近の研究の進展は定延（2012b）・定延（2014a）を参照されたい。

3.3　メディア（音声言語〜文字言語）

音声言語にとって、パラ言語や非言語は対立的なものというよりも、むしろ親和的なものである（対立的図式に立ったいわゆる「メラヴィアンの数字」に対する批判的検討は定延（2010a）を参照）。

たとえば次の（2）では、じりじり上昇する音調が終助詞「よ」「ぞ」を得て初めて自然になる（（2a）は不自然で（2b）は自然）（定延 2012a）。また、（3）（4）（5）で、終助詞の不在による不自然さ（（3b）は蓮沼（1996）・井上（1997）、（4b）は三宅（2010）、（5b）は庵（2013）の指摘による*1）は、確かに存在するが、（c）のように音調によって軽減できる（定延 2011b; 2011c; 2013c）（これらの（c）の発話例を次のwebページに掲載する：http://www.speech-data.jp/kaken/seika.html）。

(2) ［じりじり上昇する音調で］
　　 a. ??勝てー　頼むー。
　　 b.　勝てよー　頼むぞー。
(3) a.　もしもし切符を落とされましたよ。
　　 b. ??もしもし切符を落とされました。
　　 c.　［すまし込んだ口調で］もしもし切符を落とされました。
(4) a.　お腹がすいているんだったら、冷蔵庫にプリンがあるよ。
　　 b. ＊お腹がすいているんだったら、冷蔵庫にプリンがある。［自然さ判断は三宅（2010）］
　　 c.　お腹がすいているんだったら、［秘密を吐露するようにささやき声で］冷蔵庫にプリンがある。
(5) a.　あの時私が助け（てい）なければ、彼は死んだね。
　　 b. ＊あの時私が助け（てい）なければ、彼は死んだ。［自然さ判断は庵（2013）］
　　 c.　あの時私が助け（てい）なければ、［自信満々の口調で］彼は、死んだ。

4．話し言葉が複雑な構造を好むとは？

以上では、「メディア」「あり方」「内容」「構造」という4つの観点から多角的・連続的にとらえられた「話し言葉」「書き言葉」観を示した。それを前提として、この節では「構造」の観点に焦点を当て、話し言葉が複雑な構造を好むことがあるということを示した

い。話し言葉の構造を複雑なものとする主張は、マクドゥーガル（1987）が「読めば難解だが聞けばすぐわかる発話」等を挙げておこなっているが、本稿での主張はそれとは異なる。まず、本稿で取り上げる「構造」を明確にしておこう。

　ひとくちに「話し言葉の構造」といってもさまざまなものがある。そこには「体験談の構造」（Labov 2003）のような意味的・談話的なものがある。また、先の（2）で、じりじり上昇する音調が終助詞「よ」「ぞ」を得て初めて自然になることを示したように、韻律や声質の具現する環境や意味が話し言葉の語・文節・文といった組織体と連動するというようなものもある。さらに、たとえば次の（6）（7）の下線部のように、従来「語調」「語呂」と片付けられていたものもある（和田 1990・定延 2012c）。

（6）a. ??こどもした感じ
　　　b. 　こどもこどもした感じ
（7）a. ??何しろあそこは、寒いの地方だから。
　　　b. 　何しろあそこは、寒い、暗い、貧しいの地方だから。

　だが、ここで注目したい「話し言葉の構造」は、それらとは異なっている。ここで直接指摘するのは、日本語の話し言葉が、（多くは対人関係的な）きもちが或る程度現れていなければいわば「きもち欠乏症」を発症して不自然になり得るという現象である。たとえば他人と会話を始めようとする前掲（3）や仮定の帰結を述べる（4）（5）において、終助詞の不在が文の自然さを下げるというのはこの現象にあたる。ここで重要なのはきもちの強さではなく、きもちの現れだということに注意されたい。終助詞やそれなりの韻律などを発しなければ、結果として断定調になって強く響くということはあるが、それは「きもち欠乏症」を免れる要因にはならない。話し言葉は、きもちを反映する言葉の生起を好み、結果として、対応する書き言葉よりも複雑な構造になり得る。これがここで注目する「話し言葉の構造」である。

　これまでの文法研究では、言葉が不自然になる理由としては「組み合わせ不全」しか想定されていなかった。ここでいう「組み合わせ不全」とは、「言葉どうしの組み合わせ不全」（細かくいえば「??

です彼は人外国」のような形態・統語的な組み合わせ不全と、「??私は見知らぬ子に金をくれた」のような意味的な組み合わせ不全)、そして「言葉と発話状況との組み合わせ不全」(別れ際での「??こんにちは」のような語用論的な組み合わせ不全)である。それに対してここでは、言葉が不自然になる理由が他にもあるという指摘をおこなう。これは、少なくとも日本語の話し言葉は、きもちが或る程度現れていないことを理由に、不自然になることがあるということである。

　もっとも、日本語の話し言葉の自然さは、どのような場合にも、きもちの現れ如何と結びついているというわけではない。「言葉どうしの組み合わせ」と「言葉と発話状況との組み合わせ」が共にまったく問題ない場合には、きもちが現れなくても発話は不自然にならない。だが、話し言葉に「言葉どうしの組み合わせ不全」「言葉と発話状況との組み合わせ不全」の両方、あるいはそのいずれかが、何らかの形で或る程度生じている場合には、きもちの現れ如何が自然さに影響することがある。いま「何らかの形で」と述べたように、ここでの「不全」認定はかなり緩く、通常「不全」と認められないものも含めて広範に認定されることをあらかじめ断っておく。また、「或る程度」とも述べたように、強度の「組み合わせ不全」を起こしている話し言葉（たとえば上述の「??です彼は人外国」「??私は見知らぬ子に金をくれた」さらに別れ際での「??こんにちは」）は、きもちの現れで救うことができない。きもちの現れによって解消される「組み合わせ不全」の不自然さとは、もともと微妙な程度のものである。このように、話し言葉の自然さに対する、きもちの現れ如何の影響は、範囲の点でも程度の点でも、限られたものであることは認めておきたい。

　以下では、きもちの現れ如何で自然さが変わる日本語話し言葉を、便宜上、(i)「言葉と発話状況との組み合わせ不全」だけが何らかの形で或る程度生じている場合（第4.1節〜第4.3節）(ii)「言葉どうしの組み合わせ不全」と「言葉と発話状況との組み合わせ不全」がそれぞれ何らかの形で或る程度生じている場合（第4.4節）、(iii)「言葉どうしの組み合わせ不全」だけが何らかの形で或る程度

生じている場合（第4.5節〜第4.10節）、という3つの場合に大別して示す。話し言葉の自然さにきもちの現れ如何が影響することによる、話し言葉と書き言葉との違いは、最後の第4.10節で「声に出して読めない日本語」という仮称のもとに取り上げるケースにおいて、最もはっきりする。だが、それ以外のケースも併せて挙げるのは、話し言葉の自然さに対するきもちの現れ如何の影響が、もっと一般的にみられるものであることを示すためである。さらに断っておきたいのは、ここで指摘したいことがあくまで自然さの相対差だということである。例の中には自然さ判断に関して話者差が大きいものもあり、各例冒頭に付した自然さ判断（無印・?・??）は絶対的なものではない。

4.1　新たな話を切り出す発話

　それまでの文脈によく沿った形で言葉が発せられるのが、言葉と発話状況との良好な組み合わせだと考えると、相手から質問や依頼、情報提供の発話を受けた状況でそれに応じる、いわゆる隣接ペアにおける第2発話の言葉が発話状況とよく組み合わさっているといえるのに対して、質問や依頼、情報提供の発話、つまり隣接ペアにおける第1発話の言葉は、多かれ少なかれ、それまでの文脈とは別の新しいことを持ち出している点で、発話状況とあまりよく組み合わさってはいないということになる。

　その中でも情報提供の発話、つまり新たな話を切り出す発話は、質問や依頼といった、疑問の終助詞「か」や上昇調イントネーション、「てください」その他の形式と結びつく発話と比べてきもちの現れが乏しい。以上の点で、新たな話を切り出す発話の言葉は、軽度の「言葉と発話状況との組み合わせ不全」を起こしていると考えることができる。

　そして、この言葉の自然さにはまさに、きもちの現れ如何が影響している。他人と会話を始めようとする場合の前掲（3b）「??もしもし切符を落とされました」が不自然というのは上でも述べたように「きもち欠乏症」によるもので、終助詞「よ」が付けば不自然さが解消されるのは、情報をもちかけるきもちが「よ」で現れるから

と考えることができる。また、第3.3節で述べたように、終助詞だけでなく「すまし込んだ」音調によっても（3b）の不自然さが（3c）のように解消されるということも、問題の「すまし込んだ」音調が話し手のきもちを反映していると考えれば自然に理解できる。

　以上のことは、会話を始めようとする場合にかぎったことではない。会話の途中の場合（列車内で会話していて、相手が切符を手から落としたのを見てそれを教えようとする場合）にも、似たことは観察され、たとえば「?いや本当にねえ。切符が落ちました」と比べれば「いや本当にねえ。切符が落ちましたよ」の方が自然さが高い。だが、終助詞「よ」の有無による自然さの差は、会話を始めようとする場合ほど明瞭ではない。これは、特に、会話を始めようとする発話は、それまでの文脈が（たとえば、お互い、相手が同じ場に共在していることをうっすら意識していたという程度の）特に希薄なものであるだけに、「それまでの文脈によく沿った形」での発話とはなりにくく、きもちの現れ如何が言葉の自然さに影響しやすいと理解することができる。

4.2　条件表現の後件発話

　条件表現は、話し手にとって前件部の真偽が未確定の（4b）「*お腹がすいているんだったら、冷蔵庫にプリンがある」のような場合であれ、前件部が反事実的で真偽が偽と確定している（5b）「*あの時私が助け（てい）なければ、彼は死んだ」のような場合であれ、「事実の話（realis）ではない」という点で、「いま・ここ・私・事実」という発話の現場から或る程度遊離しており、その意味では「それまでの文脈によく沿った形で言葉が発せられ」てはいないといえる。これらの後件末尾に終助詞「よ」「ね」などが付け加わったり、また、これらを秘密吐露調や自信満々の口調で述べることで、自然さが向上するのは、きもちの現れ如何が言葉の自然さに影響していると理解できる。

4.3　過去の体験を思い起こしての発話

　発話の現場「いま・ここ・私・事実」から或る程度遊離しており、

「それまでの文脈によく沿った形で言葉が発せられ」ていないという点では、過去の体験を思い起こしての発話も、条件表現の発話と似ている。そして、やはり過去の体験を思い起こしての発話の自然さにも、きもちの現れ如何が影響する。以下ではこのことを、知識の発話や、いまここでの体験の発話と対比させる形で示す。

　たとえば、スワンラータンという料理について、どんな味かと問われて返答する場合を考えてみよう。この時、百科事典に「スワンラータンはからいことで有名」という記述を見出して答えるなら、「からいよ」と答えてもよいし、「からい」と答えてもよい。つまり知識を語る場合、終助詞「よ」の生起は任意的である。また、その場で出されたスワンラータンを一口試して、その印象で答えるなら、「からいよー！」でも「からいー！」でもよい。つまり、いまここでの体験を語る場合、終助詞「よ」の生起は任意的である。これらとは対照的に、スワンラータンを試した過去の体験を思い出して答える場合、「からいよー！」に比べて「からいー！」は自然さが低い。つまり、過去の体験を思い起こしての発話は、終助詞「よ」によるきもちの現れ如何が自然さに影響する（定延（近刊a））。

4.4　第1発話としての「形容詞＋です」

　以上でみた3つのケース（第4.1節〜第4.3節）では「言葉と発話状況との組み合わせ不全」だけが何らかの形で或る程度生じていた。この節ではそれらとは異なり、「言葉どうしの組み合わせ不全」と「言葉と発話状況との組み合わせ不全」がそれぞれ何らかの形で或る程度生じているケースとして、第1発話としての「形容詞＋です」を見る。

　「形容詞＋です」は、以前は話者間で自然さ判断が分かれており（原・三宅・福田1952: 18）、現在でも、全ての話者に受け入れられているわけではないということは、牧原（2003）のアンケート調査にも現れており[*2]、また（8）のようなネット上の発言の形でも観察することができる（これは特に形容詞のタ形に関してよく観察できる。再び牧原（2003）、そして（9）を参照）。こうした事情が示しているのは、「形容詞＋です」が「言葉どうしの組み合わ

せ不全」を或る程度起こしているということである。
　(8)　言うまでもなく、「危ない」という形容詞に直接「です」を付けるのは誤用だ。

〔http://d.hatena.ne.jp/kanimaster/20091022/1256217225、最終確認：2014年1月3日〕

　(9)　よく次のような言葉を耳にしますが、これは言葉の使い方として正しいのでしょうか？
　　　「楽しかった　です。」「楽しい時間でした。」とか「楽しい一時でした。」などと、この場合表現の仕方を変えることが日本語として正しい使い方のような気がするのですが、いかがでしょうか？

〔http://okwave.jp/qa/q4551510.html、最終確認：2014年1月3日〕

　ただし、相手に「形容詞＋ですか？」などと問われて答える場合（つまり第2発話の場合）は自然さが高いので、ここでは話を切り出す第1発話としての「形容詞＋コピュラ」のみを取り上げる。「話を切り出す第1発話」という意味は既に第4.1節で述べたとおりであり、ここでは結局「形容詞＋です」が「言葉どうしの組み合わせ不全」だけでなく「言葉と発話状況との組み合わせ不全」をも或る程度起こしている場合を取り上げることになる。

　そして、ここでもやはり、きもちの表現の有無が自然さに影響する。たとえば次の(10)では、(a)に比べて、終助詞「ねえ」や末尾延長「ぅー」によってきもちが現れている(b)(c)の方が、より自然である。タ形の(11)でも、(a)に比べて、終助詞「よー」によってきもちが現れている(b)の方が自然である。

(10) a. (?)すずしいです。
　　　b.　すずしいですねえ。
　　　c.　すずしいですぅー。
(11) a. ?軽井沢はすずしかったです。
　　　b.　軽井沢はすずしかったですよー。

4.5　「形容詞＋だ」

　この第4.5節からは、「言葉どうしの組み合わせ不全」だけが或

る程度生じているケースを取り上げる。1つ目は「形容詞＋だ」である。「形容詞＋だ」はこれまで不自然とされており、自然になる余地はないかにみえるが、さまざまな話し手像（発話キャラクタ）のしゃべる言葉（役割語）の多様性を考慮に入れれば、必ずしも不自然ではない場合が有り、そこでも上と同様のことがみられる。

具体的には、『田舎者』キャラの発話としては、(12a) よりも、終助詞「よ」によってきもちが現れている (12b) の方が自然である。このように「形容詞＋だ」が必ずしも不自然ではないと考えれば、従来コピュラの「だ」とは切り離して考えられることの多い「だろう」も、推量のきもちを反映しており (12c) の自然さを (12a) よりも高めると理解できる。同じことは『田舎者』キャラあるいは『老人』キャラの発する「じゃろう」についても言え、(13a) よりも、推量のきもちが現れている (13b) の方が、より自然である*3。

(12) a. ??赤いだ。
  b. ?赤いだよ。
  c. 　赤いだろう。
(13) a. ??赤いじゃ。
  b. 　赤いじゃろう。

4.6 「動詞＋コピュラ」

同じことは「動詞＋コピュラ」にも観察できる。たとえば (14) (15) (16) は (a) よりも、丁寧さのきもちが「ます」で現れている (b) の方がより自然である。（第4節冒頭で断ったように、ここで重要なのは「ます」の出現により丁寧なきもちが現れることであって、きもちが弱くなることではないということに注意されたい。）同様に、終助詞「よ」、疑問形「でしょう」できもちが現れている (16c) (17b) も、対応する (a) より自然さが高い。

(14) a. ??行くじゃ。
  b. 　行きますじゃ。
(15) a. ??行くですじゃ。
  b. ?行きますですじゃ。

(16) a. ??困るだ。
　　 b. 　困りますだ。
　　 c. 　困るだよ。
(17) a. ?行きますです。
　　 b. 　行きますでしょう？

4.7 「名詞＋コピュラ＋た＋コピュラ」

　上の（15b）の「ですじゃ」のように、日本語ではコピュラが2つ連続して共起する場合がある。そして、名詞にコピュラが「た」を介して2つ連接する場合をみると、ここにも上と同様のことが観察される。次の（18）では、終助詞「よね」「か」や疑問形「でしょう」によってきもちが現れている（b-d）が（a）よりも自然である。

(18) a. ??雨だったです。
　　 b. 　雨だったですよね。
　　 c. 　雨だったですか。
　　 d. 　雨だったでしょう。

4.8 「非述語文節＋です／だった」

　コピュラ「です」は述語文節（つまり文末）には問題なく生起するが（例「明日は、晴れです」）、非述語文節に生起すると、ふつう不自然である（例「??それをです、……」）。だが、「です」の直後に「よ」「ぞ」「ぜ」が付けば、自然さは高まる（「それをですよ」「それをですぞ」「それをですぜ」）。

　このような記述を目にして多くの読者が考えるのは、「それをですよ」「それをですぞ」「それをですぜ」は非述語文節ではなく、文ではないかということだろう。というのは、文に現れる終助詞としても、非述語文節に現れる間投助詞としても認められている「よ」はともかく、「ぞ」「ぜ」はもっぱら文に現れる終助詞として認められており、非述語文節に現れる間投助詞としては認められていないからである。

　この考えに反駁するために必要となる、「何が文か」「何が非述語

文節か」という明確な判断基準を、現時点での筆者は持ち合わせていない。だが、それだからこそ、「文である」ということが直ちに「非述語文節でない」ということを意味するとも考えていない。さらに加えて述べたいのは、たとえこれらが「文である」としても、そのことでこれらが説明され尽くしたことにはならないということである。というのは、これらにおける「よ」「ぞ」「ぜ」は、音調に関して一般の終助詞「よ」「ぞ」「ぜ」にはみられない特徴をもっているからである。一般の文における終助詞「よ」「ぞ」「ぜ」は、下降調で発せられることが珍しくないが、上述した「それをですよ」「それをですぞ」「それをですぜ」の「よ」「ぞ」「ぜ」は上昇調でだけ発せられる。このことは、問題の「よ」「ぞ」「ぜ」が終助詞だと考えても説明できない。

　非述語文節においてコピュラ「です」を発することの不自然さを、上昇調の「よ」「ぞ」「ぜ」だけが解消するということを理解するには、「きもちの現れ如何が自然さに影響する」という考えが有効だろう。

　これと似たことは、非述語文節に「だった」や「でした」が現れる場合にもみることができる。非述語文節に「だった」や「でした」は、単独で現れると不自然だが、その不自然さは、「ね」「な」そして「わ」の生起により解消することができる。たとえば「それで、たしか彼とだったわ、連名で、手紙を、…」などと言う際の「たしか彼とだったわ」も、文か否かはいまは論じられないが、通常の文末の終助詞「わ」が下降調の場合もあるのに対して（例「そりゃそうだわ」「おのれ八つ裂きにしてくれるわ」）、この「わ」はふつう上昇調で、結果としてこれが『女』の発話になるということ、つまり非述語文節において「だった」「でした」を発することの不自然さが、上昇調の「わ」の生起によって解消されることには、「文か否か」とは別に説明が必要だろう。

4.9　拘束的機能語のみの発話

　「言葉どうしの組み合わせ不全」の中には、内容語と機能語の区別に関わるものもある。内容語の生起を前提とするはずの拘束的な

機能語（助詞・助動詞）は、それだけで完結した発話として成立することがあり、ここではそれを「拘束的機能語のみの発話」と仮称する。

　拘束的機能語のみの発話は、「言葉と発話状況との組み合わせ」は良好であり、発話文脈や発話現場に支えられている。以下ではまず、発話文脈に支えられているものについて述べ、次に発話現場に支えられているものをみる。

　まず、発話文脈に支えられているものについて。たとえば「明日は雨かな」と相手から問われて答える場合、「だ」「か」「です」とだけ答えるよりも（(19a)(20a)(21a)）、「なあ」「ねえ」「ね」や「みたい」を付ける方が（(19b,c)(20b)(21b)）、より自然である。つまり、きもちの現れ如何が拘束的機能語のみの発話の自然さに影響している。

(19) a. ??だ。
　　 b. 　だなあ。
　　 c. 　みたいだね。
(20) a. ?か。
　　 b. 　かなあ。
(21) a. ?です。
　　 b. 　ですねえ。

　次に、発話現場に支えられているものについて。たとえば、イベント会場は満員に違いないと、口にこそ出さないが楽観しているA氏とは逆に、B氏は客の入りについて否定的な予想をもっている。実際に2人で会場に行ってみるとB氏の予想どおりで、会場は閑古鳥が鳴いている。その時、A氏はショックを隠し、自分の予想どおりだと虚勢を張るとする。その際の、ほとんど人がいない会場を前にしてのA氏の発話として、(22a)のような末尾下降調の「だろう」に比べて、「な」の有る(22b)の方が自然さが高い。また、上昇調の(22c)も自然さが高い。この違いは、上昇調は問いかけのきもちが現れるが下降調は特にきもちが現れないという形で理解できる。

(22) a. ??[下降調で] だろう。わかってたよ。

b.　だろうな。わかってたよ。
　　　c.　［上昇調で］だろう？　わかってたよ。

　なお、(22a, c)のように、きもちを反映する言葉を特に付加しなくても、イントネーションを下降調から上昇調に変えるだけで自然さが高くなるということは、これらの自然さの差に対する別の説明案、具体的には「「だろう」の後に何であれ言葉が続きさえすれば自然さが上がる。きもちの現れ如何は関係ない」という考え方が不当であることを示している。これらの文の自然さの違いを説明するには、きもちの現れ如何による影響を考えなければならない。

　それと同時に(22)は、ここで取り上げている拘束的機能語のみの発話が、代用形式「そう」の省略（「そうだろう」から「そう」が省略されてなくなり「だろう」のみになる）という形では片付けられないということをも示している。というのは、ほとんど人のいない会場をいま目の前にしての(22b)と比べて、同じ状況での「そうだろうな」は自然さが低いからである*4。

4.10　「声に出して読めない日本語」

　「言葉どうしの組み合わせ不全」の中には、いま取り上げた拘束的機能語のみの発話とは逆に、内容語のみの発話もある。もちろん、たとえば「明日は何曜日？」と問われて「月曜日」と返答する場合のように、自然な発話が内容語のみで成立し得るということはよく知られている。だが、「月曜日」のような発話は第2発話であり、このような発話の自然さが高いことは「言葉と発話状況との組み合わせ」が良好であるせいだと考えられる。内容語のみの発話を第1発話として考えると、思い浮かぶのは、たとえば食事の支度を「メシ」と依頼・命令する発話や、食事の意向を「メシ？」と訊ねる発話、さらに、用意された食事に「メシ！」と驚く発話のような、きもちの強い発話である。このきもちを弱くすると、内容語のみの発話の自然さは低くなる。つまりここでも、きもちの現れ如何が発話の自然さに影響を与えている。なお、このようなきもちの現れ如何は書き言葉の自然さには影響を与えないので、書き言葉では内容語のみの第1発話は、きもちが弱い場合も自然である。結果として、

きもちの弱い、内容語のみの第1発話は書き言葉的で、日常会話の中では違和感があって「声に出して読めない」。たとえば次の(23)を見られたい。

(23) a. 晩ご飯、どうしますか？
　　 b. 晩ご飯は、どうする？
　　 c. 晩ご飯だけど、どうするの？
　　 d. 晩ご飯。どうしますか？

第2節で紹介したように、話し言葉の構造は「単純で断片的」、書き言葉の構造は「複雑」というのがこれまでの一般的な考えだが、話し言葉は(23a–d)のうちで最も単純で断片的な構造をもつ(d)を忌避するので、結果として書き言葉よりも複雑な構造を好むことになる。残りの(23a–c)は各々日常の発話として自然だが、(23d)は、たとえば日々の献立や買い出しに疲れている主婦に向けられた、夕食宅配サービス会社の広告ポスターのコピーぐらいにしか、つまり書き言葉としてしか理解できず、「声に出せない」。強いて声に出すと日常会話にいきなり書き言葉を持ち出すことになり、芝居じみた、キザったらしい発話になってしまう。類例を(24)(25)に挙げる。

(24) クリスマスの夜に。彼とそう約束して別れたんだ。
(25) より速く、より快適に──そう考えてきたのがこれまでの輸送会社だ。

このように、文の一要素((23)の「晩ご飯」、(24)の「クリスマスの夜に」、(25)の「より速く、より快適に」)だけを前置して文を作ると、その要素が話し言葉では「きもち欠乏症」を起こし、不自然さを生む。話し言葉では「クリスマスの夜にと、彼とそう約束して別れたんだ」「より速く、より快適にと、そう考えてきたのがこれまでの輸送会社だ」のように、より複雑な構造の言い方をしなければならない。この現象は(26)のような「左方転位」を思わせるが、左方転位は話し言葉的現象であり、いま取り上げている現象（書き言葉でしか自然でない）はこれとは別物である。

(26) A Roberto$_i$　l'ho fatto aspetta'　un'ora.
　　　to Roberto$_i$　him$_i$ (I) made wait　an hour

"Roberto, I made him wait for an hour."

[Duranti and Ochs 1979: 377.]

　以上、本節では、終助詞・間投助詞や韻律によるきもちの現れ如何が、さまざまな形で話し言葉の自然さに影響していることを観察し、そのうち1ケースの結果として、話し言葉が書き言葉よりも複雑な構造を好むことがあるということを述べた。

5. おわりに　発話の文法

　第4節で示した観察が正しければ、我々は、これまでみえていなかった、発話の自然さをつかさどる新しい要因（きもちの現れ）を視界におさめたことになる。現代日本語共通語の話し言葉が「きもちの現れ如何」という要因によって自然さを変え得るのであれば、今後の話し言葉・書き言葉研究には、文や語としての自然さの他に、「発話としての自然さ」という語用論的な観点も必要ということになる。言葉の研究において語用論的な観点も重要という主張は、現代では陳腐なものに過ぎないが、本稿で述べたのは、よく持ち出される「言葉と発話状況との組み合わせ」ではなく、「発話におけるきもちの現れ具合」を言葉の研究として追求する必要があるということである*5。

　といっても、どのような話し言葉に、どの程度のきもちの現れがなぜ必要かを明らかにすることは現時点ではできない。ここで述べたのは、さまざまな場所でさまざまな物体を手から離し、それらの物が、重さや形、その場の風向や風速などに影響されてさまざまな軌跡を描きながらも基本的に下方へ移動することを観察して、重力という力が存在するという見当を漠然とであれ付けようというような、きわめて原始的な考察でしかない。どういう場所でどういう物体がどのような軌跡を描いて落ちるか（あるいは風に吹き上げられるなどして落ちないか）を厳密に予測できるのはまだ先のことである。

　だが、同時に述べておきたいのは、ここで観察した内容を全て他の要因「言葉どうしの組み合わせ」によるものとしてとらえ直し、

「話し言葉の自然さに対するきもちの現れ如何の影響」を完全に解消することは困難だということである。たとえば（19a）「??だ」が（19b）「だなあ」と違って不自然であることを、「「なあ」を感動詞として誤解されないようにと話し手は「だ」を付けるのだ」と理解しようとすることは、「「なあ」を感動詞として誤解されないように」という、現実の話し手が意識すらしていない目的を持ち出してしまっている（そしてこのような態度の根底には第3.1節で述べた「目的論的な発話観」「道具論的な言語観」がある）ということを考えられたい。

付　記

本稿はSadanobu（2013a）を拡大発展させたもので、澤田浩子氏・乙武香里氏との共同研究の成果を含んでいる。また、本稿は、日本学術振興会の科学研究費補助金による基盤研究（A）（課題番号：23242023、研究代表者：定延利之）、挑戦的萌芽研究（課題番号：24652092、研究代表者：定延利之）の成果の一部である。

---

*1　ただし、庵（2013）は反事実的な意味表現という別の問題意識のもとで（5b）を不自然な例として挙げているものであって、（5a）との対照をもとに終助詞の有無による自然さの違いを論じたものではない。
*2　牧原（2003）では、文末の「ね」「よ」「けど」の有無による自然さの変化も注目されており、これらの付加によって「許容度の増加が顕著に見られる場合」が有るとされる一方で、「影響が見られないもの」も有る、さらに「（逆に若干許容度が落ちるものもある）」という興味深い記述が見られる。が、この調査は原著者自身が予備調査と断っているもので、方法論的に疑問が感じられる部分もあるため（たとえば（厳密には動詞否定形＋コピュラの例だが）「よ」の付加で許容度が若干落ちるとされる「吸わないです」は、アンケート用紙では「煙草吸った？」という問いかけに対する返答としての自然さを問われているが、「よ」が有るときつく響きかねないので自然さが低く判定されたといった可能性をいかに排除するかといった配慮は、特になされているようには見えないなど）、細部には立ち入らない。
*3　念のためにいえば、「赤いだよ」「赤いじゃろう」などを方言や古語として現代日本語共通語から排除することはできない。現代日本語共通語には、さまざまな《異人》の言葉が含まれている。たとえば、現実の平安貴族は「おじゃ

る」とは言っていない（金水2003）。「おじゃる」と言うのは現代日本語共通語における『平安貴族』キャラであることを考えられたい（定延2011a）。
*4 「そう」の「義務的な省略」を想定することは、本来、任意的であるはずの「省略」という概念を恣意的に変質させており、現象の説明とはなり得ていない。
*5 「ボチャーンねこ池落ちよってん」といった言い方が大阪弁として自然であることを取り上げた尾上（2001）は、この表現が「論理的格関係のほかに表現上の断続関係という別次元の構文関係を考えよと、われわれに要請してやまない。」と論を締めくくっている。本稿はこの要請に応じるための土台を作ろうとする作業とも言える。

参考文献

Chafe, Wallace L. (1982) Integration and Involvement in Speaking, Writing, and Oral Literature. In Deborah Tannen (ed.), *Spoken and Written Language: Exploring Orality and Literacy*, pp.35–53, Norwood, NJ: ABLEX.

Chafe, Wallace L. (1992a) The Flow of Ideas in a Sample of Written Language. In William C. Mann and Sandra A. Thompson (eds.), *Discourse Description: Diverse Linguistic Analyze of a Fund-Raising Text*, pp.267–294, Amsterdam / Philadelphia: John Benjamins.

Chafe, Wallace L. (1992b) Immediacy and Displacement in Consciousness and Language. In Dieter Stein (ed.), *Cooperating with Written Texts: The Pragmatics and Comprehension of Written Texts*, pp.231–255, Berlin, New York: Mouton de Gruyter.

Chafe, Wallace L. (1998) Language and the Flow of Thought. In Michael Tomasello (ed.), *The New Psychology of Lanauage: Cognitive and Functional Approaches to Language Structure*, pp.93–111, Mahwah, NJ: Lawrence Erlbaums.

Duranti, Alessandro, and Elinor Ochs.(1979) Left Dislocation in Italian Conversation. In Talmy Givón (ed.), *Syntax and Semantics*, 12, pp.377–416, New York: Academic Press.

蓮沼昭子（1996）「終助詞「よ」の談話機能」上田功・砂川有里子・高見健一・野田尚史・蓮沼昭子（編）『言語探求の領域―小泉保博士古稀記念論文集―』、pp.383–395. 大学書林

原敏夫・三宅武朗・福田量平（1952）『これからの敬語』東洋館出版社

井上優（1997）「「もしもし、切符を落とされましたよ」―終助詞「よ」を使うことの意味―」『言語』26（2）: pp.62–67. 大修館書店

庵功雄（2013）「現代日本語における「ムード（接続法）」を表す表現に関する研究（その1）」関東日本語談話会2013年1月26日発表資料

金水敏（2003）『ヴァーチャル日本語　役割語の謎』岩波書店

Labov, William.(2003) Uncovering the Event Structure of Narrative. In Deborah Tannen and James E. Alatis (eds.), *Linguistics, Language, and the Real*

World: Discourse and Beyond, pp.63–83, Washington, D.C.: Georgetown University Press.

マクドゥーガル、I. A（MacDougall, Iain A.）(1987)「ハナシ言葉をめぐって―英語のばあい―」『国文学―解釈と鑑賞』52 (7): pp.6-20. 至文堂

牧原功（2003）「形容詞・助動詞の丁寧形の許容度に関する一考察」『群馬大学留学生センター論集』3: pp.1-13.

三宅知宏（2010）「日本語の疑似条件文と終助詞」（発表）、日本語文法学会第11回大会、2010年11月7日、於就実大学（『日本語文法学会第11回大会発表予稿集』所収）

尾上圭介（2001）「「ボチャーンねこ池落ちよってん」―表現の断続と文音調―」『文法と意味Ⅰ』pp.159-166. くろしお出版

Quasthoff, Uta M.(1995) The Ontogenetic Aspect of Orality: Towards the Interactive Constitution of Linguistic Development. In Uta M. Quasthoff (ed.), *Aspects of Oral Communication*, pp.256-274. Berlin; New York: Walter de Gruyter.

定延利之（2003）「体験と知識」『國文學―解釈と教材の研究』48 (12): pp.54-64. 學燈社

Sadanobu, Toshiyuki.(2004a) A Natural History of Japanese Pressed Voice. *Journal of the Phonetic Society of Japan*, 8(1): pp.29-44.

定延利之（2004b）「モノの存在場所を表す「で」？」影山太郎・岸本秀樹（編）『日本語の分析と言語類型―柴谷方良教授還暦記念論文集―』pp.181-198. くろしお出版

定延利之（2005）『ささやく恋人、りきむレポーター―口の中の文化―』岩波書店

定延利之（2008）『煩悩の文法―体験を語りたがる人びとの欲望が日本語の文法システムをゆさぶる話―』筑摩書房

定延利之（2010a）「音声コミュニケーションに関する研究交流のために」岡田浩樹・定延利之（編）『可能性としての文化情報リテラシー』pp.127-137. ひつじ書房

定延利之（2010b）「会話においてフィラーを発するということ」『音声研究』14 (3): pp.27-39.

定延利之（2011a）『日本語社会 のぞきキャラくり―顔つき・カラダつき・言葉つき―』三省堂

定延利之（2011b）「コミュニケーション研究からみた日本語の記述文法の未来」『日本語文法』11 (2): pp.3-16.

定延利之（2011c）「音声コミュニケーション」益岡隆志（編）『はじめて学ぶ日本語学―言葉の奥深さを知る15章―』pp.170-184. ミネルヴァ書房

定延利之（2011d）「身体としてのことば―「スタイル」の限界―」『通訳翻訳研究』11、pp.49-74.

定延利之（2012a）「ジェスチャーとしての感動詞と終助詞」『日本語学』31 (3): pp.40-51. 明治書院

定延利之（2012b）「「体験」型デキゴトをめぐる研究の経緯と新展開」影山太郎・沈力（編）『日中理論言語学の新展望2　意味と構文』pp.107-123. く

ろしお出版

定延利之（2012c）「複雑な構造を持つ日本語音声言語の基本的観察」『日本認知科学会第29回大会発表論文集』pp.559–566.

定延利之（2012–）「日本語社会 のぞきキャラくり 補遺」Sanseido Word-wise Web http://dictionary.sanseido-publ.co.jp/wp/author/sadanobu/

Sadanobu, Toshiyuki.(2013a) Structural Reversal between Written and Spoken Languages in Japanese. *Studia: Universitatis Babeş-Bolyai Philologia*, LVIII, 1, pp.21–33.

定延利之（2013b）「フィラーは「名脇役」か？」『日本語学』32 (5): pp.10–25. 明治書院

定延利之（2013c）「フォネーション―発音の姿勢―」『日本語学』32 (5): pp.76–92. 明治書院

定延利之（2013d）「身体化された文法・言語の姿を探る」菅原和孝（編）『身体化の人類学』pp.321–349. 世界思想社

定延利之（2014a）「キャラクタから見た翻訳の問題と解決」『電子情報通信学会技術研究報告』113 (440): pp.1–6

定延利之（2014b）「「発見」と「ミラティブ」の間―なぜ通言語的研究と交わるのか―」定延利之（編）『日本語のテンス・アスペクト・ムード研究と通言語的研究』pp.3–38. くろしお出版

定延利之（近刊a）「感動詞と内部状態の結びつきの明確化に向けて」友定賢治（編）『感動詞の言語学』ひつじ書房

定延利之（近刊b）『コミュニケーションへの言語的接近』ひつじ書房

佐藤雄一（1994）「話し言葉の文の諸相から」『国文学―解釈と鑑賞』59 (1): pp.70–77.

白川博之（2009）『「言いさし文」の研究』くろしお出版

Tannen, Deborah.(1980) Spoken/Written Language and the Oral/Literate Continuum. *Proceedings of the Sixth Annual Meeting of the Berkeley Linguistics Society*, pp.207–218, University of California, Berkeley.

Tannen, Deborah. (1982) The Oral/Literate Continuum in Discourse. In Deborah Tannen (ed.), *Spoken and Written Language: Exploring Orality and Literacy*, pp.1–16, Norwood, NJ: Ablex.

宇野義方（1964）「話し言葉と書き言葉の違い」平井昌夫・上甲幹一（編）『現代・話し言葉の科学』pp.138–146. 至文堂

和田学（1990）「日本語の反復擬態語の形態論」『九州大学言語学研究室報告』11: pp.31–40.

ヴァーチャル方言の3用法
「打ちことば」を例として

田中ゆかり

1. はじめに

　近年、話しことばの典型として捉えられてきた方言が、文字で書かれたものとして、わたしたちの目にとまるようになってきた。
　たとえば、「がんばっぺ！　みやぎ」や「けっぱれ岩手！」のような東日本大震災被災地の方言を用いた「復興スローガン」[1] や、「おいでませ山口」「めんそーれ沖縄」のような各地の方言を用いた「観光キャッチフレーズ」[2]、さらには2005年から2006年にマスメディアを賑わせた「女子高生方言ブーム」で注目を集めた携帯メイルに代表されるような「打ちことば」に現れる「方言」などである。
　素人・玄人を問わず小説・短歌・俳句などの文学的表現において方言が積極的に用いられることも珍しいことではなくなった[3]。このような状況を、小林（2012）は「方言の「文語化」」と呼ぶ。
　方言が比喩としても現実としてもこのように目につくようになってきた背景には、共通語が誰でも使うことのできる普通のことばと化したことによって、方言が特別なことばとして社会的価値を増してきたことと、インターネットの一般化に伴う「打ちことば」の普及によって方言が可視化されたことなどがある。
　ここでいう「打ちことば」とは、PCメイル・携帯メイル・ブログ・ミニブログ・SNS（Social Networking Service）のようなインターネットを介したコミュニケーションにおいて、キーボードなどを「打つ」ことによって視覚化されたことばのことを指す。「打ちことば」は、非同期・非対面というメディア特性をもち、親密コードにおいては、自己装い性や装飾性の高い要素が多く現れるという特徴をもつ。また、「話すように打つ」メディアとも評され、方言

との相性のよさもこれらの特徴との関連から語られてきた*5。

　しかし、「打ちことば」に現れる方言は、あくまでも「話しことば的」なのであって、「話しことば」とは完全に重なるものではないと考えた方がよさそうだ*6。同時に、仮にそこで用いられている方言が「打ち手」の地元の方言であったとしても、何らかの編集・加工の施されたヴァーチャル方言*7 とみた方がいいだろう。ヴァーチャル方言には、生育地と結びついた「ジモ方言*8」と、生育地とは結びつかない「ニセ方言*9」という異なる層の想定が可能で、「打ちことば」の方言も少なくともこのふたつの層をもつことは強く想像される*10。

　以下では、「打ちことば」のひとつであるブログ記事に現れる方言を例として、その実態をみていく。先に指摘したように「打ちことば」、とりわけ親しい間柄においてやりとりされる携帯メールについては、方言の使用が目立つという指摘*11 はこれまでも多くなされてきているものの、具体的にどのような方言がどのように用いられているのかについて、十分に検討されてきたとはいえないからである。

2.　ブログに現れるヴァーチャル方言

　「打ちことば」において、ヴァーチャル方言はどのように用いられているのだろうか。

　本稿で分析対象とするブログ記事は、データ量が豊富で、多種多様なデータの採取が可能*12 である。同時に、言語形式を指定した検索が可能で、実態の把握も可能となる。加えて、執筆者の申告によるものではあるが、執筆者属性もある程度把握でき、地域との関連性の検討も可能である。以上が「打ちことば」におけるヴァーチャル方言検討の素材として、ブログ記事を選択した理由である。

　なお、検討する「方言」としては、田中（2005）で行った携帯メール調査においてヴァーチャル方言にかんする用例が豊富に採取された方言文末表現*13 を用いる。以下では、方言文末表現を検索語とした検索結果とその形式を含むブログ記事を素材として、

「打ちことば」の方言とはどのようなものか、具体的にみていく。

2.1 ブログ調査概要

調査は、2013年3月4日〜6日に行った。gooブログ検索（http://blog.goo.ne.jp/）で検索可能なすべてのブログ記事を対象に、方言文末表現をフレーズ検索し、指定した形式がどの程度使用されているかを示すヒット件数を得た。検索結果は、上位10件の記事が更新日順に配列されるよう指定した*14。gooブログ検索では、ヒット件数が一定量以上の場合、検索対象形式が含まれるブログ執筆者属性*15 の「男女比率」「年代比率」「地域比率（都道府県）」を含む「評判分析」の結果が示される。その結果を用いて、特定の形式に執筆者属性の偏りがないか検討する*16。

なお、検索語とした文末表現以外で文字配列の同じものがヒットしてくることをなるべく回避するために、初期的な検索に際しては「やん。」のように方言文末形式に句点を加えたかたちで実行した。ただし、検索の結果、句点を加えなくとも、検索結果が検索語にほぼ限られたものについては、用例数を増やすために句点のない形式についての検索もあわせて実行し、分析に加えた。

2.2 執筆者属性からみたブログのヴァーチャル方言

すべての執筆者属性比率についての結果を得ることができた「やん。」「ぜよ」について、「が」「を」の結果と比較したものが、表1〜3。

「ぜよ」は、女性・20代にやや多く、「神奈川県」「愛知県」にやや少ない。「やん。」は、10代にやや少ないことを除くと、ほとんど「が」「を」との差が認められない。以上から、少なくとも、今回の「やん。」「ぜよ」のブログ検索結果においては、平均的なブログ執筆者の性・年代・地域による目立った偏りは認められなかった、ということになる。

各検索語について、上位10件の記事における当該の形式以外のものがヒットしたゴミ件数とゴミ例、ならびに地域判明件数とその地域内訳を示したものが表4。ヒット件数が多い方言形式は、関西、

表1 「やん。」「ぜよ」「が」「を」執筆者属性百分比（性）

形式（ヒット件数）	男性	女性
やん。（130,000）	29	71
ぜよ　（18,000）	24	76
が　（95,000,000）	27	73
を　（86,000,000）	27	73

表2 「やん。」「ぜよ」「が」「を」執筆者属性百分比（年代）

形式（ヒット件数）	10代未満	10代	20代	30代	40代	50代	60代以上
やん。（130,000）	2	33	36	17	8	2	2
ぜよ　（18,000）	1	36	39	15	5	1	1
が　（95,000,000）	2	39	34	16	6	2	2
を　（86,000,000）	2	39	34	16	6	2	2
インターネット利用率	61.1	96.4	97.7	95.8	94.9	86.1	73.9

［注］インターネット利用率（個人 平成23年度末）総務省2012『情報通信白書平成24年度版』図表4-3-1-4による。
10代未満は6-12歳、10代は13-19歳、60代以上は60-64歳の数値。65-69歳60.9％、70-79歳42.6％、80歳以上14.3％。

表3 「やん。」「ぜよ」「が」「を」執筆者属性百分比（都道府県）

形式（ヒット件数）	東京都	神奈川県	大阪府	愛知県	北海道
やん。（130,000）	20	10	10	9	5
ぜよ　（18,000）	21	9	9	11	5
が　（95,000,000）	20	12	10	8	6
を　（86,000,000）	20	12	10	8	6
インターネット利用率	84.1	87.5	82.0	83.3	82.7
上位9位（全国平均以上）	2	1	6	3	4

［注］インターネット利用率（個人 平成23年度末）総務省2012『情報通信白書平成24年度版』図表4-3-1-5による。
表中の他、京都府（79.9％8位）、奈良県（79.5％9位）が全国平均以上。

高知、九州*17を喚起させるもので、東北・北関東を喚起させるもののヒット件数は少ない。

　ゴミを除いた記事件数のうち、地域が判明した件数をみると、「ぜよ。」のように地域判明件数の多いもの（10件中8件）から、「ねん。」のように地域にかんする情報を含む記事が1件もないものまである。

　地域が判明したものについても、検索語から喚起される地域と重なる程度の高い「ばい。（2件中2件熊本）」「けん。（2件中1件福岡・1件九州）」「じゃけぇ。（5件中4件広島・1件山口）」のようなものもあれば、「ぜよ。」のように喚起される地域が多数派として現れる（8件中2件高知）ものの、その他の地域もかなり含む（8件中和歌山2、青森・北海道・岩手・岐阜各1）ものまで幅がある。

　ここからは、ヴァーチャル方言には、その形式が喚起する地域とほぼ一対一で対応する形式から、形式の喚起する地域との結びつきがそれほど強くないものまであることがわかる。

2.3　ブログのヴァーチャル方言はどこに現れるか

　検索語とした形式がブログのどの部分に現れるかについて、各検索語上位10件の記事をデータとしてみていく。

　表5の通り、ブログタイトル部分に検索語とした方言形式が含まれていたものは、以下の（1）〜（5）の5件であった。

埼玉県	千葉県	兵庫県	福岡県	広島県	福井県	その他
5	4	5	3	2	0	26
6	5	4	2	2	0	25
6	5	4	2	0	2	26
6	5	4	2	0	2	26
82.4	81.4	78.6	78.8	75.4	76.9	－
5	7	－	－	－	－	－

表4 検索語ヒット件数と上位10件のゴミ・地域判明件数とその内訳

検索語	想定地域	ヒット件数	上位10件中			
			ゴミ件数	ゴミ例	地域判明	地域内訳
ねん。	関西	160,000	2	「許してねん。」「じゃんねん。(残念)」	0	―
やん。	関西	130,000	1		3	大阪1、兵庫1、滋賀1
ばい。	九州	42,000	8	「やばい。」	2	熊本2
ぜよ	高知	18,000	0	―	7	高知2、高知・神奈川・静岡1、北海道1、東京1、千葉1、大阪1
ごわす	九州	15,000	0	―	3	愛知1、東京1、埼玉1
けん。	九州	13,000	5	「アイスのけん。」「ついていけん。」「ばくれつけん。」「遊びせんとや生まれけん。」「愛想はでけん。」	2	福岡1、九州の海に面したところ1
ごわす。	九州	5,000	0	―	2	大阪1、宮崎1
ぜよ。	高知	1,000	0	―	8	高知2、和歌山2、青森1、北海道1、岩手1、岐阜1
じゃけん。	中国	921	0	―	7	広島2、神奈川2、岩手1、福岡1、大分1
やから。	関西	710	0	―	1	大阪1
だべ。	北関東・東北	88	0	―	2	東京1、大阪1
じゃけぇ。	中国	21	0	―	5	広島4、山口1
だっぺ。	北関東・東北	15	0	―	1	埼玉1
だべさ。	北関東・東北	13	0	―	4	岩手1、東京1、千葉1、愛知1

［注］1,000以上は概数

　以下では、検索語とした方言形式に　　　を付す。[ ] 内には執筆者の性別と居住地を、( ) 内にはブログタイトルを示す。執筆者の性別と居住地については、プロフィールにおいて申告されているものを用いた。「推定」としたものは、ブログの記事内容から推測できたものである[*18]。

表5　検索語別上位10件検索語の記事中位置

検索語	ブログタイトル件数	引用・言及		
		引用件数	引用対象	言及件数
ねん。	0	1	他人の発話	0
やん。	0	2	他人の発話	0
ばい。	0	0	−	0
ぜよ	3	0		0
ごわす	0	0	−	0
けん。	0	1	絵本のセリフ	0
ごわす。	1	0		0
ぜよ。	0	2	ドラマのセリフ	0
じゃけん。	1	0		0
やから。	0	1	他人の発話	0
だべ。	0	0	−	0
じゃけぇ。	0	1	他人の発話	1
だっぺ。	0	0	−	0
だべさ。	0	0	−	0

(1) ［男性、高知県］（以前は…ギジパラ♪親分のブログ ぜよ !）
　　　　　　　　ameblo.jp/gijie-paradise/entry-11483747829.html
(2) ［女性、静岡県、高知で生まれ神奈川（ほぼ東京）育ち、静岡・浜松市居住］（「 ぜよ 」生まれ「じゃん」育ちの「ら〜」生活）　ameblo.jp/k-runrunrun/entry-11483763999.html
(3) ［女性、高知県］（赤岡カフェ " ぜよ "）
　　　　blog.goo.ne.jp/zeyokochi/e/181308b2a8e328dce0e584cfd5dc2d4a
(4) ［性別不明、神奈川県］（・｀)ﾉ@kopf_watte で ごわす。 ）
　　　　blog.goo.ne.jp/watte_kopf/e/1843de40c2b6afce9947410dccfae959
(5) ［女性、福岡県］（ちょむSTATION じゃけん ）
　　　　　　　　ameblo.jp/jtcjc711/entry-11482403409.html

「ぜよ」をタイトルに用いた3件のうち2件は高知県居住の執筆者によるもの、1件が在住経験有りの執筆者によるもので、すべて

高知県在住経験のある執筆者のタイトルとして現れている。一方、「ごわす。」は神奈川県在住、「じゃけん。」は福岡県在住の執筆者によるものとなっている。「ぜよ」は、方言形式の喚起する土地との結びつきがその他の形式に比べて相対的に強いことがうかがえる。

　タイトルに採用される方言形式は、共通語文脈の中にも投入可能な切り出された形式、いわば典型的な「アイコン化」の完了した「方言」で、地域イメージ喚起力も強いと推測される。しかし、タイトルに含まれた検索語と執筆者居住地との関係からみると、「ぜよ」のようにその形式が喚起する地域との一致度が高いものもあるが、「ごわす。」や「じゃけん」のように、そうではないものもあるということになる。

　なお、本文に検索語とした方言形式が現れたケースの内訳は、「引用」8件、「言及」1件で、この他はすべて「用例」であった（表5）。

　「引用」8件における引用元と方言形式は以下の通り。

　　【他人の発話の引用5件】：
　　「ねん。」1、「やん。」2、「やから。」1、「じゃけえ。」1
　　【ドラマのセリフの引用2件】：「ぜよ。」2
　　【絵本のセリフの引用1件】：「けん。」

　「言及」は、（6）として示す1件のみであった。

(6) ［女性、山口県］（1歳からの育児ブログ？）
　　つまり「だから」はみな「じゃけぇ」になります。使用例；じゃけぇ、そんなことしたら怒られるって言ったじゃろ？。（だから、そんなことしたら怒られるって言っただろ。）使用例；早起きは三文の得 じゃけぇ 。（早起きは三文の得だからね。）ameblo.jp/isksfamily/entry-11472528558.html

2.4　ブログのヴァーチャル方言の用いられ方

2.4.1　ヴァーチャル方言の3用法

　ブログのヴァーチャル方言には、「(a) 発信者のローカリティー提示」「(b) 話題のローカリティー提示」「(c) 方言ステレオタイプと結びついた臨時的キャラの発動*19」の3用法が認められた。

表6　検索語上位10位における記事トピック

検索語	地域トピック		特徴あるトピックなど
	件数	内容	
ねん。	0	—	パチンコ、ギャンブル、キャッシング各1
やん。	0	—	—
ばい。	1	ロアッソ熊本	—
ぜよ	0	—	—
ごわす	0	—	自虐（2）
けん。	0	—	キャッシング（3）
ごわす。	0	—	自動車改造（2）
ぜよ。	1	産直土佐牛	—
じゃけん。	1	きび団子味のふりかけ（岡山弁）	—
やから。	0	—	—
だべ。	0	—	お祝いとマナー
じゃけぇ。	1	広島カープ	—
だっぺ。	1	福島のお土産	同じブログから9件
だべさ。	0	—	同じブログから3件

　「(a) 発信者のローカリティー提示」とは、その方言形式がイメージ喚起する土地と発信者との間に関連があることを示す用法で、典型的には発信者がその形式の喚起する土地の生育者であるということを示すものである。検索語とした方言形式以外にも、検索語から想定される特定の土地を喚起する方言ベースの文体であることが多い。具体例として（7）を示す。

　以下、検索語として用いた方言形式以外の特定の土地を喚起する方言形式に＿＿＿を付す。

(7)［男性、高知県］（BOSSのブログ）
　　まーよくある事ながやけど、起きたら5時30分やったとにかくまた二日酔いやのこんな日は簡単ブログですまんのこれこないだのマカナイちゃんナポリタン風パスタかなり出来栄え良かったぜよ食べたいもんは溜家へ来て、気が向

ヴァーチャル方言の3用法　　45

　　　　いたら作りますき　ほなバイなら　今日もプッチ　お願い ぜよ

　　　　　　　ameblo.jp/ikokunomonooki/entry-11471834822.html

　「(b) 話題のローカリティー提示」とは、検索語とした方言形式がイメージ喚起する土地とブログで取り上げられているトピックとの間に関連があることを示す用法である。典型的には記事で話題としたものが、検索語とした方言形式が喚起する土地の名産やローカルチームの情報などとなっているケースである（表6）。具体例として（8）を示す。

　　以下、検索語から喚起される土地と結びついた話題に＿＿＿を付す。
　（8）［女性、埼玉県］（寝起きの独り言…）
　　　　凛ちゃんにいただいた 福島のお土産☆ 紅茶豆乳と一緒にいただきました♪ 美味しかった だっぺ。 (´∀`)

　　　　　　　　　　　ameblo.jp/th0814/entry-11445303780.html

　「(c) 方言ステレオタイプと結びついた臨時的キャラの発動」とは、検索語とした方言形式から喚起されるキャラがブログ記事の執筆態度と臨時的に結びついたケースである。具体例として（9）・（10）を示す。

　（9）［男性、千葉県］（弾速限界突破）
　　　　今回は凄く上手く出来た!!（感動）…にしても、やはりこの伝統のマーク！一気に雰囲気出ますわな (*^^*) とまぁ…まだまだ始まりに過ぎない『装備集め』ですが（笑）ナベは現在『降下』…準備中です (^-^ もう…やるしかない ぜよ (￣ー￣)（土佐弁？） ameblo.jp/kirin47/entry-11483722955.html

　（10）［女性、東京都］（とびらの扉）
　　　　ご馳走たちの写真日記 (?) を、更新しました φ(..) すべて、力作で ごわす (*´▽`*)「桃の節句のご馳走たち☆」

　　　　　　　　　ameblo.jp/tobirawind/entry-11483104090.html

（9）は、「やるしかない！」という気持ちを、龍馬語「ぜよ」で「男気キャラ」を発動している例としてみることができる。（10）は、「力作ぞろいなんだぞ！」という胸を張るような気持ちを、西郷語「ごわす」で「豪傑キャラ」を発動している例とみることができる。

46　　I　共時的研究

具体的用例は、必ずしも（a）〜（c）のどれかひとつの用法に落とし込めるものばかりとはいえない。たとえば、(11) のような例は、(a) でもあり (b) でもある、あるいは (a) と (b) の相まった例とみることもできる。

(11) ［推定男性、推定熊本県］（あきひろのロアッソ熊本を中心とした熊本スポーツ）

　　昨日は鳥取さんに負けてしまったけど、この借りは必ず8月の鳥取での試合で返します！悪ゴロの意地は見せてやる ばい。　　blogs.yahoo.co.jp/akikun0084/37300950.html

2.4.2　特定のトピックとの結びつき

特定のトピックとの結びつきがうかがえる検索語もある（表6）。たとえば、「パチンコ、ギャンブル、キャッシング」といったトピックと結びついた「ねん。」、「キャッシング」トピックと結びついた「けん。」、「自動車改造」トピックと結びついた「ごわす。」である。以下に1例ずつ示す。

(12) ［不明、不明］（グレーゾーン金利について）為替レートや手数料、金利の設定やらなんやらは、行き先の国や、利用する金融機関にばいってたいまざまばいちうわけや。たいらに、うちの旅の性たちにばいっても、資金計画は変わってきまん ねん。

　　loancashkou.cocolog-nifty.com/grayzone/2013/03/post-20f3.html

(13) ［不明、不明］（グレーゾーン金利について）

　　そんとおり「重大な違反」なのかそうならなかのかは、監督官庁である金融庁が判断ば下すことや けん。 ほぼどいでんの場合、ちんけな違反がえらいたくさんあり、それにばいる関係で、「重大な違反」判定たいれてしまうとよ。

　　loancashkou.cocolog-nifty.com/grayzone/2013/03/post-d2b9.html

(14) ［推定男性、大阪府］（哲のガレージ 第二章（´・ω）

　　カチ上げマフラー（テイク1製）にしました。ちなみにガレージM氏と同じマフラーで、飽きの来ない大人なデザイン、そして、何よりお財布に優しいロープライス チョイ悪

ヴァーチャル方言の3用法　　47

オヤジの自分にはピッタリで ごわす。

blog.livedoor.jp/tetuaddress42215/archives/6957806.html

「ねん。」(12) と「けん。」(13) は同一タイトルの別ブログ記事だが、どちらも関西方言を想像させる形式と九州方言を想像させる形式が適当に「まぶされている」ような記事となっており、時折文意の通らない部分もある（引用はすべてママ）。

「パチンコ、ギャンブル、キャッシング」トピックとの結びつきにおける関西方言的要素については、金水（2003）で示された「大阪人・関西人」に期待される7つのステレオタイプのうちの「けち、守銭奴、拝金主義者」「やくざ、暴力団、恐い」と重なるものと思われる。

九州方言的要素が「キャッシング」トピックと結びつく理由としては、『人生劇場シリーズ』『緋牡丹博徒シリーズ』などの東映・任侠映画路線における「九州弁」によって形成された方言ステレオタイプに基づくものである可能性を指摘できる（田中 2011）。

自動車改造トピックと結びついた「ごわす。」の2件は、別々の推定男性と男性の執筆者によるものである。こちらは「自動車改造」が「男」イメージと重なるためか。

一方、「ごわす」には、(15)(16)に示すように自虐的トピックと結びついた記事も2件認められた。こちらはいずれも居住地不明の推定女性と女性による執筆記事で、どちらも自嘲を含むやや暴力的なキブンが「ごわす」と結びついているようだ。

(15)［推定女性、不明］（くだらない日記）
　　そして自分の水着姿がデブ杉ワロタ そしてすっぴんクリーチャー杉ワロタ 一緒にいった子が学内で美人と有名な子でもう打ちのめされた気分で ごわす

d.hatena.ne.jp/ununko12/20130304/1362378459

(16)［女性、不明］（荒木＆姫野絵命!?のグシ裕美の）
　　OVA版ではめちゃめちゃイケメンになって帰ってきたので？でもターゲットは星矢や小次郎のように可愛くて腕白BOYが大好物で ごわす （爆）という事でこういうネタでと私が語ると必ず2次元ネタになるという…(´▽`A``困っ

た　　　　　　　ameblo.jp/aragoara/entry-11483175490.html

（13）（14）「ごわす。」と（15）（16）「ごわす」の例は、執筆者の性によって結びつくステレオタイプが異なる可能性を示している。

2.5　ブログのヴァーチャル方言からわかること

以上から、ブログにおけるヴァーチャル方言は、まず、その形式が喚起する土地との結びつきが強いものもあるが、そうではないものも多いということが確認された。ヒット件数の観点からは、日本語社会における方言ステレオタイプ度の高い地域を喚起するヴァーチャル方言の件数が多いようだ。

次に、ブログにおけるヴァーチャル方言には、少なくとも「(a)発信者のローカリティー提示」「(b)話題のローカリティー提示」「(c)方言ステレオタイプと結びついた臨時的キャラの発動」という3つの用法が認められた。検索語としたどの方言形式にも認められるものは(a)で、(b)(c)については、調査範囲においてはその用法例が認められないものもあった。

典型的には「ぜよ。」のような想定地域が限定的で特定のキャラクターとの結びつきが強い方言ステレオタイプ度の高い形式[20]は、(a)〜(c)すべての用例が豊富に認められるが、「やん。」のような想定地域はある程度限定されるものの特定のキャラクターとの結びつきの弱い形式や、「だっぺ。」のように想定地域が広く特定のキャラクターとの結びつきが弱い形式は、(b)や(c)の用法がそれほど多くは現れない傾向を示す。つまり、方言形式が喚起するステレオタイプの強度（役割語度[21]）が高いほど、その形式が担うことができる用法が広いということが指摘できそうである。検索件数の多寡も方言ステレオタイプ度（役割語度）と関係していそうである。

また、今回用いたデータの範囲では、(b)(c)の用法は顔文字との共起率が高いことがうかがえる[22]。(b)(c)のような用法を担うことができる形式は、すでにアイコン化した方言であることが理由かも知れない[23]。特定の形式のアイコン化レベルとステレオタイプの強度とはパラレルなものであるとも考えられる。

3. おわりに

　ブログに現れるヴァーチャル方言について、その出現状況と用法からみてきた。その結果、ブログにおけるヴァーチャル方言は、「話しことば」としてのリアル方言の反映というよりも、文学に代表されるような「書きことば」における表現手段としての方言の用法を喚起させるようなものであった。こんにちの素人の「打ちことば」におけるヴァーチャル方言は、玄人が「書きことば」の中で試行錯誤してきたヴァーチャル方言の用法があたかもにじみ出てきたもののようにも思えてくる。

　記録として記述された方言を除けば、書記言語として目に触れることばとしての方言は、従来、文学に代表されるような創作活動における「目新しさ」や「土地と結びついたリアルさ」「本音らしさ」あるいは、「"ここではないどこか性"といったファンタジー的要素」を求めた表現手段のひとつとして、ほぼ用いられてきたといっていいだろう。

　小説家などに代表される創作活動の「玄人」による演出（意図的表現）のひとつとして方言が選択されるということは、それほど目新しくもない。いわゆる標準語文学の素地となった言文一致体小説の完成期以降には、上述したような表現意図による方言使用例は枚挙にいとまがない。近世期俳諧において、すでに方言が「目新しい表現」の選択肢のひとつとなっていたことは、「目新しい表現」のリソースとして方言辞典『物類称呼』（越谷吾山1775［安永4］年）が編まれたことなどからもうかがえる。

　近代文学に現れるヴァーチャル方言について、その用法と採用意図の変遷をたどると、図1のような各ステージを経て、こんにちに至ったことがわかる（磯貝1981参照）。

　小説においてヴァーチャル方言が採用される部分についても、「会話」から「地の文」へという流れをたどることができる*24。

　近代文学においてヴァーチャル方言の新たな用法が登場してきた背景には、言語計画や教育水準の変化、ラジオ・テレビなどのマスメディアの普及などといった社会構造の大きな変化と連動していた

言文一致体小説の確立に伴う「標準語文学」に対抗する「土地と結びついたリアルさ」を求めた用法（自然主義文学、農民文学、プロレタリア文学作品など）の出現

↓

モダニストたちによる試行錯誤を経て、ステレオタイプ化した用法が定着

↓

土地との結びつきを保ちつつも"ここではないどこか性"をあらわすファンタジー的用法（宮澤賢治の一連の方言を用いた作品）の出現

↓

具体的な土地との結びつきから解き放たれた「人工方言」によるファンタジー用法（木下順二による複数の方言的要素から再構成された「普遍的方言」）の出現

図1　近代文学に現れるヴァーチャル方言：用法と採用意図の変遷

ことも見逃せない。方言が付与されたキャラクターにおいても、「農民」「労働者」「女性[25]」というマークされた属性をもつものから、そうでないものへと拡張してきたという流れも示唆的である[26]。

　玄人による創作活動とは異なるものの、鈴木三重吉『赤い鳥』にはじまる「綴方」は、1950年代から1960年代には学校教育の場を中心に「生活綴方運動」という一大ムーブメントとなった。そこでは、地方で生活する小中学生の真実らしさの表現——「自分のコトバ」——としてヴァーチャル方言を採用することが推奨された（鈴木1935、今井1958、日本作文の会編1964）。

　これら綴方・生活綴方運動におけるヴァーチャル方言をめぐる動きも、近代文学においてヴァーチャル方言を会話文で用いるということがリアルさ追求用法の一手段として定着したのちのことであることを考えると興味深い[27]。

　以上のようなことを踏まえると、ここで取り扱った「打ちことば」におけるヴァーチャル方言のありようは、単なる一過性のブームとして観察されているわけではないことがわかる。

　ヴァーチャル方言を用いたリアルさ追求が行き着いたこんにち、

よりヴァーチャル性の高い「ニセ方言ヒロイン」の登場するテレビドラマ*28 や、「ニセ方言ヒーロー」の登場する小説*29 が広く一般に受容されるようになってきた。こういった現状からみても、ブログ記事で認められたようなヴァーチャル方言を用いた言語行動は、単なる目新しさの追求や流行とばかりはいえないように思える。

　本稿でみてきたブログに現れたヴァーチャル方言の姿は、社会状況の変化や新しいメディアの登場に伴い日本語社会において新しい表現が生まれ、それらが広く一般に受容されていくという大きな流れの中の「こんにち的水準」とみることもできそうである。

---

*1　東北大学方言研究センター（2012）、井上他（2013）参照。
*2　井上他（2013）・日高（2013）参照。
*3　玄人はもとより、素人による文芸活動にも「方言」が用いられることが一般化してきたことは次のような例からもうかがえる。2011年9月19日朝日新聞掲載の「朝日歌壇」に選出された「こっちはもうそぞな方言使わんよ　花屋が笑うふるさとの夏」（横浜市・玄田睦美）は、作者自身の「ふるさと」の方言を用いた例。「ニセ方言」を用いた例として東京都・43歳女性による〈「コンカツ」の　味聞く祖母に「にがいねん」〉という川柳を指摘することができる（2013年3月4日読売新聞12版13［解説］面「広がる？大阪弁」大阪社会部次長・森川暁子）。この記事は、大阪市中央区の「なんなんタウン商店街振興組合」主催の第16回「大阪弁川柳コンテト」に入賞した450作品の半数近くが近畿以外からの応募であることもあわせて紹介している。
*4　真田（2000）、井上（2007）、陣内（2007）、田中（2011）など参照。
*5　ATOKにユーザーの要求に応えるかたちで各地の「方言モード」が搭載されたこと（新田2003）、女子高生方言ブームを牽引した「かわいい方言本」も街で拾ったユーザーの声に触発された企画であったこと（2005年10月27日読売新聞夕刊2版20面KODOMO伝える「女子高生"方言"ブーム」）、「もんじろう（http://monjiro.net/）」を筆頭としたブログ用方言変換サイトの隆盛などは、「打ちことば」と方言の相性のよさをよく示すエピソードといっていいだろう。
*6　三宅（2011: 260）では、「普段の自分の言葉とは多少違うことばの選択をして関西らしさを維持しようとすることもある」という関西生育大学生のコメントを紹介しながら、「方言話者のケータイ方言は、いかにその方言らしくみえていても、実際に話す方言を微修正・編集した方言であることが分かる」とも指摘している。
*7　「現実の土地と結びついた「生活のことば」としてのホンモノの「方言」

のことを「リアル方言」、「らしさ」を頭の中で共有するホンモノとは別の「方言」のことを「ヴァーチャル方言」と呼ぶことにする（田中 2011）。

＊8　「リアル方言由来の「土地」との結びつきをもつヴァーチャル方言（田中 2011）」。リアル方言をより「らしく」したもので、地元性の提示や地元キャラの発動を引き起こす。

＊9　「自分自身のリアル方言とは無関係な「土地」から切り離されたヴァーチャル方言（田中 2011）」。

＊10　ヴァーチャル方言の採用に際しては、それが意図的な演出として意識されたものかそうでないかの判断はむずかしい。意識化された行動であることが明瞭な場合もあるが、微妙なケースも多い。

＊11　方言主流社会生育の若年層が地元の方言を用いる事例（真田 2007、陣内 2008、二階堂 2009、大橋 2011）、首都圏生育若年層が「ニセ方言」を用いる事例（田中 2005、三宅 2011）など、「方言」を用いた携帯メイルについての報告は多い。

＊12　従来の携帯メイルを用いた分析は、大学生を中心とした若年層に偏りがちであったこと、全国を視野に入れたデータ採取がむずかしく調査者の拠点中心のデータとなりがちであった。ブログ記事はそれらに比べると執筆者属性・文体などの観点から多様性に富んだデータが得られると考えた。

＊13　首都圏の大学に通う大学生137人から得た「携帯メイルらしいメイル」テキスト263件のうち、本人申告による「ニセ方言」を使用したテキスト32件の具体的表現は、「やん」「だべ」「たい」「ごわす」「やけ」などの文末表現と「なんでやねん」のような定型表現にほぼ限られた（田中 2005）。

＊14　検索語との「一致率の高い順」を選択すると同じブログばかりがヒットしてくるので、なるべく多様なブログによる検討を行いたいと考え、更新日順とした。一方、更新日順とすると検索日前後のイベントやニュースに左右されるリスクがあるが、今回の結果については大きな影響はないと思われる。

＊15　ブログ類にはプロフィール欄があり、これを基に評判分析結果の百分比は返されていると推測される。ただし、プロフィールを記入していない執筆者も多く、詐称と思われる場合も少なくない。一方、「例え詐称する場合でも、そのような設定のもとに言語活動を行っているものと考えれば、利用することが可能である（岡島 2011）」という考え方もできる。

＊16　「が」「を」の評判分析の結果を、ブログ全体の執筆者属性の平均的な分布とみなす。田野村（2008）・前田（2011）に基づく。

＊17　ただし、「ばい。」「けん。」はゴミ件数が多い（表4）。よって九州を喚起する形式としては実質的には「ごわす。」「ごわす」のみ。

＊18　引用箇所以外を閲覧した上で執筆者属性を推定している場合もある。

＊19　「方言ステレオタイプ」を用いた臨時的キャラクターの発動と同義。

＊20　たとえば、坂本龍馬との結びつきの強さ。「龍馬ぜよ！」を、gooブログ検索したところ、60件がヒットした（2013年5月7日検索）。

＊21　「ある話体（文体）が、特徴的な性質の話し手を想定させる度合い（金水 2003: 67）」。

＊22　検索語と顔文字が共起する事例として、（8）～（10）参照。

＊23　方言ステレオタイプと顔文字は一致している場合もあるし、そうでない

場合もあるようだ。前者の例としては、(8)「だっぺ。」とほんわかした微笑みを表す「(´∀`)」。後者の例としては、(10)「ごわす」とはにかみ的微笑みを表す「(*´▽`*)」。後者は「豪傑キャラ」とかわいらしいほのぼの感のギャップを狙った表現と受け取れる。

＊24　素人を対象とした綴方指導においても「会話」から「地の文」へといった同様の流れが意識されている（今井1958）。

＊25　「女性」「大阪弁」「会話」例として、谷崎潤一郎『卍』（1928年）が典型的。

＊26　ヒーロー・ヒロインは標準語という役割語セオリー（金水2003）の形成とのかかわりにおいても、この流れは示唆的である。

＊27　しかも、会話文における推奨にはじまり、のちには地の文における採用をも推奨するようになった（今井1958）。ただし、この場合、方言は標準語獲得までの暫定言語としての推奨であることが繰り返し述べられている。この点は、文学的表現におけるヴァーチャル方言採用推奨の態度とは異なる点である（鈴木1935、今井1958）。

＊28　2013年度前期に放送されたNHK連続テレビ小説『あまちゃん』のヒロイン・天野アキは東京生育だが、新しい自分を発見した祖母の住む「(架空の街) 北三陸市」の「方言」を用いるようになる。この番組でアイコン的に繰り返し用いられた「北三陸方言」の「驚きの表現」である「じぇじぇじぇ！」は、2013年ユーキャン新語・流行語大賞のひとつに選ばれた（http://singo.jiyu.co.jp/)。

＊29　村上春樹「女のいない男たち2　イエスタデイ」（『文藝春秋』文藝春秋2014年1月号掲載）の主要登場人物のひとり「木樽」は東京都大田区田園調布の生育にもかかわらず「後天的に学んだ」「ほぼ完璧な関西弁」を話し、主人公の「僕」は兵庫県芦屋市生育にもかかわらず「ほぼ完璧な標準語（東京の言葉）」をしゃべる。それぞれ「自分であることの新しい可能性を試」す手段として、生育地と異なる「方言」を話すという設定。

引用文献

磯貝英夫（1981）「日本近代文学と方言」藤原与一先生古稀御健寿祝賀論集刊行委員会編『方言学論叢Ⅱ―方言研究の射程―』三省堂

井上史雄（2007）「方言の経済的価値」小林隆編『シリーズ方言学3　方言の機能』岩波書店

井上史雄・大橋敦夫・田中宣廣・日高貢一郎・山下暁美（2013）『魅せる方言　地域語の底力』三省堂書店

今井誉次郎（1958）「生活綴方と方言」日本作文の会編『生活綴方事典』明治図書

大橋純一（2011）「方言使用の効用―その世代的位置と特性―」『いわき明星大学人文学部研究紀要』24.いわき明星大学人文学部

岡島昭浩（2011）「ウェブ検索の応用」荻野綱男・田野村忠温編『講座ITと日本語研究 コーパスとしてのウェブ』明治書院

金水敏（2003）『〈もっと知りたい！日本語〉ヴァーチャル日本語　役割語の謎』岩波書店
小林隆（2012）「現代方言の文語化傾向」『学鐙』190（3）．丸善出版
真田信治（2000）『脱・標準語の時代』小学館
真田信治（2007）『方言は気持ちを伝える』岩波書店
陣内正敬（2007）「若者世代の方言使用」小林隆編『シリーズ方言学3　方言の機能』岩波書店
鈴木三重吉（1935）『綴方読本』中央公論社
田中ゆかり（2005）「携帯メイルにおけるキブン表現」『語文』121．日本大学国文学会
田中ゆかり（2011）『「方言コスプレ」の時代―ニセ関西弁から龍馬語まで―』岩波書店
田野村忠温（2008）「日本語研究の観点からのサーチエンジンの比較評価―Yahoo!とGoogleの比較を中心に―」『計量国語学』26（6）．計量国語学会
東北大学方言研究センター（2012）『方言を救う、方言で救う―3.11被災地からの提言―』ひつじ書房
二階堂整（2009）「福岡の大学生の携帯メールにおける方言使用」『山口国文』32．山口大学人文学部国語国文学会
新田実（2003）「仮名文字変換〈方言モード〉開発の道のり」『月刊言語』32（5）．大修館書店
日本作文の会編（1964）『生活綴方文例事典』明治図書
日高水穂（2013）「第5章第2課 地域資源としての「方言」」木部暢子他『方言学入門』三省堂書店
前田広幸（2011）「ウェブと他のコーパスとの比較」荻野綱男・田野村忠温編『講座ITと日本語研究 コーパスとしてのウェブ』明治書院
三宅和子（2011）『日本語の対人関係把握と配慮言語行動』ひつじ書房

謝　辞

本研究に際して、プロレタリア文学と方言の関係については栩沢健氏から、綴方・生活綴方運動と方言との関係については中谷いずみ氏から、それぞれ懇切なご教示を得た。改めてお礼申し上げます。

付　記

本研究は、いずれも荻野綱男が代表の共同研究である日本大学文理学部人文科学研究所総合研究「コーパス言語学の新しい展開」（2011–2012年度）・「コーパス言語学の方法論研究」（2013–2014年度）の支援を受けている。

疑似独話と読み手意識

野田春美

1. はじめに

　本稿では、文章における読み手を意識した表現について考える。軽い文体のエッセイやブログなどには、いわゆる話しことば的な表現が現れることがある。次の（1）の「〜ですってね」や（2）の「〜でしたっけ」のように読み手に話しかけてくるような表現が現れるだけでなく、（2）の「あ、そうだ」のように独話*1のような表現も現れることに、本稿では注目する。

（1）　聞くところによると、オフィスで隣の席の人とも、メールでやりとりする人が増えているんですってね。

（阿川佐和子2012: 36）

（2）　なんの話をしていたんでしたっけ。あ、そうだ。日常生活における「インタビュー」の話でした。（阿川佐和子2012: 39）

　こういった表現には、書き手が読み手をどう意識しているのかが関わっていると考える。そこで、本稿では、独話のような表現を中心に、読み手を意識した多様な表現を観察したうえで、それらの表現と読み手意識の関係を考えていく。まず、第2節で「疑似独話」*2について、第3節で疑似独話を含む「読み手を特に意識した表現」について考察する。第4節では「読み手意識」の下位分類を試みる。

2. 疑似独話

2.1　疑似独話とは

　まず、本節と第2.2節では、野田春美（2006）をもとに、疑似独話とはどういうものかを述べる。

対話のなかに独話のような文が現れることは、丁寧体と普通体のスタイルシフトの研究などにおいて、しばしば指摘される。陳（2003）は、初対面の日本語母語話者同士の会話データをもとに、「独り言的」とされてきた発話を、情報処理の面が強いタイプと感情表出の面が強いタイプに分けている。

　こういった発話は、思考過程や感情の表出を基本としつつも、普通体のままで発話することに、聞き手を意識した何らかの意図があるのか否かは判断しがたい。対話の場面であっても、たとえば熱いお茶を飲んで思わず「熱っ」と言うときなどは、聞き手が存在しない独話と同じだと考えられる。しかし、聞き手の存在が意識されている場合は、独話とは多少異なるように感じられる。

　たとえば、次の（3）では、11Hの発話は6376では丁寧体だが、6378では普通体にシフトしている。基本的には、11Aの発話に納得したことが、思わず「あそっか」という普通体の発話として現れたものと思われる。しかし、普通体のままで口にすることによって聞き手との心理的距離を縮めようとする意識がないとは言い切れないだろう。三牧（2000:44）も、「思考過程をさらけ出すことによって、防衛的ではない姿勢を示すことになり、聞き手への信頼感を間接的に表明している」発話があると指摘している。

　（3）　6376　11H女　えっ、旦那さんは一緒に行かなかったんですか↑
　　　　6377　11A女　うん、行かなかった、寝てたからね。
　　　　6378　11H女　あそっか、そっか。

（現代日本語研究会（編）1997）

　次の（4）の06Dは羨望を「いいなー」と表現している。詠嘆を表す「なあ」は、宮崎（1993:60）が「聞き手がいたとしても、情報を聞き手に伝達しないという機能がある」と述べているとおり、独話のように表現する性質をもつ。たしかに（4）でも、羨望の感情を直接聞き手に向けていないことが「なー」によって表されている。しかし、聞き手の存在を意識していないわけではなく、存在を意識したうえで、親しい関係のなかで本音の感情が表出したという形がとられているように思われる。

(4) 2549　06A男　うん、だからもー、6月の終わりで、全部授業終わりですってしてあるからー。
　　2550　06D男　<u>いいなー</u>。
　　2551　06A男　だから、7月ぱかっとあいちゃったからどうしようかなと思って、今、迷ってんだよ〈笑い〉。
　　2552　06D男　<u>いいなー</u>。　　（現代日本語研究会（編）2002）

　次の（5）の2892は明らかに聞き手を意識した発話であり、「前回の版下」ではない「あれ」を見せてほしいという意図である。しかし、「見せて」といった直接的な行為要求表現を用いず、願望を「欲しいなー」という独話のような形で表現することで、聞き手の行為を実現させようとしている。Brown and Levinson（1987）のいう、ネガティブ・ポライトネスである。

(5) 2891　07E男　前回の、版下見ます↑
　　2892　07A男　あっ、てゆうか、あれが<u>欲しいなー</u>。
　　2893　07E男　元のやつ↑　　　（現代日本語研究会（編）2002）

　以上のように、対話における独話のような表現は、聞き手の存在しない完全な独話や心内発話とは異なり、聞き手の存在を多少なりとも意識していると考えられる場合が多い。そういう発話を「疑似独話」と呼ぶ。どれだけ意識的に独話の形を選んでいるかという「疑似性」の強弱はさまざまであり、客観的にはかることはできない。

　一方、第1節で述べたとおり、軽いエッセイやブログなどにも、次の（6）のような疑似独話が現れることがある。

(6) 私に効果絶大なのは、ステンレスのナベ磨き。キレイなナベだと、料理するのも嬉しくなる。そういえばイチローが「磨いたグローブで練習した時は、汚いグローブで練習した時よりも頭や体に残る」って<u>言ってたなあ</u>。
　　　　　　　　　　　　　　　　　　　（上大岡トメ 2004: 35）

　こういった疑似独話は、対話の場合とは違いがある。文字言語において純粋な独話は存在しえないため、基本的に疑似性が強いということである。音声言語は即時性が求められるため、先に挙げた

(3) の「あ、そっか」のような文が疑似性をほとんどもたずに出現することも十分ありうる。一方、文字言語は作成に時間をかけることができ、修正も可能である。にもかかわらず独話のような形が選ばれている場合、疑似性が強いと考えるのが自然であろう。

　ただし、音声言語に比べれば疑似性が強いということであり、書き手が計算ずくで疑似独話の形を選んでいるという意味ではない。

　では、次に第2.2節で、文章における疑似独話の形をみていく。

2.2　エッセイやブログにおける疑似独話の形

　エッセイやブログなどにおける疑似独話は、心情や本音を吐露しているように思わせたり、思考過程をリアルタイムで見せているかのように思わせたりする。

　第2.1節でも述べたとおり、終助詞の「なあ」が用いられると詠嘆が独話的に表される。次の（7）のように感動詞「ああ」などの使用によって、心情の表出であることがことさらに示されることも多い。

(7)　先日、ある女性からこんなことを言われた。
　　「どうして甥っ子や姪っ子のように、飼っている猫や犬のように、男を愛せないのでしょう」
　　<u>ああ、わかるなぁ。</u>
　　私も甥や姪には、何でもかんでもしてあげたくなるし、飼っている犬には（ちなみにセントバーナードです）無上の愛を捧げている。
　　なのに、男に対しては注ぐだけの愛では満足できない。
　　　　　　　　　　　　　　　　　　　　（唯川恵2002: 169）

　心情を表す文の後に三点リーダなどが付加されることも多い。次の（8）のように、ブログの最後の部分にもよくみられる。

(8)　早くケガを治さなきゃ…。　　　　　（古田敦也2005: 149）

　心情を表す文に三点リーダなどが付加されると、文は完結していても言いさしであるかのような余韻が残り、書き手が心情をかみしめているニュアンスが表現される。そこから、書き手が、自分の心情への共感を望んでいることが暗に表現されていると考えられる。

次に、思考過程をリアルタイムで見せているかのように思わせる表現をみる。まず、「かな」「だろうか」のような自問の表現である。次の（9）では、直前の文で読み手に話しかけたあと、「僕が変なのかなあ」と、その場で自問しているように感じさせる。

(9) だから、というのでもないんだけど、一度動物園の檻の中に入ってみるのも悪くないかもしれないと、僕はときどきふと考えることがある。あなたはいかがですか？　そんなこと考えませんか。やっぱり僕が変な<u>かなあ</u>。

（村上春樹2001: 157）

次の（10）は、書き手が結論に至った場面を見せているかのような疑似独話である。意志形に「っと」が接続した形が用いられている。第1節の（2）でみた「そうだ」という表現も現れている。

(10) こうして、ポンの九四年は幕を閉じ、九五年がやって来た。<u>そうだ</u>、My new year resolution is enjoying all kind of experience ってことに<u>しよっと</u>。　　（山田詠美1995: 182）

本来、文字言語は時間や空間を超えて情報が伝達されるという性質をもつ。書き手と読み手の空間的時間的距離は心理的距離につながるため、文字言語は親疎の「疎」の性質を帯びる。疑似独話は、書き手が心情や本音を吐露しているかのように思わせたり、思考過程をリアルタイムで見せているかのように思わせたりすることによって、意図性の有無は別にして書き手と読み手の間の距離を縮め、文字言語の「疎」の性質を薄めているといえよう。親しい間柄の携帯メールにおける顔文字などの多用とも類似している。

また、疑似独話では、感動詞が多用されたり、「そうだ」「わかった！」のように思考過程がわかりやすく表現されたりする。「やれやれ」「ぶつぶつ」のように、音声言語ではあまり現れない、独話であることを演出するかのようなオノマトペが用いられることもある。音声言語をリアルに写しとることよりも、いかにも独話らしく感じさせることが重視されるようである。

2.3　ブログにおける疑似独話の出現状況

第2.2節で取り上げた表現のうち、終助詞「なあ」と、意志形に

「っと」が接続した形について、現代日本語書き言葉均衡コーパスを用いて出現状況をみる。出現が多いと予想される「ブログ」(Yahoo!ブログ 2008) と、比較のために「文学」(「出版・書籍」「図書館・書籍」「ベストセラー」の中の「文学」) を対象として調査を行った。

　「なあ」は出現数が多いため、便宜上、形容詞に語形「ナア」(終助詞) が接続するものと、「たい」(助動詞) に語形「ナア」(終助詞) が接続するものを検索した。出現数は表1のとおりである。総語数は文学がブログの2倍近いが、「なあ」の出現数はブログのほうがかなり多いことがわかる。

表1　形容詞＋「ナア」と「たいナア」の出現数

	総語数	形容詞＋ナア	たいナア
ブログ	10,194,143	1,827	536
文学	20,139,268	454	45

　これらのうち「たいナア」の例を、「たいなあ。」「たいな〜♪」のように文が完結するものと、「たいなあと思う」のように後に思考内容の引用形式などが続くものとに分類した結果が次の表2である。

表2　「たいナア」の内訳

	文が完結	「たいなあと思う」など
ブログ	346	190
文学	31	14

　ブログにおいて文が完結している「たいナア」346件は疑似独話と考えられる。次の (11) のような例である。顔文字を伴う例は特に多くはないが、書き手の心情を表出するという点では共通性がある。

　　(11) 今後はデカイ動物園に行こうかなぁ♪　行きたいなぁ
　　　　o (ˆ‐ˆ) o

次に、動詞（意志推量形）に語形「ット」が接続し、文が完結しているものを検索した結果を示す。参考までに、動詞（意志推量形）に「と」（格助詞）と「思う」（動詞）が接続するものも検索した。それぞれの出現数は表3のとおりである。「だろうと思った」の意の「であろうと思った」は除外している。［意志形＋「っと」］の出現はブログに大きく偏っているのがわかる。

表3　［意志形＋「っと」］と［意志形＋「と思う」］の出現数

	総語数	意志形＋ット	意志形＋「と思う」
ブログ	10,194,143	128	1,870
文学	20,139,268	6	1,720

　ブログにおける［意志形＋「っと」］は、次のような例である。
(12) 明日も8時集合である。今日は早く寝ようっと！　実はもはや、ネムネムである。
(13) さっき母が鯛のアラを煮付けてくれました（o＾∀＾o）明日食べよ〜っと！鯛のアラっておいしぃよね〜（人´∀｀）
　(12) も (13) も、行為実行の意志を読み手に宣言するかのような疑似独話である。(13) の「おいしぃよね〜」のように、前後に読み手に話しかける表現がある例も多い。
　池谷（2011: 27）は、「コンビニに行こうっと」の「っと」は「不特定で名前のない indivisible listener（目に見えない聞き手）へのリアルタイムの発話であるというマーカー」だと指摘している。
　疑似独話の形のなかでも、［意志形＋「っと」］は、「っと」の付加によって、発話が他者に向けられた勧誘などではないことが明示されるという独特なものである。独話の形というより、疑似独話の形といったほうが適切なのかもしれない。
　以上、「〜なあ」や［意志形＋「っと」］がブログにおける疑似独話として多く出現することを確認した。次の第2.4節では、さらに新しいソーシャルメディアであるツイッター（Twitter）などと疑似独話の関係をみる。

2.4　疑似独話の時代

　ツイッターは、津田（2009: 12）によれば、「インターネットを通じて140字以内の『つぶやき』を不特定多数にリアルタイムに発信し、自分が選択した他人の『つぶやき』を受信するサービス」である。「つぶやき」と「発信」は一見矛盾しているが、疑似独話のシステム化ともいえそうである。

　津田（2009: 17）によると、日本におけるユーザー数の急増は2009年からである。神田（2009: 36）は「小鳥のさえずり」を意味する"twitter""tweet"の日本語訳が「つぶやき」になった経緯を紹介し、「人前で大きな声で自分の意思を語ることがあまりない日本人にとって、「つぶやき」が心地よいという気持ちもわかる」と述べている。

　実際、ツイッターには疑似独話が多くみられる。たとえば、フォロワー（ツイートを閲覧するよう設定している人）の多いことで知られる有吉弘行（お笑いタレント）のツイッターは、次の（14）のような普通体の疑似独話が多く現れる。（15）のような出演情報などの告知は丁寧体に切り替えられている。（16）のように三点リーダに似た「。。。」が最後に付加されることも多い。

(14) ガリガリくりぃむ見ながら寝よう。　　　（2013年2月26日）
(15) アメトーーク収録終了。で今夜のアメトーークに出てます。
　　　　　　　　　　　　　　　　　　　　　（2013年2月28日）
(16) 携帯のアラームだけに頼っている俺はいつか大きな遅刻をするだろう。とは思っているが目覚まし時計は買わない。。。
　　　　　　　　　　　　　　　　　　　　　（2013年3月13日）

　第2.2節のブログの考察の際にも述べたが、最後に三点リーダなどを付加することで余韻を感じさせ、「つぶやき」や「独話」であるように感じさせる。疑似独話を形の面で明確に定義するのは困難であり、（16）のように終助詞などを伴わない平叙文であっても、「。。。」が付加されるだけで、疑似独話だと感じられやすい。

　一方、ツイッターで情報発信が強く意識されている場合も少なくない。ツイッターを活用する政治家として知られる橋下徹大阪市長のツイートは、丁寧体による情報発信も多いが普通体も現れる。次

の（17）のように興奮気味の内容の際は普通体が多い。普通体であっても疑似独話ではなく、「コメントしろよな」という話しかけの、前提となる部分を普通体で簡潔に示している。普通体の使用にはツイッターの字数制限が関係している可能性もあるが、読み手への待遇的配慮よりも主張を熱く語ることを優先しているように感じさせる。

> （17）日本維新の会はきっちりと意見を<u>まとめますよ</u>。それができなかったらガバナンスがどうのこうのと批判すれば<u>良い</u>。なぜ<u>まとまるか</u>。それは僕が国会議員団に任せると一番初めに宣言しているから。これが政党マネジメント。コメンテータ諸君、もう少しましな<u>コメントしろよな</u>。
> 　　　　　　　　　　　　　　　　　　　　（2013年3月3日）

　このように、少し例をみただけでも、ツイッターにおいては丁寧体と普通体、情報発信と疑似独話が混在しており、個人差も大きいことがわかる。読み手も、そういった事情を承知のうえで読むことが求められており、それに適応しているものと思われる。

　ツイッターに少し遅れて普及したフェイスブック（Facebook）においても、類似の現象が見られる。近況などの公開範囲は、不特定多数に設定することも限定もすることもできる。書かれる内容には、広く知らせたい情報も、一部の人に対する告知も、疑似独話も混在している。読み手は文体や内容をみて、自分が反応すべきか否かなどを判断している。

　以上のように情報発信・受信の様態の多様化に伴い、文章の読み手の範囲が曖昧になっている。そういった状況のなかで、疑似独話は、押しつけがましくならずに自分の心情や本音を人に知らせることができる。独話の形をとりながらも読み手を意識しており、含羞があるとも屈折しているともいえる。一般の人々が文章で疑似独話を愛用する現在は、「疑似独話の時代」といえそうである。

3. 読み手を特に意識した表現

3.1 エッセイ末における
「読み手を特に意識した表現」の現れ

次に、疑似独話だけでなく、読み手を特に意識した表現について、野田春美（2012）をもとに述べる。

ブログは本来日記であったため、岸本（2005）などの研究で、読み手を意識した表現の現れが注目されてきた。一方、エッセイは読み手の存在を想定しているものではあるが、次の（18）のように読み手に話しかける表現や、第2節で見た疑似独話などがあると、読み手を意識していることが特に強く現れているように感じられる。

(18) ついつい走り書きしてしまうんですよね、銀行とか郵便局の振り込み用紙のたぐい。
　　　ところが「読めればいい」、と思って急いで書いた字があとで読めなかったり、間違って読まれたりする。

（上大岡トメ 2004: 54）

野田春美（2012）では、こういった表現がエッセイ末に現れやすいことに注目し、林真理子、三谷幸喜、村上春樹の普通体を基調とするエッセイ（各100本）末における「読み手を意識していることが特に強く現れた表現」を調査し比較した。ここでは、現れた表現を、文体、表現類型、終助詞、文の形態の4点から簡単に述べる。

第1に文体をみる。エッセイ末に読み手を意識した丁寧体が現れる例は多かった。

(19) 部屋に戻ると、ちょうど妻が起きたところだった。悲壮感漂う僕の顔を見て、「ん？」と首を傾げる妻。説明は後だ。そして僕は再びワープロに向かったのでした。

（三谷幸喜 2002: 84）

一方、次の（20）のようにくだけた形の普通体も、読み手を意識したものと思われる。

(20) 指が太いと本当に出費です。ああ、指の〝てん足〟でもすりゃよかった。　　　　　　　　　　（林真理子 2001: 136）

野田尚史（1998）は、非デスマス形には「非ていねい形」（非ていねいの機能をもつ非デスマス形）と「中立形」（ていねいさ非考慮の機能をもつ非デスマス形）があることを指摘している。そして、中立形の文が基調の文体である中立調は、基本的に、特定の聞き手がいない書きことばに使われるという。上の（19）の丁寧体も（20）のくだけた普通体も、いずれも、中立調から外れることによって、文字言語の「疎」の性質を薄めている。
　第2に表現類型をみると、読み手への働きかけが強い、質問、確認要求、行為要求などが現れる。次の（21）は行為要求の例である。

(21) コンピュータ待ちの時間に童話集のページを繰るのって、なかなかいいものだ。画面がセットアップされても、そのまましばらく読み続けていたりしてね。菓子パンくんがどのような運命をたどることになるのか、興味のある方は自分で読んでみてください。　　　　　（村上春樹2001: 141）

　一方、自問や意志などの疑似独話も現れる。

(22) 今も返事を書かなくちゃいけない手紙が机に五通ばかり積んである。コンピュータには返事を期待されているメールが、やはり五つくらい溜まっている。でもそれらから目を背け、まるでアリバイを確保するかのように、このとくに急ぎもしないエッセイ原稿を書いています。困ったもんだ。どうしたものか。
　　　まあいいや、明日考えよう。　　　　　（村上春樹2011: 73）

　(21)のような読み手への働きかけも、(22)のような疑似独話も、文字言語の「疎」の性質を薄めている点で共通している。
　第3に、終助詞を見る。村上春樹のエッセイでは「ね」「な」「よね」などの終助詞の使用が多く、読み手の共感を誘う。

(23) 人生にはある程度の理不尽な謎が必要なのだ。僕はそう思う。にんじんさん、いいですよね。　　　　　（村上春樹2001: 41）

　他方、林真理子は、女性的な「わ」や男性的な「ぞ」も用いる。

(24) それにしても、私はまわりの人にもものすごく気を遣う。相手が疲れるぐらいにだ。テツオはそれを「トラウマ」と

言うけれど、やっぱり女王の過去が欲しかったぞ。
(林真理子 2001: 218)

　書き手の属性や借り物の属性を、終助詞によって、ことさらに表現することは、報道文や論文のような文章とは対照的である。「話しことば的」ではあるが、音声言語とも異なる表現の例である。

　最後に、文の形態をみる。言いさし、倒置、名詞止めなど、論文のような文章では避けられる、余韻を感じさせる表現も現れることがある。(25)は言いさしの例、(26)は名詞止めの例である。

(25)ときどきまだ携帯電話なんてなくて、栓抜きを使って由緒正しく瓶ビールを飲んでいた時代のことを思い出す。あれはあれでなかなか良い時代だった。今より楽しかったかときかれると、うーん、答えに窮するけど。
(村上春樹 2011: 141)

(26)この十三年、増えるばかりであった僕の家族にとっての、それは、初めての別れ。　　　　　　(三谷幸喜 2009: 59)

　(25)では、いったんエッセイのまとめとなる考えを述べたあとに、「うーん」という疑似独話的な表現を挟んで言いさしの文を付け加え、余韻を残すとともに、前の文の主張をやわらげている。

　(26)のような名詞止めは、これまでみてきた表現とは異質である。質問文や終助詞の使用のように読み手への心理的接近を直接表現するものでも、疑似独話でもない。話しことば的な表現ではなく、むしろ書きことば的である。アカデミック・ライティングのように論理性や客観性が重視される文章ではなく、詩などにみられる表現であろう。余韻を感じさせ、書き手の心情への共感を誘うという点では、第2節で見た三点リーダなどと共通性がある。

　以上でみてきた有名人のエッセイは、報道文や論文などとは異なり、書き手自身の個性や心情を感じさせることが求められる。そのため、ここで挙げたような表現が用いられるのだと考えられる。

3.2　読み手意識と文体

　第3.1節では、普通体を基調としたエッセイを考察の対象としたが、丁寧体を基調とするエッセイや評論は、読み手を意識している

と感じられやすい。次の（27）（28）のような文章である。

(27) 東日本大震災以降、首都圏では、「首都直下型地震が起きそう」との不安が広がっています。
　　　ここで多くの人が誤解しているのが、「首都直下」との表現です。あなたは、「首都直下」と聞いて、「東京の真下」と思いませんでしたか？　実はそうではないのです。
(池上彰 2013: 246–247)

(28)「ひ」とは何でしょう。
　　　私たちが「ひ」と聞いてすぐに思い浮かべるのは、太陽を意味する「日」と、赤く燃えさかる火災を意味する「火」ですね。この二つは、昔からともに「ひ」とよむ。仲間のことばでした。
(中西進 2003: 48)

(27)（28）には質問文、（28）には終助詞の「ね」も現れているが、それらがなくても丁寧体であるだけで書き手の人としての存在を感じさせ、読み手にやさしく話しかけているかのように感じられる。読書の習慣がない人でも、読みやすいと感じそうである。

一方、次の（29）のような普通体のエッセイや評論は、丁寧体の（27）（28）に比べると、書き手との距離が感じられる。

(29) たとえば、二つの国が一つの島を自分の領土だと主張して譲らない、というような問題を考えてみよう。世界のどこかに（あるいはどこにでも）、そういう問題は必ずあるはずだ。何十年もそれで争っている。こうして、少し引き気味に書くと、いかにも馬鹿げたことに見えてくるが、近づいてみると、のっぴきならない事態に巻き込まれるだろう。
　　さて、こういうとき、貴方は、どう考えるか？
(森博嗣 2013: 9)

(29) には勧誘や質問の文が含まれており、読み手に話しかけている文章である。問題について考えさせる効果はあるだろう。しかし、「貴方は、どう考えるか」という普通体＋「か」の形が用いられている点など、「話しことばらしい」とは感じられにくい。

また、丁寧体の（27）（28）にしても、普通体の（29）にしても、書き手自身の個性や心情などは、あまり感じられない。だからこそ、

第3.1節でみたような作家のエッセイでは、丁寧体での働きかけ、終助詞、疑似独話など多様な表現の使用によって、書き手の個性や心情を感じさせ、読み手との距離を縮めようとするのであろう。

3.3　括弧による注釈と読み手意識

　第3.1節では、エッセイ末に限定して、読み手を特に意識した表現の現れ方をみたが、文章の途中に現れるものとして、括弧による注釈がある。まず、次の（30）のような例は文章一般にみられる読み手への配慮であり、新聞にも多くみられる。

　（30）私は先生に〝コスモポリタン（世界市民）〟という言葉を習った。　　　　　　　　　　　　　　　　　　（伊集院静2011: 30）

　次の（31）になると、括弧による注釈の際に書き手が素顔を少し見せているかのようで、読み手を特に意識した表現と感じられる。

　（31）毎朝六時に起きる。そして、奥様（あえて敬称）と一緒に、二匹の犬を散歩に連れて行く。　　　　　（森博嗣2013: 158）

　さらに、次の（32）（33）の括弧内は本音や裏事情を明かすような内容であり、読み手と書き手の心理的距離を縮めていると思われる。

　（32）人間一人が、この世を生き抜いていこうとすると、他人には話せぬ（とても人には言えないという表現でもいいが）事情をかかえるものだ。他人のかかえる事情は、当人以外の人には想像がつかぬものがあると私は考えている。

　　　　　　　　　　　　　　　　　　　　　（伊集院静2011: 94）

　（33）カメルーン戦、勝ってしまいました（この原稿は初戦翌日に書いてます）。おかげで前回の原稿がえらくマヌケなものになってしまった。第三者が評すれば見所のない凡戦なのだろうが（わたしのようなシロウトが見ても、カメルーンは問題だらけだった）、これがW杯なのだ。

　　　　　　　　　　　　　　　　　　　　　（奥田英朗2011: 111）

　（30）のような注釈も（31）〜（33）のような注釈も、読み手を意識し、わかりやすさに配慮している点では共通しており、連続的である。

4.「読み手意識」の下位分類

　第2節と第3節をふまえると、読み手意識には少なくとも3種類あると考えられる。1つは文章全般に関わる「読み手存在意識」であり、アカデミック・ライティングの指導などで取り上げられる読み手意識は、これにあたる。適切な段落分けや「前述のとおり」といったメタ的な表現で、読み手への配慮を示すものである。加えて、「〈対＝読み手〉意識」と「〈親＝読み手〉意識」を区別する。これらの違いを表4に示す。

表4　読み手意識の下位分類

	読み手存在意識	〈対＝読み手〉意識	〈親＝読み手〉意識	
内　容	読み手が情報の受け手として存在するという意識	読み手に対してメッセージを発信しているという意識	文字言語の「疎」の性質を薄め、読み手との心理的距離を縮めようとする意識	
現れやすい文章の例	一般的な文章	普通体の啓蒙的なエッセイ	丁寧体のエッセイ	有名人のエッセイ、ブログ・ツイッター
文体	普通体	普通体	丁寧体	丁寧体あり
書き手の存在や心情	基本的に表現されない	基本的に表現されない	人としての存在を感じさせる	個性や心情も表現される
表現例	・段落分け・メタ的表現「前述のとおり」「話は変わるが」	括弧による注釈 / 質問など、読み手への働きかけ	括弧による注釈 / 質問など、読み手への働きかけ / 終助詞	括弧による注釈 / 質問など、読み手への働きかけ / 終助詞 / 疑似独話

　表現例の「括弧による注釈」は、第3.3節でみたとおり、読み手存在意識によるものから〈親＝読み手〉意識によるものまで多様なので、このように示している。
　表4のうち、「話しことばらしさ」が感じられるのは、〈親＝読み手〉意識のある、文字言語の「疎」の性質が薄められた文章である。
　丁寧体で書かれたエッセイは、書き手の人としての存在を感じさ

せ、語りかけられているように感じられやすい。

　有名人のエッセイや、ブログ・ツイッターなどは、書き手の個性や心情が、終助詞や疑似独話など多様な手段で表現され、話しことばらしく感じさせることも多い。ただし、表4には入れていないが、第3.1節でみた名詞止めのように、書きことば的でありながら、余韻を感じさせることによって共感を誘う表現もある。

　なお、これらの分類は流動的である。表4には、それぞれの意識が現れやすい文章の種類を挙げているが、1つの文章の中に、〈対＝読み手〉意識にあたる表現と、〈親＝読み手〉意識にあたる表現が混在することもある。

5. おわりに

　本稿では、疑似独話を中心に、読み手を特に意識した表現を考察し、読み手意識の下位分類を試みた。情報技術の発達に伴い、疑似独話は今後さらに広く用いられる可能性がある。また、今回は取りあげなかったが、小説の地の文でも、低年齢を対象とした作品などに、読み手への話しかけや疑似独話が見られる。今後、対象とする文章の範囲を広げた、読み手意識の整理も必要だと考えられる。

---

*1　本稿では「独話」は独り言の意味で用いる。
*2　野田春美（2006）と野田春美（2012）では「擬似」と表記したが、本稿のもとになったシンポジウム以降は表記を「疑似」に改めている。

調査資料

「現代日本語書き言葉均衡コーパス」（BCCWJ）国立国語研究所

用例の出典

阿川佐和子（2012）『聞く力　心をひらく35のヒント』（文春新書841）文藝春秋
池上彰（2013）『池上彰のニュースから未来が見える』（文春新書910）文藝春秋
伊集院静（2011）『大人の流儀』講談社
奥田英朗（2011）『どちらとも言えません』文藝春秋
上大岡トメ（2004）『キッパリ！　たった5分間で自分を変える方法』幻冬舎
現代日本語研究会（編）（1997）『女性のことば・職場編』（自然談話データ）ひつじ書房
現代日本語研究会（編）（2002）『男性のことば・職場編』（自然談話データ）ひつじ書房
中西進（2003）『ひらがなでよめばわかる日本語のふしぎ』小学館
林真理子（2001）『美女入門PART3』マガジンハウス
古田敦也（2005）『古田のブログ』アスキー
三谷幸喜（2002）『三谷幸喜のありふれた生活』朝日新聞社
三谷幸喜（2009）『三谷幸喜のありふれた生活8　復活の日』朝日新聞社
村上春樹（2001）『村上ラヂオ』マガジンハウス
村上春樹（2011）『おおきなかぶ、むずかしいアボカド　村上ラヂオ2』マガジンハウス
森博嗣（2013）『人間はいろいろな問題についてどう考えていけば良いのか』（新潮新書510）新潮社
山田詠美（1995）『嵐ヶ熱血ポンちゃん！』講談社
唯川恵（2002）『恋なんて少し不幸ぐらいがちょうどいい』大和書房

参考文献

池谷知子（2011）「引用形式をとった話し言葉のモダリティーコンビニに行こうっとの「ット」は何を表すのか―」『文林』45: pp.1–28. 神戸松蔭女子学院大学学術研究会
神田敏晶（2009）『Twitter革命』（ソフトバンク新書118）ソフトバンククリエィティヴ
岸本千秋（2005）「ネット日記における読み手を意識した表現―公開意識との関連から―」三宅和子ほか編『メディアとことば2』pp.204–231. ひつじ書房
陳文敏（2003）「同年代の初対面同士による会話に見られる「ダ体発話」へのシフト―生起しやすい状況とその頻度をめぐって―」『日本語科学』14: pp.7–28. 国立国語研究所
津田大介（2009）『Twitter社会論―新たなリアルタイム・ウェブの潮流―』（新書y227）洋泉社
野田春美（2006）「擬似独話が出現するとき」益岡隆志・野田尚史・森山卓郎

編『日本語文法の新地平 2　文論編』pp.193–213. くろしお出版
野田春美（2012）「エッセイ末における読み手を意識した表現」『人文学部紀要』32: pp.39–54. 神戸学院大学人文学部
野田尚史（1998）「「ていねいさ」からみた文章・談話の構造」『国語学』194: pp. 左1–14. 国語学会
三牧陽子（2000）「丁寧体基調の談話にみる独話的発話・直接引用・心情の直接表出―「働きかけ方式」のポライトネス・ストラテジーとして―」『大阪大学留学生センター研究論集　多文化社会と留学生交流』4: pp.37–53. 大阪大学留学生センター
宮崎和人（1993）「「～ダロウ」の談話機能について」『国語学』175: pp.40–53. 国語学会
Brown, Penelope and Levinson, Stephen C.（1987）*Politeness: Some Universals in Language Usage.* Cambridge: Cambridge University Press.

付　記

　本研究は、科学研究費（学術研究助成基金助成金）基盤研究（C）「バラエティを考慮した使用実態調査に基づく日本語のモダリティ記述発展のための研究」（2013–2015年度、課題番号25370534、研究代表者：野田春美）の成果の一部である。
　日本語学会2013年度春季大会シンポジウムの際には、多くの方々から貴重な御質問や御意見をいただきました。この場をお借りして、御礼申し上げます。

話し言葉と書き言葉の語用論
日本語の場合

滝浦真人

1. ねじれたいくつかの軸

　話し言葉と書き言葉の違いが「音声か文字か」という表現伝達における媒体の違いに尽きるなら、両者は「揮発性／保存性」「対者的直接性／対者的間接性」といった性質によって区別され、かつそれが必要十分条件となるだろう。現実には、文字をもつどの言語でも、保存性に対する意識から書き言葉と話し言葉の間に時代的なタイムラグや語彙層などの差異が生じ——それが看過できないと感じられるほどになると「言文一致」が"課題"となり始める——、また対者的直接性の意識から話し言葉では現前する聞き手に対する是認や働きかけを示す要素が発達しやすい傾向を示す、等々の派生的な（しかし重要な）現象が生じる。そのかぎりにおいてこのトピックは日本語特有の問題ではないことになるが、にもかかわらず日本語における話し言葉と書き言葉の位相差は、例えばヨーロッパ系言語におけるそれとはかなり異なる様相を示す。まずこのことを考えたい。

　仮に、上の2つの素性特徴によって話し言葉と書き言葉が区別されるとしよう。その場合、表1のように、2つの性質が並行的に（結果として各々の言葉の種類を二重に）特徴づける格好となる。

表1　話し言葉と書き言葉の暫定的特徴づけ

話し言葉	書き言葉
揮発性	保存性
対者的直接性	対者的間接性

　ここから、話し言葉において呼称や呼びかけ語（例えば英語の

epithet)、縮約形の多用、生活語彙への傾斜、指示代名詞や直接話法の選好といった現象が派生し、書き言葉において人指示回避（不定代名詞や受動態使用）の傾向、高級語彙への傾斜、非指示的代名詞や間接話法の選好といった現象が派生することはみやすいところだろう。もちろん日本語にもこれらの（ないし類似の）特徴があてはまる。

　問題は、日本語の話し言葉と書き言葉がこれに尽きることなく、いわばこの規定を突き抜けているところにある。ヨーロッパ語では、話し言葉と書き言葉を分けるのはあくまで「音声か文字か」という基準だが、日本語ではそこにさらに2つの対立軸がかぶさるように交わっている。1つは日本語の語彙的構成と関わりながら日本語における書記法の成立自体に根差している軸であり、もう1つは、敬語という対人関係表現専用の体系を有する言語として、受け手の存在をどう扱うかに関わる軸である。すなわち、

　A．漢語／和語という語彙層と並行した漢文脈／和文脈の対立
　B．敬語と連動した受け手待遇の有／無の対立

という軸である。Aでは、漢字の受容過程で"中国語を書く"→"中国語のように書く（漢文）"→"（漢字で）日本語を書く"と変遷した経緯と、"日本語を書く"ために作られた仮名文字によって以前は書かれなかった言葉が書かれるようになった経緯とが、重層的に合わさっている。Bはすなわち、話すときには相手と登場人物が誰であるかをつねに考慮しないとものが言えないという事態を意味し、対者敬語である丁寧語が発達して以降は聞き手の現前／非在がより大きな意味をもつこととなった。

　これらの軸は音声／文字の対立に、かぶさるようにではあるがあくまで独立に交わっており、日本語における話し言葉／書き言葉の対立は、いくつかの軸が少しずつ角度を変えながら交わるようにねじれた様相を呈している。同時に、AもBも言語生活上の意味が非常に大きいために、音声か文字かの問題だと思って入ってみたら漢文脈か和文脈かという出口に出てしまう、あるいは待遇があるかないかという出口に出てしまう、といった具合に絡まっている。その結果、両極に、待遇性を帯びた和文脈中心の音声言語と、待遇性を

帯びない漢文脈中心の文字言語とがあって、その中間に、待遇性を帯びた中間的な文字言語（手紙類）があるというのが、より話し言葉的かより書き言葉的かという尺度としてしばしば思い描かれている全体的な構図であると考える（図1）。

```
        待遇性を帯びた和文脈中心の音声言語： より話し言葉的
                        │                        ↑
  （待遇性を帯びた和漢両用の文字言語［手紙類］： 中間的       ）
                        │                        ↓
        待遇性を帯びない漢文脈中心の文字言語： より書き言葉的
```
図1　音声／文字、和文脈／漢文脈、待遇性有／無の関係

　以下では、これを基本の構図としながら、日本語における話し言葉と書き言葉の問題が、しばしばAやB、とりわけ現代ではBの待遇性の問題として立ち現れてくることの一端を考察してみたい。

2．カミュの独白、太宰の身上話[*1]

　話し言葉と書き言葉の実際の例を少し集めてみるだけで、「話し言葉」と「書き言葉」という言葉の意味がいとも簡単にぐらつき始める。まず、アルベール・カミュ『異邦人』の有名な書き出しである。
　（1）　きょう、ママンが死んだ。　　　　　（窪田啓作訳、新潮文庫版）
この一文に読み手は身構えるだろう。何事か？　この作者は一体これから何を語り出そうというのか？　落ち着かない緊張感を抱いたまま読者は物語に入ることになる。言うまでもなくこれは書き言葉である。しかし、たった1つの単語「ママン」によって、この言葉は語りの様相を帯びてしまう。この事情は原文でも同じで、
　（2）　Aujourd'hui, maman est morte.　　　　（Camus, L'Étranger）
のmamanは普通の書き言葉ならma mère（私の母）が選ばれるところだろう。それがmamanに置き換えられるだけで、この言葉は誰に語るともなく主人公が一方的に語る"モノローグ＝独り言"と

化してしまう。ロラン・バルトはこの『異邦人』の文体(style)に示唆を得て「白のエクリチュール」ないし「エクリチュールの零度(ゼロ)」の概念を立てた（バルト 1971）。

　ではその語りを話し言葉的ととらえ、「です・ます」体の日本語に訳すという選択はあるだろうか？

　（3）きょう、ママンが死にました。

これではモノローグではなくまったく違う種類の言葉、例えば身の上話に転じてしまう。この小説の訳者で「です・ます」訳を試みた人はいないだろう。「です・ます」では書き手と読み手の関係が根本的に変わってしまう。読み手が宙吊りのまま放置されるような緊張感がなくなってしまうのである。言ってみれば、カミュ『異邦人』は太宰治『人間失格』になってしまう。

　その太宰『人間失格』の手記の書き出しは、

　（4）恥の多い生涯を送って来ました。

である（「はしがき」は「だ・である体」）。読み手は、「どうか聞いてやってください」と懇請されているような、もっといえば、こちらの反応を窺いながら語り出そうとしている語り手の、ちょっと媚びるような視線を感じながら、物語に入ってゆく。読み手が語り手の投げた網によって絡め取られる感じといえばいいだろうか。一応確認しておけば、（1）よりも（4）がより話し言葉的と感じられる原因は、一般に丁寧語と呼ばれる対者敬語（受け手指向的な敬語）の「です・ます」にある。

　受け手を焦点化する敬語の働きはこう説明できる。送り手は受け手を焦点とすることで、とにかく語りの相手として"わたし―あなた"の対話的関係の中に引き込む。そして、引き込んだ上で、敬語の遠隔化的効果によって遠慮がちに相手と向かい合う（滝浦 2005: Ⅲ-2）。だから、受け手からすれば、語りの場に引き込まれたうえに懇願されるような感覚となり、それが絡め取られるような距離感として感じられるだろう。一方、カミュの無敬語すなわち無待遇文体の場合は、送り手は受け手の存在に関心を示さない。受け手に対して目をくれず放置するという構えが、一方的なモノローグの文体的効果なのである。かくして、（1）と（4）の"話し言葉的／書き

言葉的"な印象の差は、実は受け手をどう扱うかという待遇性の問題であることになる（以下の例も含め、語用論的効果についてのよりフォーマルな説明は次節である）。

　受け手が誰であろうが頓着しないという点では、交通標識類の言葉がいい例となる。一時停止や速度注意の、

(5)　a.　止まれ
　　　b.　スピード落とせ

あたりがすぐに浮かぶが、高速道路の長大トンネル手前の出口近くには、

(6)　危険物積載車両　ここで出よ

という強面の警告もある（トンネル内で火災が起こると大惨事になるため）。これらは、警察権力を背景に強圧的な命令をしているのではなく、受け手の如何にかかわらず指示の必要性と効力はいささかも変わらないということを示すための受け手無待遇の形である。近年、洗剤や洗浄剤に目立つように書かれている警告、

(7)　混ぜるな　危険

も同類で、無待遇であるということ自体、伝達の必要性が待遇性を上回るというメッセージとなっている*2。無待遇の形でないとそうした内容の公的中立性は伝達できないといってもよい。「です・ます」が持ち込まれれば、必ずや受け手は送り手との"わたし—あなた"の関係に引き込まれ、そのとき言葉は関係性の言葉に転じてしまう。

　ここまでの例は文字どおり書かれた言葉という意味での書き言葉だったが、受け手の存在を顧みない無待遇形は話し言葉というメディアにおいても用いられる。眼前に受け手がいて、しかし受け手は無待遇のまま放置される。それゆえその言葉は時として冷たくもなれば事務的な響きともなる。その最たる例は、裁判における、

(8)　被告人を死刑に処する。

という判決主文だろうが、日常的な言葉の中に類例はいくらでもあって、たとえば、卒業証書の言葉、

(9)　右は本学の全課程を修め卒業したことを証する。

といった受け手を顧みない宣言文の形で眼前の受け手に渡すという、

受け手がいるというべきかいないというべきかわからなくなるような無待遇の言葉である。受け手を待遇しないことが、その言葉の公的性格の担保となる。

　書き言葉でありながら待遇性に富んだ種類の言葉として、手紙文を挙げておきたい。現代でも手紙は「です・ます」で書くのが（まだ）主流だが、歴史上長いこと標準的スタイルとして用いられた「候文」は、受け手に対する意識が頻繁に示される書き言葉であった。

　　(10)比の間御不音(ごぶいん)に罷(まかり)過ぎ候処御手紙拝見いたし候、愈御無難の御事珍重に存じ奉り候。然れば明十一日、御茶のこと、仰せ下され候。まづまづ忝けなく存じ候。参上を以て御礼申し述ぶべく候ところ不本意に御座候へども、下拙儀も京住居成りがたく候故近々在辺に引き越し申し候。右に付、何かと用事多く、持参申すまじく候間御免下さるべく候。右御報ながら御礼かたがた比の如く御座候。

　　　　　　　　　　　（大石内蔵助の書簡；中川 1998: 172）

吉良邸討ち入りの２ヶ月前、京都山科の居を引き払い江戸に向かう直前に呼ばれてしまった茶会への断りの挨拶だという。この量で12回もの「候」を連ねた読み手への思いが印象深い。

　このほか、待遇性の問題と隣接するように、定延（2005）が指摘するフィラーやアクセントの現象などもある。発話が大きなアクセント句にまとめあげられるほど聞き手に対する意識が希薄になる――がなるだけの一本調子になる――といった点など大変興味深いが、定延自身の論考に俟つ。

3. 共在と待遇の語用論

3.1　４つの象限

　話し言葉／書き言葉の区別と横断的に、受け手の存在を要求する言語形式の使用の有無と、受け手の存在に対する意識の度合いを尺度として、話し言葉／書き言葉の問題を受け手という観点から考察した研究がある（宮地他2007）。重要な先行研究として参照した

上で議論を整理したい*3。

　宮地らは、「です・ます」や終助詞をはじめ聞き手の存在を要求する言語形式を「共在マーカー」と位置づけ、それとは別に、文脈的要因として、個別・具体的で特定の聞き手が存在するか否かに関する現実世界における尺度「共在性」を設定する。この２つを組み合わせて伝達場面の構造をモデル化すると、共在マーカーの使用／不使用と場面における共在／非共在の組み合わせによって、４つの象限を区別することができる。このうち、共在マーカーと場面の条件が一致する２つの象限──共在の場において共在マーカーが使用されるケースと、非共在の場において共在マーカーが使用されないケース──が、いわばデフォルトであることになる。

　問題は、共在マーカーと場面の条件が一致しない残り２つの象限である。それらは次のように整理される。

　　C．非共在の場における共在マーカーの使用（＝疑似共在）
　　D．共在の場における共在マーカーの不使用（＝疑似非共在）

Cのケースとしては、書き言葉による仮想的な匿名の受け手に対する語りかけが想定されている。エッセイ、ブログや求人情報などで、文末に「です・ます」が用いられる場合がそれである。また、別の共在マーカーの例として、「よ・ね」のような終助詞の使用による親しげな語りかけについても言及されている。そのメカニズムを宮地らは図２のように、非共在の現実を仮想的に共在扱いして共在マーカーを使用することであると説明する。

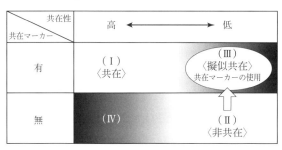

図２　「共在マーカーの使用による擬似共在の構築」（宮地他2007）

　一方、Dのケースとしては、辞令交付の場面のような、しばしば

「命ずる」「授与する」といった遂行動詞を伴う上の（9）と同類の発話が想定されている。これについても、共在の現実を仮想的に非共在扱いして共在マーカーの使用を回避することとして説明できるだろう。

　宮地らのもう1つの目的は、共在マーカーと共在性の組み合わせによって多様な語用論的ニュアンスがどのように生じてくるかのメカニズムを説明することにあった。各々における発話効果としての語用論的機能はどう説明されるだろうか。Cの「です・ます」は、一般に"やさしい""わかりやすい"響きをもつといわれる。このことを宮地らは、

　（11）話手と聞手が顕在化し、元来は関係のなかったところに関係が生じることによって『近づく感じ』が生まれる。これが演出されたものとしての『わかりやすさ』の正体であろう。　　　　　　　　　　　　　　　　　　（宮地他2007: 29）

と述べる。また、終助詞の使用については、

　（12）共在マーカーとして心的距離が『近』の話手／聞手関係を顕在化する。　　　　　　　　　　　　　　　　　　　（同: 30）

と述べている。他方、Dにおける「です・ます」の不使用は、"公的"で"あらたまった"印象を与える。これについては、

　（13）〔共在マーカーを〕使うべき場面での『非使用』も、『一方的な伝達』としてのストラテジーとも考えられる。　（同: 25）

と述べられる。これらの説明は、図式的に明快というよりは散文的にアドホックな印象がある。例えば、「です・ます」の意味論的機能は受け手の遠隔化である（滝浦2005: Ⅲ-2）。Cの「です・ます」は「遠」が「近」に転じるということなのだろうか。同じ疑似共在でも、もともと「遠」である「です・ます」と、もともと「近」である「よ・ね」との異同がどこにあり、また「遠」である「です・ます」の不使用と「一方的な伝達」をつなぐものは何なのだろうか。言語形式と文脈とのこうした関係をより明瞭に捉えるには、素性指定のような手法が有効である。それによる包括的な説明を試みてみよう。

　まず観点を整理したい。宮地らが設定したのは、

E. （場面的条件としての）共在性の高／低
F. （言語的特徴としての）共在マーカーの有／無

という2つの観点だった。このうち、Fの"聞き手の存在を要求する"という規定を"受け手指向的な言語形式が使用される"ということと同じであるとみなし、本稿では、

G. （言語的特徴としての）待遇性の有／無（＝前述のB）

として扱うことにする（［＋／－待遇性］と指定する）。場面的条件としての「共在性」については、具体的な特定の受け手が想定されているか否かで分けることとし、〈＋／－受け手〉と表すことにする（言語形式の素性ではないので区別のために〈 〉で表記する）。聞き手ではなく受け手とすることとも関係するが、書き言葉における手紙（書簡）において、時間的遅延はあるものの具体的で特定の読み手に宛てられるという点を汲んで〈＋受け手〉と扱う。［＋待遇性］の具体的な例に関してはさらに、敬語要素である「です・ます」について遠隔化の意味機能を［＋遠］と指定し、「よ・ね」のような終助詞について近接化的な意味機能を［＋近］と指定することができる（滝浦 2008b）。

3.2　話し言葉と書き言葉の語用論

では実際に様々なケースにおける発話効果のメカニズムを具体的にみていこう。場面的条件と意味機能の＋／－が一致しているケースが、上で述べたデフォルトである。そして、一致しないケースにおいて、その"ずれ"の部分が、語用論的機能として発揮されることになる。それらを組み合わせ、デフォルトのケース（共在に関して通常の「です・ます」と通常の「よ・ね」、さらに非共在のケース）と、疑似共在の2つのケース（「です・ます」の場合と終助詞「よ・ね」の場合）、疑似非共在のケース、くわえて手紙文のいわば遅延的共在のケースについて、意味機能と語用論的機能の関係を書き表してみる。場面的条件と意味機能が一致しない部分および意味機能として追加される部分が発話効果となり、それがすなわち語用論的機能である（その部分に下線を付す）。

・デフォルト1a（話し言葉における「です・ます」使用）
　　場面的条件　　　　〈＋受け手〉
　　「です・ます」使用　［＋待遇性、＋遠］
　　→発話効果　　　　　［＋遠］
　　＝共在かつ遠隔化（現前する受け手に対する丁寧な待遇）
・デフォルト1b（通常の「よ・ね」使用）
　　場面的条件　　　　〈＋受け手〉
　　「よ・ね」使用　　　［＋待遇性、＋近］
　　→発話効果　　　　　［＋近］
　　＝共在かつ近接化（現前する受け手に対する近しい待遇）
・デフォルト2（新聞・論文などの書き言葉）
　　場面的条件　　　　〈－受け手〉
　　「です・ます」不使用［－待遇性］
　　＝非共在（共同的な関係の非在）
・疑似共在1（非共在関係における「です・ます」使用）
　　場面的条件　　　　〈－受け手〉
　　「です・ます」使用　［＋待遇性、＋遠］
　　→発話効果　　　　　［＋待遇性、＋遠］
　　＝共在化かつ遠隔化（共同的な関係に引き込み距離は保つ）
・疑似共在2（非共在関係における「よ・ね」使用）
　　場面的条件　　　　〈－受け手〉
　　「よ・ね」使用　　　［＋待遇性、＋近］
　　→発話効果　　　　　［＋待遇性、＋近］
　　＝共在化かつ近接化（共同的な関係に引き込み距離を詰める）
・疑似非共在（共在関係における「です・ます」不使用）
　　場面的条件　　　　〈＋受け手〉
　　「です・ます」不使用［－待遇性］
　　→発話効果　　　　　［－待遇性］
　　＝非共在化（共同的な関係を一時的に解除する）
・遅延的共在（手紙文における「です・ます」使用）
　　場面的条件　　　　〈＋受け手〉
　　「です・ます」使用　［＋待遇性、＋遠］

→発話効果　　　　　　［＋遠］
＝共在かつ遠隔化（遅延的な受け手に対する丁寧な待遇）

　上で、ともに「です・ます」が使用されるデフォルト1aと疑似共在1を比べてみると、前者では素性のずれ［＋遠］だけが語用論的な発話効果になるのに対し、後者ではそれ以前に［＋待遇性］ということ自体が語用論的な意味をもつ。それゆえ、同じ言語形式を用いていても発揮される効果は異なり、後者において、仮想的な受け手を共同的な関係に引き込む効果が生じる。つまり、疑似共在における語用論的機能は、［＋待遇性］が"効果"として実現されるところにある。終助詞「よ・ね」の使用にかんしても、「です・ます」の［遠］が［近］に変わるだけで、基本的に同じように説明できる。実際の発話では「です・ます」と「よ・ね」がともに用いられる場合も珍しくないが、その場合は［＋遠、＋近］と両方がマークされると考えればよい。語用論的効果としては、丁寧な待遇をベースとしながら、近しい距離感がいわばオプションで加わるような、いわば"遠近両用"の構えとなる。また、デフォルト2と疑似非共在を比べてみると、場面的条件と意味機能の間にずれのない前者では、特段の効果は何も生じないのに対し、後者では［－待遇性］のずれが意味をもってくるために、眼前の聞き手との間にあるはずの共同的な関係が、一時的に解除される効果が生じてくることが明瞭に見て取れる。

　これらの中で「擬似共在1、2」を"話し言葉的な書き言葉"、「擬似非共在」を"書き言葉的な話し言葉"と呼ぶことに同意が得られるとしたら、前者は発話効果として［＋待遇性］が指定される言葉であり、後者は発話効果として［－待遇性］が指定される言葉であるという点に注意を喚起しておきたい。このことの内に、話し言葉／書き言葉の区別が［＋／－待遇性］の区別と重なるように意識されやすいことの理由を見てとれる。

　こうした効果について第2節の例をもう一度みてみよう。「恥の多い生涯を送って来ました」という「手記」は、はたしてどんな読み手に向けて書かれたものだろう？　そんな読み手を想定すること

ができるだろうか。あるとすればそれは、手記が発見されたときに読むであろうと想定された読み手ではなく、太宰自身が自分の書きつける言葉の向こう側に見ている小説の読者だというべきだろう。事例交付や卒業証書の授与といった「擬似非共在」の言語行為は最もよく事情を表しているように思われる。受け手が眼前にいるにもかかわらずかまわず一方的に通告されるこれらの言葉は、先にみておいたように、その言語行為の遂行に際して"わたし―あなた"という対話的な関係を一時的に解除していることを表している。他方、太宰の「です・ます」はまったく対照的に、主人公の身の上語りの言葉を読者が傍観者的に読むことを許さない。通常の"わたし―あなた"の関係に読者を引き入れ容易には出られなくしてしまうのである。

「危険物積載車両　ここで出よ」をはじめ (5) や (6) という指示の語用論的説明は最もわかりにくいかもしれない。いつ・誰が見るともわからない指示は非共在であり、受け手に対する待遇性もないが、にもかかわらず命令形による「直言」的なむき出しの距離感で行為指示がなされる。受け手にかまわず行為指示的（directive）な発話が文字通り"そこに書かれている"ということである。ただし、言語行為論的に「命令」という言語行為がそのとおり遂行されるかといえば、現場的遂行性が弱いため言語行為としては不完全と見るべきだろう――そうした書かれた指示を守らない人が多い理由といえる――。ともあれ、上の例を含めこれらの効果はすべて［＋／－待遇性］と関わっている。待遇性の問題は日本語による言語生活のかなり根深い部分に絡んでいるとみなければならない。

4. 悩める禁止

待遇性は時として面倒な問題を提供する。とりわけ、対面なら無待遇とはいかない相手による歓迎されない行為に言及しなければならない場合はそうである。本節ではケーススタディとして、公共の場における禁止の表現を取り上げ、そこににじみ出る悩ましさを考察したい。それらの多くは書き言葉（書かれた言葉）だが、電光掲

示のような媒体が増えるにつれ、書き言葉と話し言葉の境界が曖昧になっている。

　前出の交通関係の指示や警告は、受け手側に法令遵守と事故防止の義務があるという点でやや特殊である。公共の場における禁止の多くは、法的な禁止というよりも協力要請である場合が多い。そのため、(話し言葉はいうまでもなく)直言的な「～するな」の命令口調は通常回避される*4。かといって、「～するな」に「です・ます」は付けられない(付けるには敬語形「なさる」を用い「なさいますな」とするしかない)。「～してはいけません」は"先生"的に教え諭すニュアンスがあって子ども扱いの印象が拭えない。「～するのはやめましょう」も同様の難点があるのと、準体助詞「の」の働きで"することが前提"のように逆説的に聞こえ、禁止としての締まりが悪い。「～しないでください」はよく用いられるが「お願い」的な弱さが拭えない。

　第1節で触れたAの漢文脈／和文脈という観点とも関係するが、書き言葉では(歴史的にも)漢語のアドバンテージがあり、「禁～」とすれば無機的な禁止が容易に表現できる。「禁酒」「禁煙」をはじめ、内容が長くなれば「～禁止」の形にすることができ、現代でも生産性を失っていない(例えば、立ち飲みのビヤバーで「ナンパ・声かけ禁止」と掲示することもできる)。

　ポライトネスの観点からこれを説明すれば、禁止は相手の意思決定と行動の自由に対する強い侵害となるため、補償のストラテジーが典型的に発達しやすいということができる。Brown and Levinson(1987)の枠組みに照らしていえば、「禁～／～禁止」はネガティブ・ポライトネスの、

　　ストラテジー9：名詞化する(Nominalize)　　(B&L 1987: 207)

の例となる。行為を動作として表すなら行為者も問題となるところを、名詞化することによって行為を動的ではなく抽象化することができる*5。

　しかし、この「禁～／～禁止」にも弱点がある。それは、禁止対象の行為が名詞的に熟していないと座りが悪くなることである。図3は東京・新宿駅構内で見かけた禁止の掲示である。

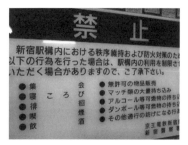

図3　寝ころび禁止（新宿駅構内［2013年10月］）

　ここでは、駅構内における禁止行為として、「集会／徘徊／喫煙／飲酒」などと並んで「寝ころび」が挙げられている。それらと「禁止」をつないだ場合、「集会禁止」はもちろん「徘徊禁止」も（目にする頻度はともかく）表現としては問題ないし、「マッチ類の大量持ち込み禁止」も、全体は熟語になっていなくても「持ち込み」が名詞表現として熟しているため違和感なく理解できる。それに対し、

（14）？寝ころび禁止

という表現は違和感が拭えない。「寝ころび」という動作名詞表現が熟していないからである。

　そうした問題がまさに悩ましさとして表れているのが図4である。

図4　ホームドアから身を乗り出さないでください
（京王電鉄のホームドアの掲示［2013年7月］）

　ここでは、「立て掛け禁止」「駆け込み禁止」までは「〜禁止」で済んだのが、次では済まなくなって、「ホームドアから身を乗り出さないでください」という長たらしくニュアンスもかなり異なる言葉

になっている。もし「〜禁止」で通そうとすれば、

(15) a. ??ホームドアから身を乗り出すの禁止
　　　b. ??ホームドアからの身乗り出し禁止

といった不自然な表現になってしまう。無待遇にすれば無理な名詞化となり、待遇を付けると禁止よりお願いのようになってしまうという悩ましさがある。

　この「〜禁止」と「〜ないでください」の落差はやはり大きい。「禁止」の"上から目線"は否定できないし、他方、前述のように「ください」の強制力は弱すぎる。そこから、相手の自発性に訴えながら行為を控えさせたいというストラテジーが生じてくる。

　　ストラテジー8：FTAを一般則として述べる（State the FTA as a
　　　　　　　　　general rule）　　　　　　　（B&L 1987: 206）

をその例とみることができるだろう。当てはまりそうな例として、「〜（し）ない」がある*6。図5は図4と同じく駅のホームドアに貼られた掲示だが、「〜禁止」や「〜ないでください」ではなくこの「〜ない」が用いられている。

図5　のりださない（東京地下鉄のホームドアの掲示［2013年10月］）

　ここでは、「立てかけない」「かけこまない」などと並んで、悩ましかったさきほどの「身を乗り出す…」も「のりださない」という同じ形に収めることに成功している。この「〜ない」は、動作を動作のままで表すため名詞化する必要がなく、上でみたような面倒は生じない。その意味で生産的な禁止形とみることもできる。弱点としては、学校用語的な呼びかけ風の響きをもつことと、禁止というよりは行為主体への訴えかけや主体自身の意思表明（"非〜の誓い"）

のように聞こえる点で決め手を欠いているかもしれない。もっとも、学校用語的な呼びかけ形式が社会に受け入れられつつあるようにもみえるので*7、この「〜ない」の今後に注目しておきたい。

　鉄道のような公共性の高い事業者に比べ、より商業的な事業者になると待遇性の問題はさらに大きくなる。基本的に「お客様」待遇が必須であるところで「禁止」を謳わなければならないため、禁止と待遇が複雑に絡まった結果、ほとんど面妖と言いたくなる表現が生み出されてくる。

　(16)「〜禁止とさせていただいております」

この「禁止とさせていただいております」をGoogleの完全一致検索で探したところ約689,000件がマッチした（2014年1月7日）。この表現形は、行為については「禁止」という強制、ある行為を禁止するという行為については"へりくだり"、受け手に対しては敬語待遇が組み合わされている。ここまでくると、日本語における待遇性は厄介者としかみえない水準にある。

　一方で、発想の転換と待遇性の面白い関係を示す例があることにも触れておきたい。これまでみてきたのはすべて否定形による禁止だったが、同じ結果を生じさせることは、発想を変えることによっても可能となる。これはバスの車内で見かけた例だが、

図6　忘れずにお持ち帰りください（小田急バス車内［2014年1月］）

これは、「ゴミ捨て禁止」ないし「ゴミ放置禁止」に相当する内容を反転させて表現した、いわばポジティブな禁止と呼ぶべきものである。「お持ち帰りください」というれっきとした敬語が使われているが、受け手のポジティブな行為に言及しているため、敬語待遇があっても問題は生じない。その意味で、最近よく見かけるようになったトイレでの呼びかけ、

(17) いつもトイレをきれいにお使いいただきありがとうございます。

の類も同じである。このことから、待遇性が特に厄介となるのは、実は否定的な禁止との相性の問題であることがわかる。
　より多くの用例と体系的な考察が必要だが、これらの例からは、
　　H.　禁止のネガティブ表現では書き言葉的無待遇
　　　　禁止のポジティブ表現では話し言葉的有待遇

というコントラストが浮かび上がってくる。人に関わると世界はシンメトリックではなくなる、という好例である。

＊1　第2節は例を中心に滝浦（2013）の一部を再利用している。
＊2　この表示は、「家庭用品品質表示法」によって、混ぜると一定以上の塩素ガスが発生する場合に義務付けられている。
＊3　第3節の議論は滝浦（2008a［部分］）の改訂版である。
＊4　英語の場合、日本語ほど回避傾向は強くなく、書き言葉では Do not〜という否定命令形による禁止が掲示や表示に用いられる。
　　Do not bend or fold.「折り曲げ禁止」
　　Do not bleach.「漂白剤の使用禁止」
　　Do not block gate.「門前駐車禁止」
（英語の参考用例は『英辞郎 on the WEB Pro』SPACE ALC より、訳は適宜変えている。以下同じ。）
＊5　これに相当する英語の例は "no -ing" の形だろう。例えば、
　　NO PARKING HERE TO CORNER　〔道路標識〕「ここから角まで駐車禁止」
　　NO GOLFING　「ゴルフ禁止」
などである。動名詞とはまさに動詞を名詞化する手段の1つであり、"no + 名詞" と考えれば "禁 + 名詞" と同等のものとして捉えることができる。
＊6　英語でこれに類する表現として be not supposed to〜 を挙げることができる。
　　You're not supposed to date for a year.「1年間デートは禁止です。」
　　You're not supposed to smoke in this room.「この部屋では喫煙できません。」
＊7　群衆の誘導で話題になった「DJポリス」をはじめ、一般大衆を相手に学校での生徒への呼びかけのような言葉遣いで注意や指示をするケースを経験するようになった。例えば、
　　（駅員による放送で）「ホームの端を歩くのはやめましょう。」

引用文献

定延利之 (2005)「話し言葉と書き言葉 (音声編)」上野智子・定延利之・佐藤和之・野田春美編『ケーススタディ　日本語のバラエティ』pp.102–107. おうふう

滝浦真人 (2005)『日本の敬語論―ポライトネス理論からの再検討―』大修館書店

滝浦真人 (2008a)「展望論文　ポライトネスから見た敬語、敬語から見たポライトネス―その語用論的相対性をめぐって―」『社会言語科学』11 (1): pp.23–38. 社会言語科学会

滝浦真人 (2008b)『ポライトネス入門』研究社

滝浦真人 (2013)「日本語の攻防―言語変種　かがやくタメ語―」『日本語学』32 (10): pp.76–85. 明治書院

中川越 (1998)『文豪・名文家に習う手紙の書き方―こころに響く50の書簡―』同文書院

バルト、ロラン (渡辺淳・沢村昂一訳) (1971)『零度のエクリチュール』みすず書房

宮地朝子・北村雅則・加藤淳・石川美紀子・加藤良徳・東弘子 (2007)「共在性からみた「です・ます」の諸機能」『自然言語処理』14 (3): pp.17–38. 言語処理学会

Brown, P. and Levinson, S. (1987) *Politeness: Some Universals in Language Usage.* Cambridge: Cambridge University Press.（ブラウン、P.・レヴィンソン、S. C.　田中典子監修、田中典子・斉藤早智子・津留﨑毅・鶴田庸子・日野壽憲・山下早代子訳 (2011)『ポライトネス―言語使用における、ある普遍現象―』研究社）

現代日本語の多重的な節連鎖構造について
CSJとBCCWJを用いた分析

丸山岳彦

1. 問題の所在

1.1 「多重的な節連鎖構造」とは何か

　日本語の文では、述語句の活用形や接続助詞などによって連用節が形成され、後続する主節（または他の連用節）を修飾する。節と節が文法的に連鎖するこのような構造を、「節連鎖構造」と呼ぶ（Van Valin 1984; Haiman and Thompson 1993; Hasegawa 1996）。

　節連鎖構造は、広く言語一般にみられる文の基本構造の1つであるが、日本語の節連鎖構造において特徴的なのは、連用節が何重にも連なることによって、非常に長い「文」が形成されることがある、という点である。『日本語話し言葉コーパス』（CSJ）で観察された長い節連鎖構造の実例を、(1)に示す。例文中、(F 　)で囲まれた部分はフィラーを、(D 　)は言い淀みによる語断片を、：は母音が引き延ばされている箇所を、｜は200ミリ秒以上のポーズを、(CSJ:S00F0230)はCSJの講演IDを、それぞれ表す。

(1) 今年に：なりましてから｜（Fえ）徐々に良くなって：きてそのまま病院には行っていなかったんですけれども｜その（Fま）家で何日か寝ておりまして｜で（Fあのー）仕事の方に復帰いたしましたら｜（Fその）一日｜復帰いたしましたらその日の夕方からまた体調が凄く悪くなりまして｜（Fあの）(Fえー)(Fまー)寒気ですとか｜（Fえー）発熱：が酷くて｜（Fま）またぶり返したのかな：と思って｜（Fあのー）家に戻って寝ていたんですが｜（Fあの）熱がもう凄く久しぶりに四十度ぐらい出まして｜（Fあのー）(Dつ)｜家にあった強い解熱：剤を飲んでいたんですが｜全く：効か：ずに｜で：（Fえ）土日だったもので病院に：｜行けませ

んで｜その強い（Dくす）お薬を飲んでも｜（Fあの）もう生まれて初めてのことなんですが｜熱で:もう眠れずに｜（Fあの）うわ言とかもう言ってしまいまして｜もう｜もう暑くてって言うか｜寒気はするんですが凄く暑くて｜…

(CSJ:S00F0230)

　（1）は、体調が悪かった時の様子を説明している発話である。ここに示した範囲だけでも発話が1分以上続いており、その内容（エピソード）が多岐に渡っているにもかかわらず、明示的な文末表現による発話の切れ目は1度も出現していない。その代わり、下線を引いた部分を境界とするさまざまな連用節（「〜て」「〜けれども」「〜たら」「〜が」など）が何重にも連鎖することによって、発話全体がどこまでも延々と伸びていく格好になっている。このような構造を、本稿では特に「多重的な節連鎖構造」と呼ぶことにする。

　多重的な節連鎖構造を伴う発話スタイルは、だらだらとした印象を与えやすく、その場で考えながら話をするような発話、すなわち自発的な話し言葉に特徴的な表現であると考えられがちである。ところが、実際には、書き言葉の中にも多重的な節連鎖構造の例をみつけることができる。(2)は、『現代日本語書き言葉均衡コーパス』（BCCWJ）の中で観察された例である。

（2）　何年度かの初島レースで徹夜で舵を引いて明け方ファースト・フィニッシュし、後の片付けはクルーにまかせて家に飛んで帰り昼近くまで仮眠をとった後迎えにきたサッカー仲間の車で横浜にいき、外人クラブとの試合で私も一点ゴールを決めて大勝し、帰り道には当時流行りだしていたバッティングセンターで小一時間ボールを打って、その後ハーバーから戻っていたクルーたちとマージャンして馬鹿勝ちし、「いったい石原さんて何なんだ」、とぼやかれて悦に入っていたこともあったが、その次の年あたりに海で酷い目に会い生まれて初めて体力の限界を覚らされたものでした。

(BCCWJ:OB6X_00101)

（『老いてこそ人生』石原慎太郎著、幻冬舎）

1.2　本稿の目的

　連用節はいくらでも後方に連鎖させることができるため、原理的には、埋め込み節と同様、無限に長い文を生成することができる。一方、規範的な観点からみれば、あまりに長い節連鎖構造は避けられる傾向にあり、学校の作文教育や文章論の中では「だらだら文」などと称され、悪文の一種とされる。文章論の立場から文章作成の心得を説いた永野（1969）は、「だらだら文となるのは、長く続けるうちに思考が乱れてくるからである」とした上で、次のように戒めている。

> だらだら文は、いくつもの内容を一つの文に盛り込んでしまおうとするところに生まれやすい。特に「…だから、…にしても、…しながら、…とともに、…よりもまず、…」といった、屈折の多い内容ほど、ごたごたしやすいことは、自明の理である。「だらだら文」は、文が長くなる時に注意すべき第一の悪文症状である。
> (p.199)

　無論、長い文がすべて「だらだら文」「悪文」とは限らないが（本稿では、個々の事例が「だらだら文」かどうかを判断することはしない）、(1) や (2) でみたように、多重的な節連鎖構造によって長大な発話・文が現代日本語の話し言葉・書き言葉の中に生じていることは事実である。しかしながら、このような言語現象が実際の話し言葉・書き言葉の中にどれくらいみられるのか、という問題を定量的に調査・記述した研究は、管見の限りない。

　そこで本稿では、現代日本語における節連鎖構造に焦点を当て、その定量的・定性的な記述を行なう。特に、（規範的には避けられるべきであるはずの）多重的な節連鎖構造が、実際の話し言葉・書き言葉の中でどのように分布しているのか、その実態と分布を、現代日本語コーパスを用いて記述することを目的とする。さらに、多重的な節連鎖構造が生じる要因と、その生成過程について、特に話し言葉の「実時間性」という観点から考察を加える。

2. 分析対象データ

2.1 分析対象データの選定

　一口に話し言葉・書き言葉といっても、その実体は一様ではない。どのようなデータを準備するかによって、その分析結果は大きく異なり得る。例えば話し言葉では、独話と対話の別によって、あるいは話し手と聞き手の関係によって、使われる言語形式が大きく異なり得る。書き言葉の場合も同様、発信される媒体（書籍や新聞などの刊行物、ウェブ上の掲示板、私信のメールなど）の違いによって、使われる言語形式は大きく異なる。すなわち、ある分析対象データ（コーパス）が入手できたとして、それがどのようなレジスター（言語使用域）を備えているか、それは分析の目的に照らして適切な対象とみなせるかどうか、という点について注意深く吟味する必要がある。

　さて、本稿のテーマである「多重的な節連鎖構造」を考える上では、話し言葉の場合、対話よりも独話の方が都合がよい。先の(1)でもみたように、1人の話し手が即興的に語り続ける場面において、多重的な節連鎖構造が観察されやすいと考えられるからである。そこで本稿では、話し言葉の分析対象として、『日本語話し言葉コーパス』（CSJ）に収録された独話の音声データを用いる。

　また、話し言葉の独話と比較する書き言葉の分析対象として、『現代日本語書き言葉均衡コーパス』（BCCWJ）に収録された「書籍・雑誌・新聞」のテキストデータを用いる。これらは広く一般に情報を伝達するための代表的なメディアであり、大抵の場合、1人の著者が一定量の文章を書き連ねることによって実現される言語表現であることから、独話との比較・対照に適切であると判断した。

2.2　CSJ・BCCWJの概要と「文」の認定

　CSJは、現代日本語の独話を中心とした自発音声、651時間・752万語分を収録した話し言葉コーパスである。用意された原稿を朗読するのではなく、その場で考えをまとめながら発話をするスタイルの自発音声である分、話し言葉に特徴的な言語現象が多く観察

される。音声データは、「学会講演」「模擬講演」と呼ばれる2種類に区別される。学会講演は比較的改まった発話スタイルが、模擬講演では比較的カジュアルな発話スタイルが、それぞれ観察される（CSJの詳細については、国立国語研究所（2006）を参照）。

　ここでは、CSJ全体のうち「コアデータ」と呼ばれる集合に含まれる学会講演（18.8時間）と模擬講演（19.9時間）を分析対象とする。音声は書き起こされて形態素解析されており、さらに独自に設計された「節単位」という発話単位に分割されている。節単位とは、特定の節境界を分割位置として、一連の発話を文法的なまとまりをもつ単位に分割したものである（丸山他2006）。本稿では節単位のうち、「絶対境界」と呼ばれる、明示的な文法形式を伴った文末表現に相当する位置を「文」の境界として認定する。なお、明示的な文末表現を取らずに発話が終了した場合（言いさし文）は、分析対象から除外する。

　一方、BCCWJは、現代日本語のさまざまな書き言葉、1億語分を収録した書き言葉コーパスである。書籍・雑誌・新聞・白書・教科書・ウェブ上の文書・法律・韻文など、多くのレジスターを内包する設計により、どのような使用場面でどのようなスタイルの書き言葉が実現されているかを横断的に検索・分析できるようになっている（BCCWJの詳細については、山崎編（2014予）を参照）。

　ここでは、BCCWJの「コアデータ」に含まれる「書籍」「雑誌」「新聞」という3種類を分析対象とする。これらは、各メディアの母集団から、最大で10,000文字程度のテキストが無作為抽出されたものの集合である。テキストは形態素解析用辞書UniDicによって解析されており、その時点で文境界が与えられている。ここでは、「。」「？」「！」が終端境界になっている場合のみを抽出し、これらを「文」として認定する。

　分析対象データ全体のサイズを、表1に示す。CSJの「学会講演・模擬講演」、BCCWJの「書籍・雑誌・新聞」の区別をレジスターとして捉え、異なる言語使用場面を表す指標として区別する。なお、語数は、「短単位」と呼ばれる解析単位による。

表1　分析対象データのサイズ

コーパス	レジスター	ファイル数	文数	語数
CSJ	学会講演	70	5,389	191,591
	模擬講演	107	4,494	164,096
BCCWJ	書籍	83	8,780	204,050
	雑誌	86	9,342	202,268
	新聞	340	11,898	308,504

2.3　節境界解析

さて、節連鎖構造を分析するためには、どのような種類の節がどのような順序で連接しているかを知る必要がある。そこで、形態素解析された分析対象データに対して、「節境界解析」を実施した。節境界解析とは、テキスト中に現れる節の終端境界を検出し、その節の種類を特定してラベリングする処理を指す（丸山他2006）。

CSJにはあらかじめ節境界解析が実施されており、節境界ラベルが付与されている。一方、BCCWJには節境界解析が実施されていないため、「節境界解析プログラムCBAP」（丸山他2004）によって、新たに節境界解析を実施した。節境界解析の出力例を以下に示す。(3)はCSJの模擬講演、(4)はBCCWJの新聞を解析した例である。/テ節/などが、節境界解析で付与された節境界ラベルである。

(3) そのルクラの村なんですが/**並列節ガ**/飛行場は本当に山の中にありまして/**テ節**/しかも飛行場が砂利道というところでしたので<**理由節ノデ**>実際に着陸する時は本当に心臓が止まりそうになったんですけれども/**並列節ケレドモ**/(Fえ)着いてみたら<**条件節タラ**>意外にそういった宿泊施設などで(Fえー)賑わった小さな村でした[**文末**]

(CSJ:S01F0151)

(4) イスラエルからの報道によると/**条件節ト**/同国最大の都市テルアビブで十五日夜パレスチナ自治区ガザからのイスラエル軍撤退とユダヤ人入植地撤去を求める/**連体節**/集会が

開かれ/**中止節**/十五万人以上が参加した。/**文末**/最大野党の労働党などの呼びかけによる/**連体節-形式名詞**/もので/**デ節**/二千年秋にパレスチナ紛争が激化して以来/**時間節イライ**/最大の規模となった。/**文末**/　（BCCWJ:PN4f_00018）

　CBAPによる節境界解析では、テキスト中から147種類の節境界を検出してラベリングすることができる。一方、CSJにおける節境界解析は、発話分割処理を主眼としているため、「連体節」「時間節」のように発話の分割点にはなり得ない節境界は検出対象にならず、ラベリングされる節境界の種類は49種類にとどまる。

　2種類のコーパスにおける節境界解析の結果を比較するためには、比較対象とする節境界の種類を限定する必要がある。そこで本稿では、連用節を構成する主要な節境界として、表2に示す節境界ラベルをCSJ・BCCWJから取り出し、比較対象とすることとした。

表2　比較対象とする節境界の種類

分類	節境界ラベル
文末表現	文末
並列節	ガ節、ケ（レ）ド（モ）節、シ節
理由節	カラ節、ノデ節
条件節	タラ（バ）節、ト節、ナラ（バ）節、レバ節
その他	中止節、デ節、テ節、引用節、トイウ節

　なお、「中止節」は動詞の連用形による連用節を、「デ節」は助動詞ダの連用形による連用節を、それぞれ表す。また、トイウ節は連用節を構成するものではないが、参考として比較対象に取り入れた。次節では、CSJ・BCCWJから抽出された節境界ラベルを用いて、その数量的分布と多重的な連鎖の実態について、分析を行なう。分析項目は、(1)節境界の出現数、(2)節境界の連鎖数、(3)節連鎖構造の連鎖パタン、という3項目とする。

3. 分析

3.1 節境界の出現数

分析項目の1点目として、分析対象データの中にどのような種類の節境界がどれだけ出現しているのか、その出現数の分布についてみておこう。表1に示した分析対象データのうち、各レジスターに現れた節境界ラベルの種類を集計し、それぞれ20万語あたりの出現数に正規化した（小数点以下は省略）。結果を表3に示す。

表3 節境界の出現数（各レジスター20万語あたり）

分類	節境界	学会	模擬	書籍	雑誌	新聞
文末表現	文末	5,624	5,476	8,606	9,237	7,713
並列節	ガ節	1,027	672	716	552	496
	ケレドモ節	382	800	14	2	1
	ケドモ節	108	328	0	0	0
	ケレド節	8	37	15	26	4
	ケド節	43	584	26	62	10
	シ節	54	230	108	90	21
理由節	カラ節	78	261	307	185	69
	ノデ節	310	735	150	164	40
条件節	タラ（バ）節	60	303	184	172	29
	ト節	546	691	438	365	265
	ナラ（バ）節	3	9	42	53	11
	レバ節	153	225	450	288	178
その他	中止節	556	277	1,908	1,837	2,023
	デ節	347	769	448	408	408
	テ節	2,884	3,903	2,122	1,625	1,080
	引用節	1,006	1,577	1,130	732	881
	トイウ節	1,454	1,163	445	267	150
合計		14,645	18,038	17,110	16,065	13,379

（小数点以下は省略）

以下では、表3から読み取れることを列挙してみよう。まず、CSJにおける節境界の合計数を見ると、学会講演（14,645）よりも模擬講演（18,038）に多い結果となっている。模擬講演には、自発性の高い発話が学会講演よりも多く含まれる。ここから、自発性の高い発話の中により多くの節境界が出現し、多重的な節連鎖構造が生起しているという傾向をみてとることができる。特にケ（レ）ド（モ）節、シ節、カラ節、ノデ節、タラ節、デ節では、学会講演よりも模擬講演の方が2倍から13倍も多くなっており、これらの節が多重的な節連鎖構造の中で多用されていることが分かる。一方、ガ節、中止節は学会講演の方が1.5～2倍程度多くなっている。改まった発話スタイルの中では、これらの接続形式がより好まれているものと解釈できる。

一方、BCCWJにおける節境界の合計数は、新聞（13,379）、雑誌（16,065）、書籍（17,110）という順で多くなっている。「文末」が新聞で最も少ないことを考え合わせると、新聞の中では多重な節連鎖構造があまり生じていないようである。その中で、中止節の数は3つのレジスターのうち新聞で最多であることから、新聞の中では動詞の連用中止形による節連鎖構造が比較的多く発生しているといえる。

CSJとBCCWJを比較すると、「文末」の数がCSJ側で極端に少ない点がまず目に止まる。ここから、多重的な節連鎖構造は、書き言葉よりも話し言葉に多く現れているといえる。各接続形式ごとにみると、ケ（レ）ド（モ）節やテ節は話し言葉側に多く、中止節は書き言葉側に多い。これらは、話し言葉と書き言葉の間で、節連鎖構造を作る接続形式の選好性に違いがあることを示している。

3.2 節境界の連鎖数

分析項目の2点目として、1文あたりに含まれる節境界の数（連鎖数）についてみる。分析対象データ中、1文あたりに含まれる節境界ラベルの出現数を集計し、各レジスターで1万文あたりの数に正規化した。結果を図1に示す。横軸は1文中に含まれる節境界ラベルの数、縦軸は頻度を表す。

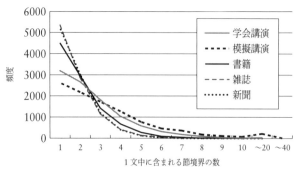

図1 節境界の連鎖数（各レジスター1万文あたり）

　図1をみると、話し言葉（学会講演・模擬講演）のグラフの方が、書き言葉（書籍・雑誌・新聞）よりも明らかになだらかであることが分かる。雑誌と新聞はほぼ同一の軌跡を描いており、1万文中、約5,300文が「文末」以外の節境界を含まない文、すなわち単文となっている。一方、話し言葉において節境界が「文末」のみの文は、学会講演で約3,200文、模擬講演で2,600文を占めるに過ぎない。図1では、1文中に含まれる節境界の数が「3」の地点で書き言葉と話し言葉の頻度が逆転しており、それ以降は特に模擬講演において、ロングテールの状態になっている。このような分布からも、特に自発的な話し言葉の中で、長大な節連鎖構造が生じている実態がうかがえる。

3.3　節連鎖構造の連鎖パタン

　分析項目の3点目として、節連鎖構造の連鎖パタンについて検討する。話し言葉・書き言葉の中では、どのような種類の節が、どのような順序で連鎖しているのだろうか。

　はじめに、節連鎖パタンの多様性についてみておこう。分析対象データの中から節境界ラベルのみを取り出し、その連鎖パタンを抽出した。先に挙げた例文（3）（4）は、それぞれ以下のような節連鎖パタンをもつ文として表現される。

　　（3'）「ガ節/テ節/ノデ節/ケレドモ節/タラ節/文末」
　　（4'）「ト節/中止節/文末」、「デ節/文末」

各レジスターにおいて、節連鎖パタンの異なりを求めた。また、通常はテキスト中における語彙の多様性を測る指標として用いられる「TTR（トークン比）」を、節連鎖パタンの多様性を測る指標として利用した。すなわち、節連鎖パタンの異なりを総文数で割ることにより、TTRを求めた。この値が低いほど、同一の節連鎖パタンが繰り返し現れることを示し、逆に値が高いほど、多様な節連鎖パタンが生じていることを示す。結果を表4に示す。

表4　節が連鎖するパタンの数と多様性

コーパス	レジスター	総文数	パタン数	TTR
CSJ	学会講演	5,389	1,065	0.198
	模擬講演	4,494	1,542	0.343
BCCWJ	書籍	8,780	857	0.098
	雑誌	9,342	571	0.061
	新聞	11,898	497	0.042

　TTRの値を比べると、書き言葉よりも話し言葉の方が多様な節連鎖パタンを示していることが分かる。多重的な節連鎖構造が多く生じている分、その異なりが大きくなっているものとみることができる。学会講演と模擬講演を比べると、後者の方がTTRの値が高い。より自発的・即興的な発話の中で、多様な節連鎖パタンが生じていると考えられる。書き言葉の中では、3つのうちで新聞が最も低い。新聞記事テキストは比較的統制された文体をもっており、節連鎖パタンの多様性が抑制されているためであろう。

　次に、頻出する節連鎖パタンについてみてみよう。各レジスターにおいて出現した節連鎖パタンを集計し、その出現数が総文数に占める割合を算出した。各レジスターにおける上位10位を、表5に示す。

　節連鎖パタンの中で最も多かったのは、先の図1でもみたように、各レジスターとも、「文末」以外の節境界を含まない場合であった。これには、(5)のようなごく短い単文、断片的な文だけでなく、(6)のように比較的長い文も含まれる。

表5 頻出する節連鎖パタンの上位10位

学会講演		模擬講演	
32.0%	文末	26.2%	文末
9.1%	テ節/文末	5.9%	テ節/文末
3.8%	トイウ節/文末	3.6%	引用節/文末
3.3%	ガ節/文末	1.8%	トイウ節/文末
2.7%	引用節/文末	1.7%	テ節/引用節/文末
2.2%	テ節/テ節/文末	1.6%	デ節/文末
1.9%	連用節/文末	1.4%	ケレドモ節/文末
1.5%	テ節/トイウ節/文末	1.4%	ト節/文末
1.5%	デ節/文末	1.4%	テ節/テ節/文末
1.5%	テ節/引用節/文末	1.2%	ガ節/文末

書籍		雑誌		新聞	
45.1%	文末	53.7%	文末	52.2%	文末
7.8%	テ節/文末	7.8%	中止節/文末	11.5%	中止節/文末
6.4%	中止節/文末	6.3%	テ節/文末	5.6%	テ節/文末
3.5%	引用節/文末	2.9%	引用節/文末	3.6%	引用節/文末
2.4%	ガ節/文末	2.4%	ガ節/文末	2.7%	ガ節/文末
1.8%	ト節/文末	2.0%	デ節/文末	2.6%	デ節/文末
1.8%	デ節/文末	1.7%	ト節/文末	1.4%	ト節/文末
1.6%	レバ節/文末	1.3%	テ節/中止節/文末	1.2%	中止節/中止節/文末
1.2%	トイウ節/文末	1.3%	レバ/文末	1.1%	中止節/テ節/文末
1.2%	カラ節/文末	1.0%	トイウ節/文末	1.0%	テ節/中止節/文末

(5) a. これで終わります/**文末**/ (CSJ:S01F0050)
    b. JR豊後竹田駅から徒歩7分。/**文末**/

(BCCWJ:PM41_00182)

(6) a. メキシコ人としてはそんな貧しい片田舎の町よりももっと欧米並みに発達したリゾート地やメキシコシティーのナイトライフを案内したかったようでした［**文末**］

(CSJ:S00F0173)

b. 9月のメキシコ・カンクンの世界貿易機関（WTO）閣僚会議の決裂以後2国間交渉や地域自由貿易協定など代替協定への動きが強まっている。/**文末**/

(BCCWJ:PN3b_00007)

　表5の第2位以降をみると、話し言葉・書き言葉を問わず、「テ節/文末」が全レジスターで2〜3位に入っている。この組み合わせが、最も単純でかつ基本的な節連鎖パタンということになるだろう。さらに書き言葉の場合、「中止節/文末」「引用節/文末」「ガ節/文末」「デ節/文末」「ト節/文末」と、7位までのパタンが3つのレジスターで共通している。これらは、使用場面の違いを問わず、書き言葉における基本的な節連鎖パタンとしてみなすことができる。

　一方、話し言葉の3〜4位にある「トイウ節/文末」というパタンの事例は、「〜ということです」「〜ということが分かります」「〜という風に思います」という文末表現が大半であった。例を(7)に示す。

(7) a. （Fえー）つまりこれは（Fえー）状態ラベル名の共有化を行なうという<**トイウ節**>ことです［**文末**］

(CSJ:A01M0065)

b. まず一つはやはり小学生のうちから外国人教師による英語授業というのを国がやっぱり率先すべきじゃないかという<**トイウ節**>風に思います［**文末**］

(CSJ:S06M0894)

　このようなトイウ節は、それまで発話してきた内容をまとめて、最後に切り上げる際に多用されていると考えられる。表3をみても、トイウ節は書き言葉よりも話し言葉に顕著に多く現れており、話し言葉に特徴的な節連鎖パタンとみることができる。

3.4　多重的な節連鎖構造の分布

　ここまで頻出する節連鎖パタンの例をみてきたが、いずれも2〜3個という短い節連鎖パタンばかりであった。節連鎖構造が長くなるほどそのパタンは多様化するため、その結果が頻度順の上位に現れることはない。そこで以下では、本稿の主題である、多重的な節

連鎖構造の事例について、いくつかみていくことにしたい。

対象データ中、1文中に6個以上の節連鎖をもつ文の数を、各レジスターで1万文あたりに正規化して集計した（図1の右半分に相当する）。結果を、表6に示す。

表6　節境界ラベルの連鎖数（2）（各レジスター1万文あたり）

レジスター	×6	×7	×8	×9	×10	〜×20	〜×40
学会講演	321	186	95	41	17	37	0
模擬講演	465	367	185	116	78	220	11
書籍	95	49	10	10	5	0	0
雑誌	54	16	5	3	2	1	0
新聞	35	4	2	2	0	1	0

話し言葉と書き言葉を比較すると、明らかに話し言葉の側に多重的な節連鎖構造が多いことが分かる。特に、1文中に11個以上の節境界が連鎖している事例は模擬講演に多く、最大値は、1文中に34個の節連鎖が現れたケースであった。ここから、多重的な節連鎖構造は、書き言葉よりも話し言葉の中で、また、より自発的な話し言葉の中で、顕著に多く現れているという実態が確認できる。

ここで、比較的長い節連鎖構造のうち、同じ節連鎖パタンをもつ例のペアを取り出してみよう。(8)は学会講演に現れた「ガ節/テ節/テ節/トイウ節/文末」という節連鎖パタン（頻度6）、(9)は新聞に現れた「テ節/中止節/引用節/中止節/文末」という節連鎖パタン（頻度3）の例である。

(8) a. で六九十二と（Dゆ）ありますが/**ガ節**/（Fえー）これはこの数値は低い方の複合音の最も高い周波数成分を表わしてまして/**テ節**/（Fまー）数値が増えるに従って<**テ節**>倍音成分の個数が増えるという<**トイウ節**>ことになっています[**文末**]　　　　　(CSJ:A01M0056)

b. これは二つの文節の間の係り易さを求める為の手法なのですが/**ガ節**/（Fえー）主な特徴として<**テ節**>文法とヒューリスティクスを用いて<**テ節**>可能な係り先

を制限するという<**トイウ節**>技法を用いています［**文末**］

(CSJ:A03M0010)

(9) a. 会談後首相は大統領が一般教書演説で朝鮮民主主義人民共和国などを「悪の枢軸」と批判したことについて/**テ節**/「われわれは想像の脅威でなく/**連用節**/現実の脅威を特定しなければならない」と/**引用節**/述べ/**連用節**/懐疑的な見方を示した。/**文末**/

(BCCWJ:PN2b_00014)

b. 大統領はこの中で武力行使容認の安保理新決議案に関して/**テ節**/「票数がどうあれ/**連用節**/採決を求める」と/**引用節**/述べ/**連用節**/否決される可能性が濃厚でも投票に臨む考えを鮮明にした。/**文末**/

(BCCWJ:PN3e_0001)

いずれのペアでも、同一の節連鎖パタンが共有されており、同じ構文構造をもった文が産出されていることが分かる。これは特に、学会発表・新聞という改まった発話場面・文体のスタイルの中で、よく使われる節連鎖パタンが構文構造の「枠」として存在し、それに則って文が産出された結果であると考えられる。

4. 考察

4.1 多重的な節連鎖構造はなぜ起きるのか

以下では、前節までの数量的な分析を踏まえた上で、いくつかの考察を行なう。はじめに、多重的な節連鎖構造はなぜ自発的な話し言葉に多く起きるのか、という問題について考えてみたい。

前節で、多重的な節連鎖構造は、書き言葉よりも話し言葉に、さらに、改まった話し言葉よりもカジュアルな（より自発的な）話し言葉に多く出現する、という実態が明らかになった。この傾向を、話し言葉と書き言葉の産出過程における「実時間性」の違いという点から説明してみよう。ここで言う「実時間性」の違いとは、話し言葉が実時間内（リアルタイム）に産出される言語である一方、書き言葉は時間をかけて産出される言語である、という違いを指す。

通常の話し言葉の場合、発話される言語形式が事前に厳密に決められているわけではない。無論、朗読のように発話する言語形式が事前に決められている場合や、入念なリハーサルが可能な場合もあるが、大抵の話し手は、その場で考えをまとめながら、発話形式を逐次的に組み立て、その結果を線条的に産出し続けるという状況にある。逐次的かつ線条的に発話を産出し続けるという過程では、言い誤りや言い忘れ、沈黙など、さまざまなトラブルが起こりやすく、かつ生じてしまったトラブルを修正する（「なかったこと」にする）ことはできない。そこで話し手は、自らの発話にトラブルを検知した場合、言い直し、繰り返し、挿入、倒置、フィラーなどの言語的手段によって、起きてしまった（または起こりそうな）トラブルに対してその場で対処する。話し言葉の実時間性という性質によってもたらされるこのような現象を、まとめて「非流暢性」と呼ぶ。
　一方、通常の書き言葉の場合、時間をかけて執筆作業が行なわれる。執筆の過程では、一度書いた文章を修正・編集することができ、また完成前に全体を読み直して推敲することができる。執筆過程で起きたトラブル（誤字や脱字、書き忘れ、おかしな表現や文章構成など）は、執筆中に気づいた時点で、あるいは推敲の段階で取り除かれるため、書き言葉は原則的に「きれいに整った」言語表現として産出されることになる。このように、産出過程における実時間性という性質は、話し言葉と書き言葉の違いを性格付ける大きな要因の1つであるといえる。
　さて、多重的な節連鎖構造という（非規範的な）現象がより自発的な話し言葉に多いという事実を、実時間性という点から考えてみると、次のようなことがいえるだろう。すなわち、多重的な節連鎖構造が生み出される要因は、連用節によって発話を後方に連鎖させることができるという日本語の文法的特性と、言語表現を線条的に産出し続けなければならないという話し言葉の制約、そしてそれを実時間内に逐次的に処理しなければならないという自発的な話し言葉の実時間性、という3つの点に求められる。その場で考えをまとめながら一連の言語表現を線条的に産出し続ける、という状況のもとで発話を継続する際に、実時間内の言語処理の過程がそのまま表

に現れた形として、長大な節連鎖構造が生み出されるわけである。

　このことは、特に長大な節連鎖構造が、あるエピソードをその場で思い出しながら語るタイプの発話の中で多く観察される、という傾向に反映される。話し言葉のデータを観察していると、冒頭の（1）や次の（10）のように、一連の出来事を時系列に並べながら、即興的に語り（ナラティブ）を進めるという状況において、多重的な節連鎖構造が生じやすいことに気づく。（10）は、飼っていた鳥が自宅の団地からいなくなってしまい、それを探すことになったというエピソードを語っている発話である。

　（10）私が住んでいたところは団地の二階でして/**テ節**/（Fえーと）その前は大きな（Fえー）明治道路が走っていたんですけれども/**ケレドモ節**/団地と道路の間にはこう団地の庭みたいな感じで（Fえーと）道路の手前に木がたくさん生えていたので<**ノデ節**>（Fえーと）（Fま）鳥が（Dつつ）飛び出したと<**引用節**>してもすぐには道路に出ないで<**テ節**>その木（Dん）（Dき）木の辺りに引っ掛かってるかなという<**トイウ節**>（Fえー）感じでしたので<**ノデ節**>まず二階からこう木を木のどの辺にいるかというのを当たり付けて<**テ節**>当たりを付けると言うか（Fまー）探してみて<**テ節**>すぐには見つからなかったので<**ノデ節**>しょうがない（Dぐ）ので<**ノデ節**>（Dすす）すぐに外に飛び出しまして/**テ節**/…
　　　　　　　　　　　　　　　　　　　　　（CSJ:S02M0076）

話し手は、まず冒頭で住んでいた場所について説明し、次に鳥の居場所について考えたことを説明し、さらに探しても見つからなかったので次の行動に移った（外に飛び出した）、という一連の出来事を時系列に沿って説明している。この一連の出来事を語るという状況というにおいて、話し手は各エピソード群を思い出しては言語表現化し、それが次の行動・エピソードにつながることを連用節の形で後方に連鎖させながら、ひと続きの語り（ナラティブ）を構成している。

　もし仮に、この話し手が同じ内容について「作文」をするとすれば、時間をかけて文章を執筆・編集し、例えば（11）のように、

もっと短い文の連鎖を産出したであろう。

(11) 私が住んでいたところは、団地の二階でした。その前は大きな明治道路が走っていました。団地と道路の間は団地の庭のような感じで、道路の手前に木がたくさん生えていました。ですから、鳥が飛び出したとしても、すぐには道路に出ずに、その木の辺りに引っ掛かってるかなと思いました。そこで、まず二階から木のどの辺にいるかの当たりを付けて、…

このような考察からも、(1) や (10) で観察される多重的な節連鎖構造は、一連のエピソードを思い出しながら即興的に描写しつつ、実時間内に語りを構成しようとするときに現れる現象であると考えることができる。これは、自発的な話し言葉の産出過程における「実時間性」という性質によってもたらされた結果である。

4.2　多重的な節連鎖構造の動的な生成

ここで、多重的な節連鎖構造の生成過程を解釈するための記述モデルとして、近藤 (2005) による分析を引用しよう。近藤 (2005) は、古典語において連用節が多重に連鎖する構造を捉えるために、ある連用節の係り先となった「主節」がその場で「連用節」に書き換えられ、さらに後方の節に係っていくというモデル (「動的書き換え規則」) を提案している。この枠組みによれば、多重的な節連鎖構造は、時間的順序を追って主節が動いていく (主節が連用節に動的に書き換えられていく) ことにより、自己埋め込み化が相当程度に進んだ結果として捉えることができる。

動的な書き換えの段階は、近藤 (2005: 120) では次のように表現されている (例は伊勢物語・五段)。(12) の a. から c. へと段階が進むにつれて、主節だった部分がさらに後続する節に係る連用節に動的に書き換えられ、節連鎖が長大化していく過程が捉えられている。

(12) a.　［人しげくも**あらねど**］＋たび重なりけり（主節）

　　b.　［［人しげくもあらねど］**たび重なりければ**］＋あるじ聞きつく（主節）

  c.　[[[人しげくもあらねど] たび重なりければ] あるじ**聞きつけて**] +…守らせけり（主節）

　話し言葉における多重的な節連鎖構造においても、これと同様の生成過程を考えることができるだろう。ある1つの出来事や話し手の判断などは、1つの（あるいは少数の）「節」の形で描写することができる。しかし、実時間内に即興で語りを構築していく場合には、ある節を産出した後、話している内容がまだ続くことを示すために、終止形ではなく連用節の形を取って（つまり、主節として言い切るべき部分を動的に連用節に書き換えて）さらに後方に連鎖させる、という方略を取るのだろう。これが繰り返されることによって、多重的な節連鎖構造が生成されると考えることができる。

　一方、話す内容があらかじめ用意されている場合や、話す内容が入念に準備ができている場合には、より論理的かつ整った語りの構造を選好し、短い文の連鎖や、接続詞による文と文の接続などよって、一連の語りを組み立てると考えられる。書き言葉において多重的な節連鎖構造が生じにくいことも、同じ理由によるといえる。

　近藤（2005）は、古典語（中古和文）において多重的な節連鎖構造が生じる理由として、次のように述べている。

  和文の文体は、阪倉（1975）が述べるように「カタル（語る）」という言語行動と密接に結びついていると思われ、その背後に口頭言語があることはほぼ間違いないものと思われる。口頭言語は（略）音声と記号の両面が「結節」（まとまり）を構成しながら形成され、（略）それは時間軸に沿って音形と意味とが同時に形成されるという性質を強く持つ。その時間軸に沿った動的な形成という側面は古典語の和文にも当てはまるものと思われる。　　　　　　　　　　　　　　　　（p.122）

　ここで言う「語るという言語行動」を、話し言葉の「語り（ナラティブ）」と捉えれば、これはそのまま、自発的な話し言葉における長大な節連鎖構造の生成過程に対する説明として読むことができる。また、「時間軸に沿って音形と意味とが同時に形成されるという性質」という指摘は、先に述べた話し言葉の産出過程における実時間性という性質と同義であるとみてよい。このような性質こそが、

4.3　残された問題

最後に、本稿では扱いきれなかった問題について述べておきたい。

本節の考察の中では、話し言葉に現れた長大な節連鎖構造を中心に扱ってきたが、書き言葉においても、多重的な節連鎖構造が生じることがある。この点を説明しなければならない。冒頭に挙げた（2）や、（13）などがその例である。

(13) ミルクや牛乳やお砂糖をおしげなくたっぷり使い**/連用節/**そこに新鮮な果物をこれでもかこれでもかというくらいドサドサ入れて**/テ節/**つくったジェラートを最低2種類うずたかく積み上げ**/連用節/**その上にホイップした生クリームをグルグルグルッとのせて**/テ節/**「おっと落ちちゃう落ちちゃう」と**/引用節/**叫びつつ下から斜め上にベロリッとなめあげ**/連用節/**そうしてからお金を払い**/連用節/**歩きながら食べる ― のが本場の食べ方であるかどうかは定かではないが**/ガ節/**とにもかくにもこの季節イタリアの街角はジェラートを味わう人でいっぱいだ。**/文末/**

（BCCWJ:PB39_00017）

ここで気づくのは、（2）と（13）のいずれもが、時系列に並んだエピソードを語る文脈である、という点である。これらが編集・推敲の過程で短い文に切られず、ひと続きの節連鎖構造という形で産出されたのは、むしろ、自発的な話し言葉風の様式を狙ったものと考えることができるだろう。多重的な節連鎖構造をあえて用いることによって、それが「語るような文体」「エッセイ風の文体」を作り出しているといえる。ただし、この点については、さらに多くの事例を収集し、検討を加えることが必要であろう。これは今後の課題としたい。

また、通時的な観点からみると、阪倉（1975）や近藤（2005）が論じた中古和文だけでなく、例えば明治時代の書き言葉にも、多重的な節連鎖構造が多く観察される。（14）は、明治41年の新聞記事の例である。

(14) 鶴見在に發見せられたる怪穴がお穴様と稱へられて迷信者の參詣者多き由を逸早く報じたるに、記事の影響は京濱電車株に及ぼし、本月上旬六十三四圓なりしもの飛んで七十圓五六十錢に暴騰したるが、こはお穴樣參詣者の日毎に増加し一日數千人の人出ありて京濱電車の收入著るしく増加したるより頓に人氣の好況を加へしものなるが、同怪穴は既に記載せし如く神奈川縣警察署より迷信者を誘致する如き設備を撤去せしめられしに、又もや其記事が現はるると同時に、廿四日の市場に於て俄然三圓五十錢の暴落を見るに至れりと。 　　　　　　　　（報知新聞、明治41年9月25日）

　どの時代に、どのような場面で、どのような節連鎖構造が生じてきたかという問題は、今後、さまざまな時代の書き言葉コーパスが整備されることによって、明らかにされるべき課題といえるだろう。

　さらに、本稿では話し言葉の分析対象として独話のみを取り上げたが、対話の中でどのような節連鎖構造が観察されるかを明らかにすることもまた、今後の課題である。対話は独話に比べてさらに発話が断片化しやすいが、節連鎖構造という点からみると対話はどのように構造化できるのか、といった点について考える必要がある。

5. まとめ

　本稿では、多重的な節連鎖構造という現象に焦点を当て、現代日本語の話し言葉コーパス・書き言葉コーパスを用いて、定量的・定性的な観点から分析と記述を行なった。発話・文がどこまでも続いていくような長大な節連鎖構造に着目した上で、どのような場面でどのような節連鎖構造がどの程度生じているのか、という点について、CSJ・BCCWJという2つの大規模コーパスを用いて明らかにした。また、近藤（2005）による「動的書き換え規則」を援用して、多重的な節連鎖構造が自発的な話し言葉の中でより生じやすいという結果に対する説明を与えた。

　2000年代に入り、現代日本語コーパスが徐々に整備され、広く普及してきたことによって、従来「非規範的」とみなされてきた言

語現象を定量的に観察・記述できる基盤が急速に整ってきたと言える。話し言葉と書き言葉の比較・対照は古くから行なわれてきたことであるが、さまざまなレジスターを備えた大規模コーパスを用いることによって、従来は行ない得なかった定量的な観点からの分析を、個人レベルで実施することができる。今後、さまざまな話し言葉コーパス・書き言葉コーパスを使って、多様な着眼点に基づく分析を実践していくことにより、話し言葉と書き言葉の異同について、従来とは質的に異なる知見を得ることができるものと思われる。

参考文献

Haiman, John and Sandra A. Thompson. (Eds.) (1993) *Clause Combining in Grammar and Discourse*. John Benjamins.

Hasegawa, Yoko. (1996) *A Study of Japanese Clause Linkage: The Connective TE in Japanese*. CSLI Publications and Kurosio Publishers.

国立国語研究所 (2006)『話し言葉コーパスの構築法』国立国語研究所報告 124、国立国語研究所

近藤泰弘 (2005)「平安時代語の副詞節の節連鎖構造について」『国語と国文学』82 (11): pp.114–124.

丸山岳彦・柏岡秀紀・熊野正・田中英輝 (2004)「日本語節境界検出プログラム CBAP の開発と評価」『自然言語処理』11 (3): pp.39–68.

丸山岳彦・髙梨克也・内元清貴 (2006)「第 5 章 節単位情報」『日本語話し言葉コーパスの構築法』国立国語研究所報告書 124: pp.255–322. 国立国語研究所

永野賢 (1969)『悪文の自己診断と治療の実際』至文堂

阪倉篤義 (1975)『文章と表現』角川書店

Van Valin, Jr. Robert D. (1984) A Typology of Syntactic Relations in Clause Linkage. In *Proceedings of the Tenth Annual Meeting of the Berkeley Linguistics Society*, pp. 542–558.

山崎誠 (編) (2014 予)『書き言葉コーパス―設計と構築―』(講座 日本語コーパス 2) 朝倉書店

指示語にみるニュースの話し言葉性

石黒圭

1. 調査の目的

　言語は、話し言葉と書き言葉に分けて整理されることが多いが、その境界線はあいまいである。本稿は、一見、書き言葉を読みあげただけにみえるニュースの原稿に、話し言葉性が織りこまれていることを、新聞との比較で明らかにすることを目的としている。

　一般に、テレビやラジオのニュースは書き言葉として理解されることが多い。テレビやラジオのニュースは音声言語であり、その意味では話し言葉であるものの、計画性という観点からみると、完全原稿が用意されており、それを読みあげているにすぎないという点で書き言葉であると考えられるからである。

　事実、いずれかに決めるようにいわれたら、多くの人は後者の性格を重視して、書き言葉に軍配を上げるのではないだろうか。たとえば、昨年亡くなられたコラムニストの天野祐吉氏は、天野（1987）のなかで、テレビのなかの言葉を3種類に分けている。

　　　ふつうぼくたちは、テレビから聞こえてくる言葉は、みんな
　　　話し言葉だと思っています。が、ちょっと考えてみれば、そこ
　　　には少なくとも三種類のことばがあることがわかります。
　　　①純正話し言葉（これはたけしやタモリがしゃべっているよ
　　　　うな言葉。）
　　　②話し言葉ふう書き言葉（ドラマの中で台本に書かれたせり
　　　　ふを役者がしゃべっているような言葉。）
　　　③音声化された書き言葉（ニュースでアナウンサーがしゃべ
　　　　っているような言葉。）

　本稿も、ニュースが原稿の存在の前提としている点で書き言葉的な面があることは否定しない。しかし、その原稿は、読まれること

を前提としている以上、話し言葉的な側面がすでにその原稿のなかに組みこまれていると考える。

野元（1977）に「読みことば」という指摘がある。「読みことば」は、音声で読まれることを前提にしており、話し言葉と書き言葉の中間形態の一種である。話し言葉と書き言葉の二分法で明らかにできない部分をうまく掬いとったネーミングである。

しかし、話し言葉と書き言葉の中間形態といっても多様であり、ニュースの原稿のように、文字言語を音声化したものと、Twitter のように、音声言語を文字化したものとでは性格が異なる。野元（1977）の「読みことば」と用語の使い方は異なるが、本稿では、ニュースのように文字言語を音声化したものを「聞き言葉」、Twitter のように音声言語を文字化したものを「読み言葉」と呼ぶことにする。そのように分類すると、講義や講演、スピーチなどは「聞き言葉」、チャットや携帯メール、LINE などは「読み言葉」になる。

本稿は、ニュースが「聞き言葉」であり、「聞き言葉」が話し言葉に近い性質をもつことを、新聞との比較のなかで明らかにする。具体的には、指示語の使い分けに注目し、新聞記事にくらべ、ニュースの原稿には、相対的にソ系よりもコ系の指示語が多いことにその性格が現われていることを論証することを目指す。

なお、コ系の指示語とソ系の指示語の使い分けを扱った論文は数多い。今回は文脈指示が中心となるが、そのような限定を行っても参考にすべき文献は多数に上る。とくに、庵（1997、2002 など）や堤（1998、2002 など）は研究史上重要なものであるが、本稿はコ系とソ系の理論的な使い分けを問題にしたものではなく、ジャンルの偏りに焦点を当てたものなので、そうした理論的な問題を扱う文献への言及は行わない。

一方、本稿に近い立場の研究としては、石黒（2012）、劉（2012）がある。石黒（2012）は、対話・独話・作文におけるコ系・ソ系・ア系の指示語の分布の違いを扱ったものであるが、典型的な話し言葉と書き言葉の性格を明らかにしようとしている点で、話し言葉と書き言葉の接点を問題にしている本稿とは異なる。また、

劉(2012)は報道文(ニュース)と論説文(新聞のコラム)を比較したもので、観点としては本稿にもっとも近く、参考になる。ただ、残念なことに、コーパスの規模が小さい、比較のさいの内容の統一が図られていないなど、コーパスの設計が不十分で、データに信頼性を欠き、試論の域を出ないものである。

2. 調査の方法と資料

ニュースの原稿と新聞記事は、政治面と国際面から約3週間分(2013年11月27日から12月18日)を収集した。ニュースの原稿はNHKのウェブサイト、NHK NEWS WEB(http://www3.nhk.or.jp/news/)から、新聞記事は朝日新聞のウェブサイト、朝日新聞DIGITAL(http://www.asahi.com/)から収集した。NHK放送文化研究所の井上裕之氏の個人談話によれば、NHK NEWS WEBの原稿は、放送時間の関係で多少短くなる可能性はあるものの、おおよそラジオニュースと同じ原稿だと思って支障はない一方、テレビニュースの場合は、映像の関係で順序が多少変わったり、「　」の部分が録音の音声になったりする可能性があるとのことである。

ただし、違う内容のニュースを比較した場合、両者の違いが内容によって左右される可能性があるため、同じ内容のニュースを選定する必要がある。そこで、ニュースを収集後、両者を見出しと内容で照合し、ニュースソースが同一と考えられるもの(かならずしも1対1とはかぎらず、一方が1本の記事にまとまっているのにたいし、もう一方が2本の記事に分割されていることもある)を抽出した。その結果は、次表のとおりである。国際面のほうが本数が多いのは、ニュースの原稿と新聞記事が同一であるという認定がしやすかったことによる。

表1　分析の資料

	政治面	国際面
NHK NEWS WEB	125本	154本
朝日新聞DIGITAL	108本	149本

そして、そのなかかから、①「これ」「それ」、②「この」「その」、③「こう」「そう」、④コ系その他／ソ系その他、の4つに分けてコ系の指示語、ソ系の指示語を取りだし、カイ二乗検定にかけて有意差があるかどうかを調べた。

3. 調査結果の全体的傾向

まず、NHK NEWS WEB、および朝日新聞 DIGITAL に現れるコ系の指示語、ソ系の指示語の出現状況を確認する。表2がコ系の指示語、表3がソ系の指示語である。

表2　コ系の指示語の出現状況

		これ	この	こう	その他	計
NHK	政治面	119	126	23	3	271
	国際面	130	146	20	3	299
	NHK計	249	272	43	6	570
朝日	政治面	43	50	16	9	118
	国際面	39	66	10	8	123
	朝日計	82	116	26	17	241

表3　ソ系の指示語の出現状況

		それ	その	そう	その他	計
NHK	政治面	36	79	5	1	121
	国際面	24	96	3	3	126
	NHK計	60	175	8	4	247
朝日	政治面	16	42	10	4	72
	国際面	18	39	3	1	61
	朝日計	34	81	13	5	133

朝日新聞でも、コ系の指示語のほうが、ソ系の指示語よりも多く出現しているが、NHK のほうがその傾向が強いようにみえる。事

実、NHKの場合、コ系のほうが、ソ系よりも倍以上多く出現している。

そのことを簡単にまとめると、表4のようになる。表4をカイ二乗検定にかけると、以下のようになる。ニュースか新聞かによって有意差まではみられないが、コ系とソ系の出現率に有意傾向とみられる差があることがわかる。

表4　コ系の指示語とソ系の指示語

	コ系	ソ系
NHK	570	247
朝日	241	133

$p=0.0670<.1$（10％水準で有意傾向）

また、出現数の少ない「コ系その他／ソ系その他」をのぞき、「これ／それ」「この／その」「こう／そう」の3つを比較すると、「これ／それ」「こう／そう」の2つでは、コ系とソ系の出現率に5％水準で差があることがわかる。

表5　「これ」と「それ」

	これ	それ
NHK	249	60
朝日	82	34

$p=0.0286<.05$（5％水準で有意）

表6　「この」と「その」

	この	その
NHK	272	175
朝日	116	81

$p=0.6384>.1$（有意差なし）

表7 「こう」と「そう」

	こう	そう
NHK	43	8
朝日	26	13

$p = 0.0498 < .05$（5％水準で有意）

　とくに、絶対数から考えると、NHKのニュースに「これ」が目立って多いようにみえる。そこで、ニュースと新聞記事の違いは「これ」の使い方にもっとも顕著に現れると考え、以降では指示語「これ」を中心にみていくことにしたい。

4. 調査結果の個別的傾向

4.1 「これ」の出現傾向

　NHKのニュースで、「これ」を伴う助詞（相当句）に特徴的なものは、表8のその1、その2のとおりである。

表8 「これ」を伴う助詞（相当句）その1

		これまで	これから	これに対し	これを受け
NHK	政治面	32	3	28	16
	国際面	44	4	20	6
	NHK計	76	7	48	22
朝日	政治面	10	7	10	0
	国際面	13	0	9	2
	朝日計	23	7	19	2

表8 「これ」を伴う助詞（相当句）その2

		これについて	これに関連し	これにより	これで
NHK	政治面	15	7	2	2
	国際面	19	1	3	2
	NHK計	34	8	5	4

朝日	政治面	0	0	0	1
	国際面	1	0	1	0
	朝日計	1	0	1	1

表8は、4つのグループに分けることができる。

① 「これまで」「これから」のような現時点を軸に時間を示す表現
   「これまで」:「これまでに」「これまでどおり」などを含む
   「これから」:「これからは」「これからも」などを含む
② 「これに対し」「これを受け」のような事態の推移を示す表現
   「これに対し」:「これに対して」を含む
   「これを受け」:「これを受けて」を含む
③ 「これについて」「これに関連し」のような話題を示す表現
   「これに関連し」:「これに関連して」を含む
④ 「これで」「これにより」のような因果関係を示す表現
   「これにより」:「これによって」を含む

「これまで」「これに対し」は新聞にもみられるものの、ニュースの頻度が高い。また、ニュースによくみられる「これを受け」「これについて」「これに関連し」「これにより」「これで」は新聞にはほとんどみられない。

したがって、これらの表現にニュースらしさがみられると考えられる。①〜④を、順を追ってみていく。

4.1.1 「これまで」「これから」の出現傾向

現時点を軸に時間を示す①「これまで」「これから」のうち、「これまで」はニュースのなかで76例と、「これ」と助詞（相当句）の組み合わせのなかでもっとも多数を示している。この2つは、ニュースが語られる時点と強く結びついたもので、ニュースの同時的な性格が色濃く反映されたものである。この2つはニュースにおける典型的な絶対指示（堀口1978）であると考えられる。

ニュースのなかでなぜ「これまで」が多いかを考えると、ニュー

スを伝える場合、言うまでもなく、今が重要であることがあろう。その今も、突然現れた今ではなく、過去からの継続のなかで、方針を転換したり（「これまで」）、方針を継続したり（「これまでどおり」）、現時点で把握している情報を示したり（「これまでに」）、といったことがあるためと思われる。以下の（1）が方針転換の例、（2）が方針継続の例、（3）が現時点での情報の例である。

(1) 自民党沖縄県連は1日、那覇市で総務会を開き、アメリカ軍普天間基地の移設問題で<u>これまで</u>掲げてきた県外移設の方針の見直しを協議しました。

（［NHK WEB］「自民沖縄県連 県内移設容認を決定」12/1）

(2) そして外務省の斎木事務次官は、中国の程永華駐日大使を外務省に呼び、中国側が求める、この空域を飛行する民間航空機のフライトプラン＝飛行計画書の事前の提出などには応じず、<u>これまでどおり</u>対応する考えを伝えました。

（［NHK WEB］「防空識別圏「中国は一切の措置撤回を」」11/26）

(3) 地元メディアによりますと、<u>これまでに</u>兵士ら60人以上が死亡したということで、治安情勢の悪化が懸念されます。

（［NHK WEB］「南スーダン 首都で戦闘続く」12/18）

「今」「ここ」「私」で示される直示性のなかで、ニュースで重要視されるのは「今」である。その「今」をニュースの送り手と受け手が共有しているという文脈を作るために「これまで」が多く使われるように感じられる。こうした直示的な性格をもつ表現を多用するのが話し言葉の1つの特徴であり（金水2014）、ニュースに話し言葉的な側面があると考える根拠の1つとなる。

「これまで」がこれだけ多用される一方、「これから」がさほど多くは用いられず、非対称性を示しているのは、「これから」よりも改まった表現に「今後」というものがあり、「これまで」で現在と過去のつながりを、「今後」で現在と未来のつながりを表すのが報道のデフォルトになっているからである。「今後」は、NHKのニュースでは104例（政治面55、国際面49）、朝日新聞の記事では62例（政治面28、国際面34）出現している。

なお、「これ」「この」「こう」のいずれにも入らない「ここ」に

ついても、ここで言及しておく。「ここ」というのは本来場所を表す指示語であるが、NHKのニュースにみられた4例（政治面2、国際面2）はいずれも現在という時点を表す時間の指示語であった。

(4) マンデラ氏は、2010年のサッカーのワールドカップ南アフリカ大会の閉会式に出席したあとは公の場に姿を現すことはほとんどなく、<u>ここ</u>数年は肺の感染症などで入退院を繰り返していました。

（[NHK WEB]「南アフリカ マンデラ元大統領が死去」12/6）

ニュースにおける直示性の時間的側面の優位性は、「ここ」の使用にも現れている。

ただし、今回資料としたニュース原稿が、NHK NEWS WEBというラジオニュースの原稿に近いものであるという点には留意しておく必要がある。テレビニュースの場合、スタジオという空間があるため、「<u>こちら</u>をご覧ください」のような空間を意識した表現がしばしば現れるからである（井上裕之氏の個人談話による）。

4.1.2　「これに対し」「これを受け」の出現傾向

事態の推移を示す②「これに対し」「これを受け」が多いというのも興味深い傾向である。「これに対し」が「それに対し」よりも高い頻度で用いられることは、三枝（1998）が経済学の文章で指摘しているとおりであり、ニュース報道でも新聞記事でもその傾向が当てはまる。そのことは、金水・田窪（1990）が、送り手が内容の把握、情報量の面で優位に立つときにコ系の指示語が現れやすいとする「解説のコ」とも軌を一にする現象であろう。そうした指摘を踏まえたうえで、ここでとくに強調しておきたいのは、「これに対し」「これを受け」が前後の文脈の連接関係を表示しており、広義の接続表現（石黒ほか2009）の一種に分類できるということである。

先行研究で扱われてきた指示語由来の接続表現は、これまで「それから」「それで」「そして」「そのため」などソ系の指示語が中心であり、「こうして」「このように」のような談話を終結させる機能をもつ接続表現をのぞき（俵山2006、2007など）、コ系の指示語

が接続表現として使われるという積極的な指摘はあまりみられない。

ところが、ニュースを見ていくと、「これに対し」「これを受け」をはじめ、コ系の指示詞を含む複合助詞が接続表現のように使われていることに気づく。いったいなぜニュースでは、コ系の指示語が接続表現を構成しやすいのだろうか。

これまでの先行研究で、指示語に由来する接続表現を対象にするさい、ソ系の指示語に偏っていたのは理由のないことではない。ソ系の指示語に由来する接続表現の場合、先行文脈を受けて後続文脈に展開するのだが、コ系の指示語に由来する接続表現の場合、先行文脈そのものというより、先行文脈に示された状況を受けて後続文脈に展開するようなニュアンスがあるのである。

たとえば、「それに対し」の場合は、先行文脈と後続文脈はもっぱら対比の関係を構成するが、「これに対し」の場合はかならずしも対比の関係を構成するわけではない。「これに対し」の場合、「対し」の部分が十分には形式化されておらず、「対応する」の意味が残っているように感じられる。

(5) では、照屋幹事長の発言と仲井真知事の発言が対比関係にあるわけではなく、照屋幹事長が表明した期待にたいし、仲井真知事がどのように応えたのかという「働きかけ―対応」の対が「これに対し」で表されている。

(5) アメリカ軍普天間基地の移設問題で、政府は日米合意で移設先とされている名護市辺野古沿岸部の埋め立てを申請していて、沖縄県が審査を進めています。

　　これについて、沖縄県議会の代表質問で、自民党沖縄県連の照屋守之幹事長は「政府、党本部とも、辺野古案以外に解決の道筋はないとしており、県外移設を求めることは、普天間基地の継続使用・固定化につながるという厳しい局面にある。仲井真知事には長年にわたる問題の解決に道筋をつけていただきたい」と述べ、仲井真知事の見解をただしました。

　　これに対し、仲井真知事は「埋め立て申請については、現在、内容の審査が継続している状況だ。承認するか否か

の判断時期は早くても今月末以降になると考えている」と述べ、今月下旬以降に判断する考えを示しました。

（［NHK WEB］「仲井真知事「埋め立て申請は今月下旬以降に判断」」12/4）

　(6)では、政府にたいする公明党の申し入れに、政府がどのように応えたのかという「働きかけ―対応」という対が示されている。もちろん、「これを受け」のほうが、「これに対し」よりも働きかけに従順に従う姿勢が現れているが、「これを受け」も、先行文脈そのものでなく、先行文脈に導入される状況文脈を受けている点で、「これに対し」と同様の性格を備えている。

(6)　政府は、来年4月の消費税率の引き上げに備えて、来月上旬に、5兆円を超える規模の経済対策を策定することにしていて、公明党は、その一環として、児童手当の受給者の大半に、手当の1か月分に当たる1万円から1万5000円程度を支給するよう、政府に申し入れています。
　　　<u>これを受けて</u>、政府は、児童手当を受給している世帯のうち、中間の所得層の世帯を対象に、子ども1人につき1万円を支給する方向で調整に入りました。

（［NHK WEB］「中間所得層に子ども1人1万円支給で調整」11/30）

　では、なぜニュースでは、コ系の指示語で状況を受けてその対応を示すという談話展開が好まれるのであろうか。
　ソ系の指示語で連接関係を表す場合、前後の関係は送り手が「そのとき」、すなわち過去を振り返って、事後的に二者を結びつけたようなニュアンスがある。つまり、送り手が、前後の関係が順接なのか、逆接なのか、並列なのかなどを判断した結果が示されており、そこには送り手の事後的な解釈が含まれることになる。ソ系の指示語のほうがより接続表現らしくみえるのは、そのような振り返りのなかで二者を論理的に結びつけているからであろう。
　一方、コ系の指示語で連接関係を表す場合、前後の関係は送り手が「このとき」、すなわちニュースを伝えている現時点の判断で、二者を結びつけたようなニュアンスがある。つまり、論理に基づく結びつきというより、事実に基づく結びつきであり、送り手の解釈の色合いは薄い。そのため、受け手は「これに対して」「これを受

けて」という表現を耳にすると、いわば実況中継を聞いているような気になり、ソ系の指示語を使ったとき以上に、先行文脈の事態に誰がどう対応したのかに意識が強く向くようになるのである。

　送り手の主観をできるだけ交えずに事実を報道するという客観報道の姿勢から考えても、また、十分な解釈を施す時間的な余裕がないなかでニュースを伝えなければならないニュース現場の現実から考えても、さらに、今起きているナマの事実に視聴者・聴取者の目を向けてほしいという送り手の意識を考えても、ニュースを伝えている今を軸とするコ系の指示語のほうが便利なのである。もちろん、コ系の指示語を用いることで、受け手もまた現場にいるような臨場感が得られ、ニュースがライブとしてより機能しやすくなるという面もあろう。

　このような事情から、「これに対し」「これを受け」のようなコ系の接続表現がニュース報道で好まれると考えられる。また、ニュース報道が、先行文脈を持ちこむソ系ではなく、状況依存的なコ系の使用を好むということは、ニュースが話し言葉的な性格を帯びていることの証左にもなると考えられる。

　なお、「それに対し」「それを受け」のようなソ系の指示語で展開するものは、ニュース、新聞記事ともに1例も存在しなかった。

4.1.3　「これについて」「これに関連し」の出現傾向

　③「これについて」「これに関連し」のような話題を示す表現は、ニュースには多くみられ、新聞記事にはほとんどみられなかった。

　これらの用例をみると、面白いことがわかる。「これについて」では34例中28例が、「これに関連し」では8例中7例がそれぞれ文頭で使われており、その直後に発言者が「～は（が）」の形で示され、その後に発言内容が続くというパターンで構成されているのである。

（7）外務省は、竹島や尖閣諸島が日本固有の領土であることを広く理解してもらうため、日本の立場や主張をまとめた動画を作成し、ことし10月から日本語と英語版をインターネット上に掲載していますが、このほど、新たに韓国語やフ

ランス語など9か国語に翻訳したものを追加しました。
　<u>これについて</u>、韓国外務省は11日夜、「日本政府が挑発行為を繰り返すのは、関係改善に対する日本側の真意を疑わせるものであり、断固として対応していく」とする声明を出し、動画の削除を求めました。
（［NHK WEB］「竹島の動画に翻訳 韓国が抗議」12/12）

(8) 国家安全保障会議、いわゆる日本版NSCを創設するための法律は、27日の参議院本会議で自民・公明両党と民主党、みんなの党、日本維新の会などの賛成多数で可決・成立しました。
　<u>これに関連して</u>菅官房長官は、記者会見で「外交・防衛政策について内閣の司令塔の役割をしっかり果たし、国民の安全・安心のために全力で取り組む体制を早く作っていきたい」と述べました。
（［NHK WEB］「日本版NSC戦略取りまとめへ議論加速」11/28）

ここからわかることは、「これについて」「これに関連し」も、「これに対し」「これを受け」と同様、広義の接続表現のように使われているということである。すなわち、状況をあらかじめ提示し、それについて政府高官をはじめとするスポークス・パーソンがどのようにコメントしたかを示すパターンが定着しているわけである。

そして、「これについて」「これに関連し」が出てくる位置もだいたい決まっていて、リードが終わり、状況説明の文が導入された直後に来ることが多い。それによって、ニュース全体の骨格をわかりやすく示すのである。

4.1.4 「これで」「これにより」の出現傾向

「これで」「これにより」は、形式からもわかるように、因果関係を表す接続表現である。数自体は、「これで」が5例、「これにより」が4例とさほど多いわけではないが、のちほど「この」のところで「このため」でも触れるように、コ系の指示語を組み合わせて作る因果関係の接続表現は平均してよく出現している。

(9) 政府は、台風30号でフィリピンで大きな被害が出たことを

受けて、日本人133人がレイテ島とサマール島で在留届を提出していたことから、連絡が取れていない人の所在を確認する作業を続けてきました。

　その結果、30日、新たに1人の無事を確認し、<u>これで日本人133人全員の無事が確認されたと発表しました。</u>

（［NHK WEB］「比台風「日本人133人の無事を確認」」11/30）

(10) 日本維新の会の地域政党である大阪維新の会は、大阪府議会で党の決定に反する投票行動をとった4人の議員を除名しました。

　<u>これによって</u>大阪維新の会は、大阪府議会で過半数を割り込むことになり、党が掲げる大阪都構想の実現などに向けた議会運営は厳しさを増しそうです。

（［NHK WEB］「維新 大阪府議会で過半数割り込む」12/17）

4.1.5 「それ」の出現傾向

　一方、「これ」にくらべて出現頻度がさほど高くなかった「それ」についても簡単にみておきたい。

　「それ」はニュースのなかに60例（政治面36、国際面24）出現しているが、その1/3に相当する20例（政治面12例、国際面8例）を「それによりますと」が占めている。

(11) これを前に、防衛省は中期防に盛り込む防衛装備品をまとめました。<u>それによりますと</u>、中国の海洋進出の活発化を念頭に、離島防衛を強化するため、陸上自衛隊に水陸両用車52両を整備するほか、部隊を速やかに展開するため、新型輸送機オスプレイを17機購入するとしています。

（［NHK WEB］「「中期防」オスプレイ17機購入」12/13）

　これまでみてきたように、ニュースにおいて指示語と複合助詞は頻繁に出現するが、「～によりますと」にかぎって「それ」を取るのが興味深い。「これによりますと」は1例もみられなかった。

　このよう現象を説明する場合、田窪・金水（1996）による間接経験領域の表示にソ系の指示語が用いられるという主張が参考になるだろう。

ニュースの原稿を作成する記者は、自ら現場に足を運んで取材することを原則にしている。しかし、取材源にアクセスすることが難しい場合、ある権威筋が発表した情報について、何も手を加えず伝聞の形で伝えることもありうる。その場合、ニュースとしては、伝聞ということを伝える必要があり、つまり、自ら現場に足を運んで取材ができ、裏が取れているときは直接経験領域のコ系の指示語、記者会見や報道発表資料などで情報は入手できたものの、情報の真偽までは確認できず、伝聞として伝えるときは間接経験領域のソ系の指示語を用いるという区別を行っているのではないか。そのため、本来伝聞を表す「によりますと」はコ系の指示語との相性が悪く、もっぱらソ系が用いられると考えることができる。

4.2 「この」の出現傾向

　ニュース報道と新聞記事において、「この」と「その」の出現頻度には有意差も有意傾向もみられなかった。そこで、ニュースの内部でのコ系の指示語とソ系の指示語の出現頻度をみてみる。「この」は直後に実質的な内容をもつ名詞を伴うことが多いが、ここでは形式名詞を伴うもので比較的数が多かったものを挙げる。

表9 「この」「その」を伴う助詞（相当句）

		この中	このうち	このうえ	このあと	このため
NHK	政治面	37	7	0	19	9
	国際面	13	24	0	6	8
	NHK計	50	31	0	25	17
		その中	そのうち	そのうえ	そのあと	そのため
NHK	政治面	1	0	33	1	3
	国際面	0	0	39	5	0
	NHK計	1	0	72	6	3

　一瞥してわかるように、「〜中」「〜うち」は「この」を伴うことが圧倒的に多く、「〜うえ」は「その」を伴うことが圧倒的に多い。「この中」「このうち」は、「これ」で見た「これについて」「これ

に関連し」と同様、特定の文脈パターンを取る点に特徴がある。

「この中」は、「この中で」という格助詞「で」を伴って用いられ、リードの直後の状況導入文にある「会議」「会談」「協議」「議論」「発表」「会見」「講演」「決定」などの伝達内容を含む名詞を受け、文頭の「この中で」に引き続き、「(発言者)は「……」と述べ(ました)。」というパターンを取るものが多い。このパターンを完全に備えたものが45例、全体の9割を占めている。

(12) 韓国国防省の報道官によりますと、キム・グァンジン国防相は17日、北朝鮮を巡る情勢などについて、韓国軍の司令官らとテレビ会議を行いました。
　　<u>この中で</u>キム国防相は、チャン氏の死刑執行について「北朝鮮の政権樹立以来の大きな転換点になりうる」と述べて、北朝鮮の体制に大きな変化が起きる可能性があるという見方を示しました。
　　　　　　([NHK WEB]「韓国国防相 北朝鮮が軍事挑発の可能性」12/17)

「このうち」も、「この中で」と似たパターンを備えている。リードの直後の状況導入文で複数性のある内容が示され、それを受けて、文頭の「このうち」が続き、複数性のある内容の一部が示されるというパターンを取る。このパターンを備えたものは、25例、全体の8割を占めている。

(13) 南アフリカでは、黒人初の大統領となったマンデラ氏が5日に死去したことを受けて、政府が8日を「祈りと回想の日」と定め、国内各地でマンデラ氏への祈りがささげられました。
　　<u>このうち</u>、マンデラ氏がかつて住居を構え、アパルトヘイト＝人種隔離政策の時代に黒人解放運動の中心にもなったヨハネスブルクの「ソウェト地区」の教会には、大勢の人たちが集まりました。
　　　　　　([NHK WEB]「南アフリカ マンデラ氏悼む「祈りの日」」12/8)

一方、ソ系の指示語に偏りを見せる「そのうえ」は、累加の接続表現の「そのうえ」とは異なり、すべて「そのうえで」という「で」を伴う形を取る。また、「この中で」「このうち」よりも一段

あとの位置で用いられる。すなわち、状況導入の文を受けて使われる「この中で」「このうち」にたいし、「そのうえで」は状況導入の文を受けて誰かが何かを発言した文が現れたあと、その発言を受けて「そのうえで」が用いられるのである。

「そのうえで」のパターンも明確である。直前の文は、「　」を伴う伝達動詞「述べました」「紹介しました」「明らかにしました」であり、文頭の「そのうえで」を挟んで、やはり「　」を伴う伝達動詞「示しました」「強調しました」「求めました」が来るというパターンである。「そのうえで」の前後で発言する人物はかならず同一人物であり、「そのうえで」のあとで「〜は」と示される場合と、省略される場合とがある。「そのうえで」は、ほぼすべてこのパターンで用いられていた。

一方、「このあと」の25例は、「そのあと」の6例よりも多く使われており、「これ」のところでみた「これまで」との対応関係を想起させる。しかし、「その後」という形が16例用いられており、これを合わせると、両者はほぼ拮抗している。

「このため」の17例も、「そのため」の3例よりも多く使われており、「これ」のところでみた「これにより」「これで」とともに、因果関係を表す一群の接続表現を構成している。

なお、出現数がさほど多くなかったが、ラジオニュースとテレビニュースとの違いという観点から「このように」という形式について言及しておきたい。

井上裕之氏の指摘（個人談話による）によれば、ラジオニュースをベースにしたNHK NEWS WEBの原稿には現れないが、テレビのニュースにするさい、インタビュー部分は当人の音声を使って、たとえば、(14a) から (14b) のように原稿を書き換えることがあるという。

(14) a　これについて、沖縄県議会の代表質問で、自民党沖縄県連の照屋守之幹事長は「政府、党本部とも、辺野古案以外に解決の道筋はないとしており、県外移設を求めることは、普天間基地の継続使用・固定化につながるという厳しい局面にある。仲井真知事には長年にわ

　　　　　たる問題の解決に道筋をつけていただきたい」と述べ、
　　　　　仲井真知事の見解をただしました。
(14)b　これについて、沖縄県議会の代表質問で、自民党沖縄
　　　　　県連の照屋守之幹事長は次のように述べました。
　　　　（録音インタビューの音声）
　　　　　照屋幹事長はこのように述べ、仲井真知事の見解を
　　　　ただしました。

　井上氏は、こうした場面で「そのように」ではなく「このように」が使われることについて以下のように考えられると言う（やはり個人談話による）。

　　　このインタビューには2つの時刻がある。1つは録音した時刻、もう1つは、放送した時刻である。コ系の指示語を使うと、後者の放送した時刻、すなわち、たったいまを指すことができ、そしてそれをアナウンサーが視聴者と共有できるので、「このように」を使うと考えられる。
　　　もし、この、後者の放送した時刻という要素が失われた場合、つまり、放送による同時性が失われ、雑誌のようにいつでもアクセスできる媒体の中で伝えられるようなことを想像した場合、「このように」の部分が「そのように」で表されても、さほど違和感がないように思われる。送り手と受け手の間には、放送した時刻が存在せず、録音した時刻しかなくなるからである。録音した時刻自体を指すのであれば、「そのように」が使えると考えられる。

　この指摘は、ニュース原稿作成の現場に関わってきた方の考えとして興味深い。もちろん、書き言葉であっても、書き手の書いている時間と、読み手の読んでいる時間にあたかもタイムラグがなく、書き手が物語る話を聞き手がその場で聞いているかのような臨場感を出すためにコ系の指示語を使うということが、レトリックとして、すなわち選択的な技法としては存在するが、ニュースの場合、アナウンサーと視聴者・聴取者とのあいだに同時性がつねに存在しているので、コ系を使うことに必然性が増すのであろう。

4.3 「こう」の出現傾向

すでにみたように、「こう」は新聞よりもニュースのほうに有意に多く出現するが、ニュースに出現する「こう」は43例とけっして多くはない。しかし、その43例の半数以上の23例（国際13、政治10）が「こうしたなか」が占めている。「こうしたなか」は新聞には1例もみられなかった。

「こうしたなか」の直前の文は、これまで「これ」「この」でもみられた、リードの直後に示された状況を描写する文である。そして、この状況のなかで起こった出来事が、文頭に置かれた「こうしたなか」を介して示される。

(15) タイの首都バンコクでは、インラック首相の退陣と首相の兄のタクシン元首相の影響力の排除を求める反政府デモが続いています。
　　<u>こうしたなか</u>30日夜、およそ1000人の学生らが参加してデモが行われていた大学の構内で、何者かが銃を相次いで発砲しました。治安当局によりますと、これまでに21歳の男性が死亡したほか、男性5人が病院で手当てを受けているということです。
　　　　　　　([NHK WEB]「タイで発砲1人死亡 デモ隊「占拠も」」12/1)

5. おわりに

以上、新聞にくらべてニュースにコ系の指示語が多いことから、ニュースが「聞き言葉」であり、話し言葉性を帯びていることを論証することを試みた。そして、新聞以上に速報性を重視するニュースにおいては、「これまで」「これから」「このあと」「ここで」に現れているように、今という時間を軸にした直示性に話し言葉らしさが現れていることが確認できた。

また、ニュースの話し言葉性は、直示性だけでなく、談話構造にも現れている。金庭・川村（1999）が指摘するように、ニュースはリードとその解説という構造をもつが、この構造自体に、耳で聞いたときに理解しやすくなる工夫がみられる。

とくに、ニュースをみていくと、接続表現の出現パターンと出現位置に一定の傾向があることもわかる。「これに対し」「これを受け」「これについて」「これに関連し」「この中」「このうち」「こうしたなか」は、リードの直後に出てくる状況を導入する文を受けて使われ、その直後にニュースの核となる内容が表示されることを予告する。視聴者・聴取者はそうした予告表現を受けて、ニュースの内容をより正確に理解できるようになる。ここに、ニュースを耳で聞いたときに順を追って頭に入る「聞き言葉」らしい工夫がみられる。

　一方、ニュースでソ系が使用される場合、情報の間接性を表すのに使われている。ニュースに頻出する「それによりますと」は、取材源への直接のアクセスがなく、間接的な伝聞であることを示しており、同様に頻出する「そのうえで」は、先行文脈にみられる発言者の発言をそのまま引用することを表している。

　取材に基づく具体的な状況をもちこむコ系と、解釈を加えない伝聞内容をもちこむソ系という対立のなかで、視聴者・聴取者は、報道内容の情報としての性格を適切に解釈するのである。

　このような観点から「聞き言葉」を分析することで、耳から入ってくるまとまった内容を、構造面や情報面から適切に理解できるメカニズムの一端が解明できたと考える。今後、こうした観点からの研究が、ほかの「聞き言葉」、たとえば講義談話の研究（佐久間2010）などとの連携のなかでさらに深まることを期待したい。

参考文献

天野祐吉（1987）『広告みたいな話』新潮社
庵功雄（1997）「「は」と「が」の選択に関わる一要因―定情報名詞句のマーカーの選択要因との相関からの考察―」『国語学』188: pp.1-11. 国語学会
庵功雄（2002）「「この」と「その」の文脈指示的用法再考」『一橋大学留学生センター紀要』5: pp.5-16. 一橋大学留学生センター
石黒圭（2012）「談話の「場」によるコ系・ソ系・ア系の指示詞の使い分け」『表現研究』96: pp.3-12. 表現学会
石黒圭・阿保きみ枝・佐川祥予・中村紗弥子・劉洋（2009）「接続表現のジャンル別出現頻度について」『一橋大学留学生センター紀要』12: pp.73-85.

一橋大学留学生センター
金庭久美子・川村よし子（1999）「TVニュース構成の特徴分析とそれを支える表現」『日本語教育』101: pp.1-10.日本語学会
金水敏（2014）「フィクションの話し言葉について―役割語を中心に―」本書所収
金水敏・田窪行則（1990）「談話管理理論からみた日本語の指示詞」『認知科学の発展』pp.85-115.講談社（日本認知科学会）
三枝令子（1998）「文脈指示の「コ」と「ソ」の使い分け」『一橋大学留学生センター紀要』1: pp.53-66.一橋大学留学生センター
佐久間まゆみ編著（2010）『講義の談話の表現と理解』くろしお出版
田窪行則・金水敏（1996）「複数の心的領域による談話管理」『認知科学』3-3. pp.59-73.日本認知科学会
俵山雄司（2006）「「こうして」の意味と用法―談話を終結させる機能に着目して―」『日本語教育論集』22: pp.49-57.国立国語研究所
俵山雄司（2007）「「このように」の意味と用法―談話をまとめる機能に着目して―」『日本語文法』7-2: pp.205-221.日本語文法学会
堤良一（1998）「文脈指示における「その／この」の言い換えについて―名詞が導入する変項に注目した一分析」『日本語・日本文化研究』8: pp.43-55.大阪外国語大学
堤良一（2002）「文脈指示における指示詞の使い分けについて」『言語研究』122: pp.45-78.日本言語学会
野元菊雄（1977）「話しことばと書きことば」『現代作文講座 第1巻 文章とは何か』明治書院
堀口和吉（1978）「指示語の表現性」『日本語・日本文化』8: pp.23-44.大阪外国語大学
劉驫（2012）「報道文と論説文における日本語の文脈指示詞について」『第九回国際日本語教育・日本研究シンポジウム』pp.648-653.香港日本語教育研究会

　　　　　　　　　　付　記

　本稿を執筆するにあたり、庵功雄氏（一橋大学国際教育センター教授）および井上裕之氏（NHK放送文化研究所上級研究員）より貴重なコメントをいただいた。いずれもいただいたコメントが多岐にわたり、執筆者自身の限界ですべてを反映できなかったことを詫びしつつ、記して感謝申しあげる。

文字の表音性

屋名池誠

1.「文字の表音性」

1.1 文字の「表音性」

　言語は（たとえ文語であろうとも）音形を外形として意味を伝えるものであり、文字は二次的な記号体系として言語と対応するものだから、文字たるもの、いわゆる表意文字、表音文字のちがいを超えて、言語の音形を表さないものはない。文字をもちいて発信者が伝えようと意図した音形を、表記面から受信者が音形化できる性質を文字の「**表音性**」と呼ぶことにする。

　ここでいう音形は、音響として具体化しない、受信者の心内語の形態として実現するにとどまるものも含むものである。また、電子媒体の「打つ文字」にあっては、発信者は略称などを使い伝えるべき音形通りに入力しないこともあり、発信者の不完全な入力に対して予測変換や誤字修正など機械のアシストを受けることも可能であるが、ここで問題にするのは発信者が最終的に受信者に伝えることを意図した音形であって、発信者がそのために何をしたかではない。

1.2 文字の「表音性」を支えるもの

　文字の「表音性」は、言語の特性、内容の特性、読者の特性など文字外の条件によっても支えられるので、音形と稠密に対応する「**稠密表記システム**」でなく、まばらに粗くしか対応しない「**希疎表記システム**」であっても、十分「表音性」を発揮できることもある。セム語族のように、語表示に子音が重要な役割を果たしている言語では子音のみを表記しても語を特定することが可能だというし、三行広告のように伝えられる内容の範囲が限定され読者にもよく知られている場合はごく粗い表記でも用は済む。候文では多くの日本語の要素が表記されないが、読み慣れた人には正確な読解が可能で

ある。今回取り上げるのは、こうした文字外の条件をのぞいた、稠密表記における文字体系・表記システム自体がもつ表音性、すなわち文字の「表音性」のうち**「文字の表音性」**についてである。

1.3　文字からの音形化の特性

　音形化といっても、文字はあくまでデジタルな離散的記号なので、音形のアナログな量のちがい（スピード、声質、ベースの音高、延ばされた音の長さのちがい、プロミネンスの高さ、音圧など）は連続量のままでは指定できない（必要なら、字の太さ・大きさ・色・字詰めなどのビジュアルな余剰的手段でしめすことになる）。

　アクセントやイントネーションは表記することができるが、日本語の汎用性表記システムでは表記されないのが普通である（この問題については、別の機会に論じる）。

　文字を学習するには言語が獲得されていることが前提となるのだから、文字を知っているほどの者はすでに言語を知っている。文字は、音を記録することが最終目的の音声記号とは異なり、音形の細部までを表す必要はなく、語が特定できる程度に表示すればすむ。その程度の表音性であっても言語が特定できていれば、受信者は細部までの音形化をおこなうことができる。

　文字は、音声では不可能な、空間制約を超えての伝達もその存在意義の一つなので、表記されるのは基本的に中央語〜共通語の音形であり、方言音や社会階層や場面による変異はしめされないのが普通である。

1.4　文字のあらわす音形のレベル

　文字があらわす音形にも、抽象度の低いものから**音声レベル、音韻レベル、形態音韻レベル**とさまざまなレベルがある。レベルが高いものほど表される音形の抽象度が高いので、音声的な実現の許容される幅が広がり、言語の音形の変異・ヴァリアントの存在の影響を受けにくく、表記面の安定がみられる。逆に言えば、強調のための引き延ばし、臨時の音変形など、音声的な細部までは指定できなくなり、形態音韻的な形態（連濁の有無、入声韻尾の促音化の有無

など）の地域的ないし個人的なユレも示すことができなくなる。

1.5　文字と言語のシンタグマティックな対応

　文字は、同じ二次元図形であっても数式や化学反応式のように、独自のシンタクスはもたない。二次元図形を言語と対応させることで、言語のシンタクスを利用して、少数要素の暗記・登録だけで汎用性を確保することを可能にした、あくまでも言語に依存した二次的な記号体系だからである。言語のシンタクスを利用する以上、文字の対応単位は独自のものではなく、既存の言語単位そのものである必要がある。

　表音文字、表意文字のちがいは、（訓漢字のように特殊な歴史的事情から、独自の「字義」をもつ場合をのぞき）文字としての質のちがいではなく、単字を単位としてみたときその対応する言語単位が、音形のみのもの（**音素文字体系・音節／モーラ文字体系**）か、音形とともに意味までもつもの（**形態素文字体系・語文字体系**）かというちがいにすぎない。このちがいは、言語が利用可能な音韻の種類が、言語が表すべき意味の種類にくらべてあまりに少ないという、マルティネのいわゆる「言語の二重分節性」にもとづくものであることはいうまでもない。意味しか表さないものは、ピクトグラムのような表意記号であって、文字ではない。

1.6　文字と言語のパラディグマティックな対応

　「文字の表音性」を考える際、もっとも重要なのは、言語と文字とのパラディグマティックな対応関係である。言語と文字はいつも1対1に対応する（「**唯一性表記**」）とはかぎらず、同じ語形に対して表記が複数対応する、1対多の対応（「**多表記性表記**」）であったり、複数の語形に一つの表記が対応する、多対1の対応（「**多読性表記**」）であったりするからである。

　多表記性表記は、表記が複数あってもそれぞれが同じ一つの語に対応するので、音形化は一意的にでき、コミュニケーション上は特段問題はない。むしろ、表記の多様性などと称揚されることさえある。

しかし、もう一方の、多読性表記は、音形が一意的に伝わらないので、文字コミュニケーションにあっては重大な病理的現象である。「文字の表音性」を確保するためには、多読性表記が存在していてはならないのである。

1.7 本稿の課題

今回は、紙数の関係から、広く各文字種についてその「表音性」をあつかうことはまたの機会にゆずり、「表音性」からもっとも遠いところにあると考えられている、いわゆる「表意文字」、その中でも、1字に複数の訓があったり、一つの訓に複数の字が対応したり、「**音漢字**」にくらべて音形との対応も一筋縄ではいかない「**訓漢字**」をとりあげて、その表音性を考えることにする。

なお訓漢字は音漢字とともに形態素文字であり、連濁の有無を書き分けないことからもわかるとおり、表記するのは、どちらも形態音韻レベルの音形である。

2. 訓漢字の多読性

2.1 漢字の多読性

漢字は1字だけ取り出すと一見、多読性表記の観を呈している。

だが、われわれは実際上、文字を1字だけ取り出して読むことなどほとんどないといってよい。普通はあらかじめその文書・文献の性格のおおよそを知ったうえで、文脈的な情報を読みとりつつ、前後の文字列も参照しながら読み進むのであって、実はそうして「語の表記」として読んでゆく際にはほとんど一意的な読みが確保されているのである。漢字の音と音の多読性に関しては屋名池（2005a）、音と訓の多読性に関しては屋名池（2009）ですでに見かけ上の問題にすぎないことを論じているのでご参照いただければ幸いである。

今回のテーマたる訓漢字の表音性を左右するのは訓と訓の多読性である。

2.2　訓漢字の多読性はなぜ生じたか

　訓漢字の多読性は、歴史的事情によって生じているものである。

　漢字はもともと中国語を表すものとして中国で生まれたが、漢字が日本に入って千数百年たつにもかかわらず当初の性格を色濃く残しており、中国語での意味が「**字義**」となって残っている。一方、漢字の訓はそれと対応する日本語の訳語だから、中国語と日本語という異なる2言語間の対応のありかたが、そのまま漢字の字義と和訓との対応のありかたとなって現れているのである。異なる言語どうしが1対1に精確に対応することなどありえないのだから、この対応のズレが、日本語の訓漢字独特の多表記性・多読性となっているのである。

2.3　訓漢字の多読性の2種

　訓漢字の訓・訓の多読性には

- 文法（形態論）的なもの
- 語彙的なもの

の2種がある。

　中国語と日本語の対応のズレに文法（形態論）的な要因によるものと語彙的な要因によるものの2種があったからである。

3.　訓漢字の文法（形態論）的な多読性

3.1　日中両語の文法（形態論）的なズレ

　中国語と日本語の文法システムのちがいから、文法要素のうち、日本語には存在しても中国語にはない有形要素は漢字では表記できない。これが訓漢字の多読性をうみだす第一の要因である。

　中国語は、格表示に語順を重用し、メジャーな補足語は語順で、マイナーなものは小辞（前置詞）の付加で表示するのに対し、日本語は一貫して小辞（助詞・後置詞）の付加を利用する。このため、日本語の格助詞のうちメジャーなものは対応する漢字表記をもたない。

　また、中国語は一切語形変化をしない言語なので、同一の動詞・

形容詞が文中での役割に応じて語形変化すること（「活用」）がないのに対し、日本語の動詞・形容詞は活用する。日本語の動詞・形容詞の活用形のちがいは漢字では表記できないのである。

　また、中国語では派生関係も語形上に現れないが、日本語では派生の際、カナシイ kanasi- → カナシム kanasim- → カナシミ kanasimi のように接辞がついて形を変えてゆく。中でも重要なちがいは、日本語では意味的に対応する自動詞と他動詞が、一部の語形を共有しながらも別語形をとる（「自他対応動詞」）のに対し、中国語では英語などと同様、対応する自動詞・他動詞が形態上は同形であって構文的なふるまいによってしか区別されない（「自他同形動詞」）という点である。日本語の自動詞「あたる」も他動詞「あてる」も漢字で書けば「当」となって区別できないのである。

3.2　文法（形態論）的多読性解消の方法

　日本語の文法において重要な役割を表している格助詞や活用語尾、派生接辞は漢字では示せないので、訓漢字だけでは日本語のための稠密で汎用的な表記システムを構成することはできない。これらをなんらかの方法によって補わなければ、訓漢字は表音性を発揮することができないのである。

　「なんらかの方法」として、表意的方法もとれないことはない（たとえば、格助詞なら 主、対 などのような漢字を新造するとか、動詞の自・他ならたとえば動詞をあらわす漢字はすべて自動詞形をあらわすものとして、その字体に一律に記号を付加し統一的に他動詞形をあらわす漢字を作るとか）。しかし、実際には、表音文字である仮名が早く発達したため、表意的な方法はほとんど試みられることもなくもっぱら表音的な方法がこれらの機能を担うことになって現在に至っている。

3.3　文法（形態論）的多読性解消の手段としての送り仮名

　表音的方法にも振り仮名などさまざまな方法がおこなわれたが現在おこなわれているのは送り仮名である。表音的に補われるべき助

詞、活用語尾、派生接辞のような文法的要素は、日本語ではそれぞれ漢字表記される名詞、活用語の語幹、派生語の語基のような語彙的要素の後に現れるのだから、訓漢字に仮名を後続させる送り仮名という方法は、訓漢字の表音性を確保するための方法として十分合理的であったといえる。

3.4　訓漢字と送り仮名の分担 1　名詞＋助詞の場合

［名詞＋助詞］というユニットにおける、両者の切れ目は明白でかつ音節／モーラ単位なので、前者は漢字、後者は仮名という分担箇所の切り替え位置については特段の問題はない。

3.5　訓漢字と送り仮名の分担 2　動詞の活用の場合

問題は、動詞・形容詞の活用形と、同品詞内ないし品詞間での派生語での送り仮名のありかたである。

まず動詞の活用からみてゆこう。

3.5.1　動詞形態の構造

日本語の動詞は形態素が意味と音形を保ったまま連なってゆくことによってできあがっている。動詞を構成する形態素（位置と機能によって「語幹」、「接辞」、「語尾」と呼び分ける）は、その意味を共有する活用形から、共通の音形を抽出することで取り出すことができる。語幹なら、同じ動詞のさまざまな活用形をならべて共通部分を取り出せばよいし、語尾なら、同じ文法的意味を共有するさまざまな動詞の活用形から共通の音形を取り出せばよい。

「当たる」（子音終わり語幹動詞・強変化動詞・五段活用動詞）・「当てる」（母音終わり語幹動詞・弱変化動詞・一段活用動詞）を例に取れば、動詞は次のように形態素に分析される。

	当たる	当てる
	atar〉a〈zuni	ate〉〈zuni
	atar〉a〈na (i)	ate〉〈na (i)
	atar〉i〈ø	ate〉〈ø
	atar〉i〈nagara	ate〉〈nagara
	atar〉i〈mas (u)	ate〉〈mas (u)
	atar〉〈u	ate〉r〈u
	atar〉〈e	ate〉r〈o
	atar〉〈eba	ate〉r〈eba
	atar〉〈oR	ate〉j〈oR

　ここで「〉」は語幹末の境界を示し、「〈」が語尾頭・接辞頭の境界を示している。「当たる」の語幹は atar〉、「当てる」の語幹はate〉である。形態素間で子音と子音、母音と母音が接することは許されないので、語幹末の子音と語尾頭の子音が並んでしまう場合は母音がその間に挿入され、母音と母音が並んでしまう場合は子音が挿入されて活用形の音形が形づくられる（形態素抽出、活用の記述の方法について詳しくは屋名池（2005b）参照）。

　日本語動詞の語幹は、atar〉のような子音終わりのタイプと ate〉のような母音終わりのタイプの2種類しかない。伝統文法とは語幹と認定される範囲がちがうので注意が必要である。特に一段活用と呼ばれている母音終わり語幹動詞は〜e〉（下一段活用）、〜i〉（上一段活用動詞）までが語幹である。母音終わり語幹動詞の語幹がeで終わるか、iで終わるかで、伝統文法は下一段活用、上一段活用と区別するが、これは単に語幹末音がeかiかのちがいにすぎないから、子音終わり語幹の動詞（五段活用）で「jom〉（読む）」の語幹末のm、「kak〉（書く）」の語幹末のkのちがいが重要でないのと同じく、そのちがいは重要なものではない。古典語や現代九州方言の「二段活用」も別なグループではなく、これらの時代語や方言では、母音終わり語幹動詞は、〜e〉（または〜i〉）のほかに〜u〉というもう一つの語幹をもっている複語幹動詞なのであって、後続の語尾や接

辞によって二つの語幹が切り替わって現れるのにすぎないのである。

なお、不規則動詞スルやクルも複数の語幹（スルはs〉とsi〉とsu〉、クルはko〉とki〉とku〉）をもち活用形によって使い分ける複語幹動詞でその切り替え方（と語幹の形（子音終わり語幹動詞の語幹で子音一つのみのものはスルのs〉のみ、母音終わりの語幹動詞が語幹で母音のoで終わるのはクルのko〉のみ）が独特という意味で不規則動詞ではあるのだが、その語幹はいずれも子音終わりか母音終わりかなので、活用形の作り方については他の動詞とまったく同じであり特異ということはない。

3.5.2　動詞活用の表記

動詞・形容詞に対して漢字を形態素文字として使う場合、語形変化しない中国語を反映する漢字には、動詞・形容詞を構成する形態素のうち、どの活用形にも現れる「語幹」を担当させることになる。

形態素でも「接辞」や「語尾」は先述の通り漢字では表せないので仮名で補うことになるが、仮名は音節／モーラ文字だから、子音終わり語幹動詞の場合、語幹末子音までを漢字、その後を仮名と担当させるわけにはゆかないということがまず問題になる。音素文字を「送りローマ字」にしたりなどせず、あくまで仮名を用いるなら、

a. 子音終わり語幹の直後の母音までを漢字表記とし、その後を仮名表記（「音便形」は音便部分まで漢字表記）
b. 子音終わり語幹末子音の一つ前の母音までを漢字表記とし、その後を仮名表記（「音便形」は音便部分から仮名表記）

のどちらかの方法をとらざるをえない。

しかし、aの方式をとると、子音終わり語幹動詞では、いわゆる終止・連体形や中止・並列形、命令形などで仮名で送られる部分がなくなってしまい、それらを読みわけることができなくなってしまうので、これはbの方法をとらざるをえない。

母音終わり語幹動詞の語幹は母音で終わっているので、子音終わり語幹の場合のa・bのような工夫は必要なく、語幹をそのまま漢字に担当させることができるが、いわゆる中止形・並列形などでは語尾が無形なので、これも仮名で書かれる部分がなくなってしまう。

これらについても
　①「無標の送り仮名」、すなわち送り仮名なしの表記を認める
　②すべての活用形に送り仮名を送る
という二つの立場が考えられる。
　①②いずれを採るかを考えるには、送り仮名には、訓読の音形を一意的に指定するという機能のほかに、重要な役割があることを考慮しておかなければならない。それは、その漢字が音読でなく、訓読されるべきものであることを示すことである（屋名池（2009）参照）。
　そのためには、動詞・形容詞は接辞や助詞、助動詞がつかない単独使用の場合であっても、すべての活用形に送り仮名が付されていなければならない（語幹が一音節の母音終わり語幹動詞の連用形（「見」「寝」など）は送るべき音節がないので漢字だけになるのはやむをえないが、幸い、1字漢語はほとんどないので、音読とまぎれることはない）。ゆえに、①の方法は不適切なのである。
　②の方法をとった場合、母音終わり語幹動詞の場合、語幹すべてを漢字表記するのではなく、語幹末の1拍から送り仮名に担当させることになるが、ここはたまたま伝統文法が単位認定をあやまって一段活用の活用語尾として取り扱っている部分である。②の方法をとるといっても、表面的には現行通りを続けていればよいことになる。
　bと②をあわせると「語幹末1拍分を送る（1拍分に足りないものは後続の母音を補って1拍分として）」ということになる。

3.6　訓漢字と送り仮名の分担3
対応する自・他動詞の場合

　次に自動詞・他動詞の派生語を考えよう。自・他を表し分けるには、漢字が担当する範囲を、自動詞・他動詞に共通する部分、すなわち派生元となる「語根」に限ればよい。漢字を形態素文字ではなく、形態素より小さな語根を表す「語根文字」として用いるのである。
　ただ、歴史言語学的に再構される厳密な意味での語根は専門家でも取り出しやすいものではないし、送り仮名は音節単位の仮名なの

だから子音終わりの語根であったら表記しようがない。そこで、漢字を語根文字として使用する場合は、表面的に共通する音形部分を音節単位で切り出して「語根あつかい」することにとどめざるをえない。

3.6.1　語根文字としての漢字使用

「当たる」「当てる」を例に以上の形態素文字方式・語根文字方式で送り仮名がどうなるかみてみよう。a・b・①・②は3.5.2節での説明に対応している。

	形態素文字a①	形態素文字a②	形態素文字b① 形態素文字b②	語根文字
atar⟩⟨u	当	当る	当る	当たる
atar⟩⟨e	当	当れ	当れ	当たれ
atar⟩i⟨∅	当	当り	当り	当たり
atar⟩⟨eba	当ば	当ば	当れば	当たれば
atar⟩⟨oR	当う	当う	当ろう	当たろう
atar⟩a⟨zuni	当ずに	当ずに	当らずに	当たらずに
atar⟩a⟨na-i	当ない	当ない	当らない	当たらない
atar⟩i⟨nagara	当ながら	当ながら	当りながら	当たりながら
atar⟩i⟨mas・u	当ます	当ます	当ります	当たります

	形態素文字①	形態素文字② 語根文字
ate⟩r⟨u	当る	当てる
ate⟩r⟨o	当ろ	当てろ
ate⟩⟨∅	当	当て
ate⟩r⟨eba	当れば	当てれば
ate⟩j⟨oR	当よう	当てよう
ate⟩⟨zuni	当ずに	当てずに
ate⟩⟨na-i	当ない	当てない
ate⟩⟨nagara	当ながら	当てながら
ate⟩⟨mas・u	当ます	当てます

文字の表音性

活用形すべてを区別でき、派生関係も書き分けられるという点では語根文字方式（現行の公定方式）が一見してもっとも優れていることがみて取れよう。

3.6.2　形態素文字としての漢字使用

動詞の自他を読み分けるには語根文字方式に拠るしかないのかというと、実はそんなことはない。たとえば、自動詞「刺さる」は、対応する他動詞「刺す」には「る」で終わる活用形はないので、「刺る」と書いても紛れる相手がない。ササルには同音異義語もないので、これをあえて語根文字方式で「刺さる」と書く必要はなく、形態素文字方式で「刺る」と書いてすますこともできるのである。

実は内田（1935）の提案をうけて1973年の内閣告示・訓令「送り仮名の付け方」として語根文字方式が公定の規範となるまでは形態素文字方式が広く用いられていたのであった。

漢字を語根文字としなければ動詞の自他を完全に読み分けることはできないのか、形態素文字方式（上記 b ②の方式）では不十分なのかを、すべての自他対応のタイプ（「自動詞：他動詞」として示す）について検証してみよう。例語の送り仮名で（　）の部分があれば語根文字方式、ないのが形態素文字方式である。

　　　】：語根文字末　　　　　　　　C：子音
　　　》：形態素文字末　　　　　　　V：母音
　　　〉：語幹末　　　　　　　　　　（　）：】と》の間の音形

I.　語根文字方式でも形態素文字方式でも送り仮名が同じになるタイプ（】と》の位置が一致しているため）

〜C_1V】》C_2〉：〜C_1V】》C_2e〉

　　〜C_1V】》C_2〉：〜C_1V】》C_2e〉　　　　tat〉立つ：tate〉立てる

〜C_1V】》C_2e〉：〜C_1V】》C_2〉

　　〜C_1V】》C_2e〉：〜C_1V】》C_2〉　　　　tore〉取れる：tor〉取る

〜C_1V】》r〉　〜C_1V】》s〉

　　〜C_1V】》r〉：〜C_1V】》s〉　　　　　　　watar〉渡る：watas〉渡す

〜C_1V】》r〉　〜C_1V】》se〉

　　〜C_1V】》r〉：〜C_1V】》se〉　　　　　　nor〉乗る：nose〉乗せる

～C_1V】》re〉 ～C_1V】》s〉

　　～C_1V】》re〉：～C_1V】》s〉　　koware〉壊れる：kowas〉壊す

II. 語根文字方式と形態素文字方式では送り仮名が異なるタイプ
　　（】と》の位置がずれているため）

～C_1V】C_2V》r〉：～C_1V】》C_2〉

　　～C_1V】C_2o》r〉：～C_1V】》C_2〉

　　　　　　　　　　　　　　　　　　tumor〉積（も）る：tum〉積む

　　～C_1V】C_2a》r〉：～C_1V】》C_2〉　　sasar〉刺（さ）る：sas〉刺す

～C_1V】C_2V》r〉：～C_1V】》C_2V〉

　　～C_1V】C_2o》r〉：～C_1V】》C_2e〉

　　　　　　　　　　　　　　　　　　komor〉籠（も）る：kome〉籠める

　　～C_1V】C_2a》r〉：～C_1V】》C_2e〉

　　　　　　　　　　　　　　　　　　atar〉当（た）る：ate〉当てる

～C_1V】C_2V》re〉：～C_1V】》C_2〉

　　～C_1V】C_2a》re〉：～C_1V】》C_2〉

　　　　　　　　　　　　　　　　　　umare〉生（ま）れる：um〉生む

～C_1V】C_2V》re〉：～C_1V】》C_2V〉

　　～C_1V】C_2a》re〉：～C_1V】》C_2e〉

　　　　　　　　　　　　　　　　　　wakare〉分（か）れる：wake〉分ける

～C_1V】》C_2〉：～C_1V】C_2V》s〉

　　～C_1V】》C_2〉：～C_1V】C_2o》s〉

　　　　　　　　　　　　　　　　　　horob〉滅ぶ：horobos〉滅（ぼ）す

　　～C_1V】》C_2〉：～C_1V】C_2a》s〉　　tob〉飛ぶ：tobas〉飛（ば）す

～C_1V】》C_2V〉：～C_1V】C_2V》s〉

　　～C_1V】》C_2i〉：～C_1V】C_2u》s〉

　　　　　　　　　　　　　　　　　　tuki〉尽きる：tukus〉尽（く）す

　　～C_1V】》C_2i〉：～C_1V】C_2o》s〉　　oti〉落ちる：otos〉落（と）す

　　～C_1V】》C_2i〉：～C_1V】C_2a》s〉　　iki〉生きる：ikas〉生（か）す

　　～C_1V】》C_2e〉：～C_11V】C_2a》s〉

　　　　　　　　　　　　　　　　　　koge〉焦げる：kogas〉焦（が）す

　Ⅰは形態素文字方式をとっても、語根文字方式とおなじ送り仮名になるのだから、当然自他読み分けは十分できる。

文字の表音性　　149

Ⅱでも、弱変化で語幹末1拍を送ること（先述の②の方式）を徹底しさえすれば、語根文字方式（リストの語例の仮名表記で（　）内を省かない方）をとらなくても、形態素文字方式（（　）内を省いた方）で十分、自他を読み分けられることがわかる。

　念のため、基本形以外の他の活用形でも以下の（　）部分がなくても読み分けができることをⅡのうち、特に紛らわしい形をとるものについて確認しておこう。

		対応する動詞
〜CV】(Co)》r〉	籠（も）る	籠める
	籠（も）れば	籠めれば
	籠（も）られる	籠められる
〜CV】(Ca)》r〉	当（た）る	当てる
	当（た）れば	当てれば
	当（た）られる	当てられる
〜CV】(Ca)》re〉	分（か）れる	分ける
	分（か）れれば	分ければ
	分（か）れられる	分けられる
〜CV】(Cu)》s〉	尽（く）す	（尽きる）
	尽（く）させる	尽きさせる
〜CV】(Ca)》s〉	生（か）す	（生きる）
	生（か）させる	生きさせる

3.6.3　語根文字・形態素文字の優劣

　語根文字方式は現行の公定方式（内閣告示・訓令「送り仮名の付け方」（1973・1981））であるが、送り仮名を送るには対応する自動詞・他動詞を想起する必要があり、これは実際の運用上かなりむずかしい。一方、同じ動詞を活用させてみることはそれにくらべればずっと容易である。形態素文字方式では活用だけを考えて送り仮名を付ければよく、それでいて語根文字方式同様、派生語もきちんと読み分けできるのだから、形態素文字方式の方が、ルールとしてより運用しやすい方式であるといえる。

　そもそも「語根」というものは、歴史的に抽出されるものであり、

共時的に生きている有意味単位ではないのだから、この語根文字方式をとると、漢字が共時的には意味がない音列と対応することになり（先の例でいえば「当」＝「あ」）、表音文字であるかのように捉えられてしまうことが起きうる（すでに現在、小学校の国語教育において問題視されつつある）。

　また、漢字の利点は
 i)   １字で形態素という大きな単位をカバーすることが可能
 ii) 同音異義語を区別することが可能
 iii) 概念語しか表記できないので、漢字だけを拾ってゆけばキーワードを抜き出しての斜め読みが効率的にできる

というところにあるのに、語根文字方式では、漢字の担当する音列があまりに短くなってしまうので、i) のメリットを生かせず、まして ii) の同音異義語もいつもあるわけでもないので、語根文字方式は、ほとんど iii) と派生語を読み分けられることだけがメリットということになり、なぜあえて漢字を使うのかが問われざるえない。

3.7　訓漢字と送り仮名の分担4　形容詞の活用の場合

　次に形容詞の活用について考えよう。現代共通語では、形容詞の活用にク活用・シク活用の区別はないので、いわゆるシク活用形容詞も〜si- までを語幹として漢字に担当させるのが自然である。文語とは連絡を失うことになるが、文法形態自体が変化しているのに、表記面だけ旧態を保っておこうというのは現代表記の諸原則と齟齬がある。文字は時空を超えての伝達も存在意義だが、過去との連続性ばかりを考えるのでなく、将来への連続性を考え将来の人々にとって使い勝手のよいものにしておくことも重要なことである。

　形容詞の語幹は母音終わりのものしかないので、動詞のように、漢字に形態素文字としてどこまで担当させるかの問題は起きない。

3.8　訓漢字と送り仮名の分担5
　　　動詞からの転成名詞の場合

　動詞からの転成名詞を、動詞と同様の語幹部分までの漢字表記と

するか、名詞として送り仮名は付けないようにするか、両者を名詞として確立しているか否かで切り替えるならその確率の度合いをどう測るのか、人により場合によりまちまちで表記面が安定しないことが問題にされるのであるが、これは唯一性表記でなければならないという強迫観念（正書法）が生みだした、無益な議論である。まだ名詞として確立していないと考えるなら動詞と同じ送り仮名を付し、もう確立していると考えるなら付けなければよい。人により、場合によりゆれて多表記性になっていても読解に支障を生じることはないし、情報処理でもあいまい検索で対処すればよいことである。

3.9 訓漢字と送り仮名の分担6
前部が活用語の複合語の場合

前要素が活用語の複合語は、前部要素の表記をどうするかが問題になる。

複合語の前部要素は、単純語や複合語の後部要素と異なり、動詞ではいわゆる連用形、形容詞では語幹の形にしかならないので、活用のちがいを示す必要はない。動詞の自他など派生関係が示せることだけが重要である。しかし、表記に当たって派生関係を想起するのはむずかしい。前述の通り、動詞の場合は活用によって送り仮名を付ければ、派生の表示も同時にできてしまうので、この場合も活用だけ考えて送ればすむ。

複合語や慣用句の一部として語形が固定しており他の派生形があらわれないことがよく知られていれば、送り仮名は不要である。送り仮名必要・不要の判断が人によりゆれても、多表記性表記を容認する立場に立てば問題にならない。

4. 訓漢字の語彙的な多読性

4.1 訓漢字の語彙的多読性の由来

中国語でもともと別音形の別語であったものや、中国語には本来ない意味が日本語で漢字と結びつけられたもの（いわゆる「国訓」。字義の拡張・転移、訓の和語の（字義と対応しない部分での）類義語、

訓の和語の同音異義語など）、日本語の側で時代によって語形が変化したり、語が入れ替わったに過ぎないものなどもあるにはあるが、ほとんどが和語と中国語の語彙体系の対応のズレによって漢字1字に対応することになった和語の類義語の組である。

4.2　日中両語の語彙的な対応のズレ

　一般に、ことなる二つの言語の語彙体系は正確に1対1対応などしない。中国語の語彙体系を反映した訓漢字の「字義」と訓となる日本語（和語）の語彙体系における語義とは必ずしも1対1対応しない。訓漢字が1対多の多読性や多対1の多表記性の表記になるのは原理的に避けられないことなのである。

　このタイプの多読性は、もともと同じ漢字に対応する以上、どちらの訓をとっても類義なので、「表意性」はほぼ達成されているのだが、「表音性」の観点からすれば類義語といえども書き分けられなければならない。

4.3　語彙的多読性解消の方法

　漢字を大量に新造するなどして、すべての和語に訓漢字を宛てられるようにしておけば、多読性は生じることがなかった。歴史的には、足りない部分を、漢字の新造（国字）・当て字・熟字組立てなどの方法によって埋めようとしたこともあるが、結局、表意的な方法は不徹底に終わった。

　表音的方法としては、表音表記を文字列の主表記線上にシンタグマティックに示す方法として「語頭捨て仮名」や送り仮名、副表記線上にパラディグマティックに示す方法として振り仮名があるが、現行の公定表記法（内閣告示・訓令「送り仮名の付け方」（1973・1981））は振り仮名を極力排し、語頭捨て仮名という方法を捨てて顧ず、送り仮名を唯一の方法としている。しかし、語彙的な多読性の場合、文法的なズレとは異なり、相違部分が後方に偏るわけではないので、原理的にみて、送り仮名のみでは解消できるものではない。

　その上、このタイプの多読性は、文法的なルールとは無関係で、

読み分けは個々に語彙的に登録してゆかなければならないのに、これらをあつかう送り仮名も、文法的要因による多読性の処理と同列にあつかい文法的に分類して示してゆくという現在広く行われている送り仮名法の提示方法にも大きな無理がある。語彙的な多読性を解消するための送り仮名が、文法的なルールの「例外」としてあつかわれることで、送り仮名法を複雑なものにしてしまっているからである。

そもそも日中両語の語彙体系の対応のズレから生じている訓漢字の語彙的多読性を解消するためには、表音的方法は畢竟、対症療法にとどまり、根治療法にはなりえないのである。

4.4　送り仮名を伴う音漢字との多読性

音漢字は中国語由来の漢語と対応するので送り仮名を必要としないが、送り仮名を伴う音漢字も少数ながらある。

原語で動詞であった漢語や外来語は、日本語には無活用動詞として受け入れられ、不規則動詞スルをつけて2語1セットで動詞相当とされるのが原則であるが、漢語部分が漢字1字で書かれる、短い漢語動詞に限りスルと熟合して1語の動詞となる。入声韻尾が促音化するもの「察する」などは、スル部分の分節音形は不規則動詞のまま、アクセントだけ全体が1語化するのだが、その他は規則動詞と同じ語幹の形に改造される。漢語部分の末尾が鼻音韻尾であるため「スル」部分が濁音化するものは、(子音終わり語幹の規則動詞にはzで終わるものがないので) 母音終わり語幹動詞化して〜ジル(〜zi⟩) の形となり(「信じる、論じる」など)、その他は、(母音終わり語幹の規則動詞には語幹末がsiとなるものがないので) 子音終わり語幹動詞化して〜ス(〜s⟩) の形になって(「課す、愛す」など) 活用をあらわすため送り仮名を伴う。このため、1字音単位の漢語動詞と、〜zi⟩、〜s⟩の形の和語動詞とは表記面では見分けがつかないものになり、訓・訓同様読み分けが問題になるのである。

4.5　訓漢字の同表記異語　リスト

では、実際に、送り仮名という方法では多読性を解消できないもの、すなわち、送り仮名も含めて同表記になってしまう語はどれく

らいあるのだろうか。

4.5.1 現行の「送り仮名の付け方」によると同表記となってしまう語

規範ではなく実態を知るべく、『現代雑誌九十種の用語用字　第二分冊　漢字表』（以下『九十種』と略称）によって調べてみよう。この調査は1956年発行の雑誌90誌における延べ28万字に及ぶ漢字使用を網羅的に調査したもので、詳しい用法別の使用度数統計をもつ漢字表である。半世紀以上前のものだが、当用漢字音訓表（1948年内閣告示・訓令の初版）の全面的統制下にはまだない、比較的自由な漢字使用という点で、常用漢字表が目安とされている現在に通じるものといえる。

　　以下のリストでは、現在では一般的でないと考えられる訓（洋裁用語・洋式度量衡としての外来語の訓、俗語・方言など）は除いた。また、他品詞にわたるものや接頭辞として使用されるもの、形態音韻論的交替（数詞の交替形、露出形／被覆形の交替、その他）は文脈が与えられれば容易に読み分けられるのでこれらも除いた。
　　活用語は同じタイプの語幹をもつものと、タイプは異なるが一方が語幹単音節のため終止・連体形、仮定形、受身形で送り仮名が同じになってしまうものの組（●）のみをあげた。
　　分類や《　》内の注記については4.6節で説明する。複数の分類に重複して入れたものもある。

数字：　『現代雑誌九十種の用語用字Ⅱ漢字表』にあげられた用例数。形容詞の場合は、当該書の集計方針により派生した動詞なども用例数に含む。
　　　　音読の語については8例以下のものは実数があげられていない。
[　]：　常用漢字表（2010年内閣告示・訓令の改定版。以下も同じ）にも当用漢字音訓表（1948年内閣告示・訓令。1973年改定以前の初版。以下も同じ）にもない文字・訓。

《 》： 当用漢字音訓表にはあったが、常用漢字表にはない訓。

{ }： 常用漢字表にはあるが、当用漢字音訓表にはなかった文字・訓。

【 】： 使用傾向からみて将来淘汰されると考えられる訓（[ ]と【 】は重なるものがほとんどなので、[ ]があれば【 】は付さない）。

《 》： 見て取れる使用傾向。

→： 当該分類以外の分類（分類番号で表示）を参照すべきもの。

A. 見かけ上の多読性 「語の表記」として読み分けが可能なもの
A.a.1. 語自体が廃用

　匁（《もんめ 30》／［め 2］）《特殊な用途のぞき度量衡単位として今後使用することなし》

A.a.2. 訓の一つは現在の字義と不対応でその漢字は使われないもの

　[動詞] ［刳（くる 8《→B.b.2.1.》／えぐる 1《この意では「抉る」「剔る」が普通》）　注（そそぐ 10／［つぐ 1《液体注入》（→A.b.1.) 以外の意の「つぐ」は字義からズレ》］）　潜（{もぐる 3}／［くぐる 2《音読漢字の字義からズレ》］）

A.b.1. 訓どうし用いられるスタイルがちがうもの

　[名詞] 家（いえ 209／や 22《→A.b.3.2.》／［うち 19《俗語的表現》］）　面『単純語の場合』（【おも 73《→A.b.3.2.》】／つら 11《俗語的かつ漢語と紛れるので仮名書き》／【{おもて 3《文語的表現》}】）　潮（しお 14／［うしお 4《文語的表現》］）　柄（がら 57／［つか 3《専門用語》］／え 2／［から 1《古語的表現か当て字》］）　側（かわ 207／［そば 2《俗語的表現》］）　獣（けもの 1／［けだもの 1《俗語的表現》］）　米（こめ 24／［よね 0《文語的表現》］）　標（しるし 13《→B.b.1.1.》］／［しるべ 2《文語的表現》］）　種（たね 23／［くさ 1《文語的表現》］）　束（たば 13／［つか 1《古語・専門用語》］）　齢（［とし 4《→B.b.1.1.》］／［よわい 1《文語的表現》］）　婆（［ばあ 9《俗語的表現》］／［ばば 5《俗語的表現》］）　東（ひがし 27／［あずま 3《古語的表現》］）　暇（ひま 14／［いとま 1《文語的表現》］）　蓋（{ふた 25}／［かさ 1《古語的表現。意味もズレ》］）　店（みせ 96／［たな 1《古語的・方言的表現》］）　奴（［やつ 41《俗語的表現。『九十種』では仮名書き 17例》］／［やっこ 4《古語。また→A.b.2.》］）

　[動詞] 表（あらわす 9／【ヒョウす（8以下）《文語的表現》】）　居（いる 97／［おる 29《文語的・方言的表現》］）　● 埋（［うずまる 3《俗語的表現。

「うまる」で代用可》］／うまる1）（［うずめる7《俗語的表現。「うめる」で代用可》］／うめる4）　脅（【おびやかす1《文語的表現》】／｛おどす0｝）　帰（かえす5／【キす（8以下）《文語的表現。また→A.b.2.》】）　来（くる832／【｛きたる10《文語的表現》｝】）　●　注（そそぐ10／［つぐ1《「液体注入」の意では俗語的表現。「そそぐ」で代用可。その他の意の「つぐ」（→A.a.2.）》］）　抱（だく50／｛いだく15《文語的表現》｝）　出（だす663／［いだす11《文語的表現》］）　保（たもつ18／［もつ6《俗語的表現。仮名書き例多し。『九十種』で197例》］）　入《単純語の場合》（｛はいる245｝／【いる140《文語的表現》】）　滅（ほろぼす2／【メッす0《文語的表現》】）　混（まじる1／【コンじる（8以下）《文語的表現》】）　瞬（｛またたく2｝／［まばたく1《俗語的表現。「またたく」の方が意味が広いので代用可》］）　守（まもる41／［もる7《古語的表現》］）　宿（｛やどす0｝／【シュクす0《文語的表現。また→A.b.2.》】）　汚（｛よごす2｝／【けがす0《文語的表現》】）（｛よごれる12｝／【けがれる1《文語的表現》】）

形容詞　尊（｛とうとい2｝／【たっとい0《文語的表現》】）

A.b.2. 訓どうし意味が異なるもの

名詞　頭《単純語の場合》（あたま131／｛かしら18｝）　角（｛かど13｝／つの0）　柄（がら57／え2）　首〚単純語の場合〛（くび54／［こうべ1《また→B.b.2.3.》］）　代（｛しろ82｝／【よ3「神代」】）　空（そら58／｛から18｝）　床（とこ38／ゆか13）　紅（べに11／くれない3）　間（ま259／あいだ189）　奴（［やつ41《また→A.b.1.》］／［やっこ4《→A.b.1.》］）

動詞　帰（かえす5《他動詞》／【キす（8以下）《自動詞。また→A.b.1.》】）　堪（《たえる6《→B.b.1.1.》》／［こらえる4《九十種』では仮名書き1例》］）　｛呪（のろう5／［まじなう0《九十種』での仮名書き例数不明》］）｝　弾（｛ひく10｝／［はじく1］）　降（ふる29／［くだる1《また→B.b.1.1.》］）　［呆（ぼける1／とぼける1）］　認（みとめる69／［したためる1］）　宿（｛やどす0《他動詞》｝／【シュクす0《自動詞。また→A.b.1.》】）

形容詞　甘（あまい22／［うまい0《→B.b.2.1. も》］）　辛（［つらい11《→B.b.2.1. も》］／からい2）

A.b.3.1. 訓どうし語での出現位置が異なるもの

名詞　粉（【こ35《「～粉」》】／こな12）　平（たいら12／【ひら12《「平～」》】）

A.b.3.2. 訓ごとに語彙的な使い分けがあるもの

名詞　頭〚複合語の場合〛（あたま131／【｛かしら18《「目頭」「尾頭付き」「前頭」「座頭（音読と誤読の可能性あり）」「獅子頭」「出世頭」「旗頭」「頭文字」。「出会いがしら」「やつがしら」は仮名書き》｝】）　家（いえ209／

文字の表音性　157

【や22《「家賃」「家主」「空き家」「古家」「我が家」「貸家」「借家」「一軒家」「田舎家」「大家（漢語と誤読のおそれあり）》】）　上（うえ336／【かみ25《「上半期」「上期」「上手（「うわて」と誤読の可能性あり）」「上座」「上方」「お上」「上の句」「上屋敷」「川上」「風上」「股上」》】）　{餌（えさ7／【え4《「餌食」「まき餌」「すり餌」》】)}　音『「（楽器）の音」以外』（おと72／【ね12《「虫の音」「音色」「声音」「初音」》】）　面『複合語の場合』（｛おも73《「面影」「面長」「面持ち」「面変わり」「面舵」。「おもしろい」「おもはゆい」は仮名書き》／つら11《「面当て」「面構え」「面魂」「面の皮」「面汚し」「上（っ）面」「外面」「泣き（っ）面」「ふくれ（っ）面」「しかめ（っ）面」「横（っ）面」「仏頂面」「馬面」「馬鹿面」（「ほえ（吠え）づら」「鼻っつら（鼻づら）」は語源意識がなくなっているので仮名書き）》／｛おもて3《→A.b.1.》】）　形（かたち110／【かた26《「形見」「手形」「花形」「跡形」「女形」。その他の「〜かた」は、形態の意なら「形」（「菱形」「歯形」など）、タイプ・パターンの意なら「型」と使い分け》】）　彼（かれ497／【か（の）1《「彼女」》】）　生（｛き37《「生そば」「生糸」「生地」「生娘」「生粋」「生一本」》／なま20)　首『複合語の場合』（くび54／［こうべ1《複合語なし（「しゃれこうべ」は語源意識なし）》］）　幸（さいわ-い10／｛しあわ-せ2｝／｛さち1《「山の幸」「海の幸」「幸多かれ」》】）　魚『複合語場合の一部』（｛さかな21《「魚屋」「青魚」「小魚」「煮魚」「焼き魚」》｝／うお15《「魚市場」「魚河岸」「魚の目」「白魚」「飛び魚」「山椒魚」「太刀魚」「出世魚」》）　下（した263／【しも15《「下半期」「下期」「下手（「したで」「へた」と誤読の可能性あり）」「下座（音読と誤読の可能性あり）」「下がる」「下ネタ」「下々（音読と誤読の可能性あり）」「下の句」「下屋敷」「川下」「風下」「下肥」》／【もと12《→B.b.1.1.》】）　背（せ93／【せい4《「背比べ」「上背」》】)　乳（ちち6／【ち6《「乳房（音読と誤読の可能性あり）」「乳首」「乳飲み子」「乳兄弟」》】）　羽（｛は50《「羽根突き」「羽織・羽織る」「羽衣」「羽二重」「羽目（板）」「羽子板」「羽交い締め」「羽振り」「羽づくろい」「羽蟻」「羽虫」「羽音」「羽風」「白羽の矢」》／はね6）　端（はし41／｛は6《「端数」「端役」「下っ端」「半端」「端唄」「端株」「軒端」》｝／｛はた4《「道端」「井戸端」「川端」「堀端」。単純語と「はた迷惑」は仮名書き》}）　雌（めす5／【め4《「雌しべ」「雌花」「雌株」「雌牛」「雌馬」「雌狐」「雌ねじ」「雌型」「雌鹿」「雌蝶」》】）　夜『複合語の場合』（よる95《「夜型」「夜昼」「夜夜中」「夜を昼になす」》】／よ70）　動詞　開『複合語の場合』（ひらく119／【あく5《「前開き」》】）　入『複合語の場合』（｛はいる245《「入り込む」》}／いる140)

B. 真の多読性1　多読性解消の傾向がみられるもの
B.a. 訓の一つは他の語に言い換えられつつあるもの
　　名詞［仇（あだ6《「仇討ち」は「敵討ち」で言い換え》／かたき5《→B.b.1.1.》］
　　動詞　退（しりぞく3／［ひく2《→B.b.1.1.》］／［のく1《やや希用の語。

「しりぞく」「どく」で代用可》])

B.b.1.1. 訓の一つは他の漢字1字の表記になりつつあるもの

名詞 [仇（あだ 6《→B.a.》／かたき 5《「敵」5の担当に》）] 女（おんな 372／【め 4《「女雛」「女々しい」。それ以外「雌」4の担当に》】） 衣（ころも 8／［ぎ 7《「着」24の担当に》］／［きぬ 1］） 路（じ 15／［みち 2《「道」131の担当に》]) 下（した 263／［しも 15《→A.b.3.2.》］／【もと 12《「元」67の担当に》】） 標［(しるし 13《「印」18の担当に》］／［しるべ 2《→A.b.1.》］) 外（そと 82／【ほか 27《「他」63の担当に》】） 掌（[てのひら 6《→B.b.2.1.》］／［て 6《「手」1029の担当に》]) 齢（[とし 4《「年」187の担当に》］／［よわい 1《→A.b.1.》］) 中（なか 555／［うち 17《「内」59の担当に》]) 鶏（にわとり 8／［とり 3《「鳥」30の担当に》]) 値（ね 88／［あたい 6《「価」1の担当に》]) 端（はし 41／【は 6《→A.b.3.2.》／［はた 4《→A.b.3.2.》]}／［はずれ 1《外》（動詞として 4) の担当に》]) 灯（ひ 12／［ともしび 5《→B.b.1.2.》］／［あかり 1《「明」4の担当に》]) 径（[みち 1《「道」131の担当に》］／［こみち 1《→B.b.1.2.》]) 嶺（みね 2《「峰」7の担当に》／ね 1《「おね」は「尾根」と表記。「たかね」は古語的表現》]）

動詞 獲（える 6／[とる 1《「取」313・「捕」5・「採」9の担当に》]) ● 描（【{かく 51《「書」218の担当に》}／えがく 48) 極（{きわめる 11》／[きめる 3《「決」20の担当に》]）（{きわまる 2》／[きまる 2《「決」25の担当に》]) 栄（さかえる 5／【{はえる 1《「映」4の担当に》}】） 退（しりぞく 3／[ひく 2《「引」338の担当に》]／[のく 1《→B.a.》]) 反（{そる 3}／[かえる 1《「返」33の担当に》]) 堪［[たえる 6《「耐」23の担当に》]／[こらえる 4]) 初（[はじめる 4《「始」91の担当に》]／{そめる 2}) 降（ふる 29／［くだる 1《「下」19の担当に。また→A.b.2.》]) 巡（[まわる 3《「回」47の担当に》]／めぐる 2)

B.b.1.2. 訓の一つは漢字を用いた分析的な表記になりつつあるもの

名詞 掌（[てのひら 6《「手のひら」と分析的に表記》］／［て 6《→B.b.1.1.》]) 灯（ひ 12／［ともしび 5《「ともし灯」と分析的に表記》］／［あかり 1《→B.b.1.1.》]) 径（[みち 1《→B.b.1.1.》］／［こみち 1《「小道」と分析的に表記》]) 夕（ゆう 69／［ゆうべ 7《「夕べ」と表記》]）

B.b.2.1. 訓の一つは仮名書き表記が普通になりつつあるもの

名詞 後（あと 57《仮名書き例多し。『九十種』で 141》／のち 49《仮名書き例 18》)

動詞 [刳（くる 8《『九十種』では仮名書き 68》／えぐる 1《→A.a.2.》]) 保（たもつ 18／［もつ 6《俗語的表現。仮名書き例多し。『九十種』で 197》]) 止（とまる 34／［とどまる 8]）(とめる 38／[やめる 12《仮名書

き例多し。『九十種』で45》］／［とどめる4］）

[形容詞] 甘（あまい22／［うまい0《仮名書き例多し。『九十種』で60。→A.b.2.も》］）　辛（［つらい11《仮名書き例比較的多し。『九十種』で7。→A.b.2.も》］／からい2）　難（かたい31／［にくい5《仮名書き例多し。『九十種』で31》］）　拙（［まずい2《仮名書き例多し。『九十種』で10》］／［つたない1《仮名書き例『九十種』で1》］）

B.b.2.2. 品詞性によって原則仮名書きになりつつあるもの

[代名詞] ［其（そ16《仮名書き例多し。『九十種』で2012例》／それ0）］
[名詞接尾辞] ［宛（あて9《仮名書き例多し。『九十種』で32例》／ずつ1）］　等（［ら64］／［など0］）
[副詞] 未（［まだ5《仮名書き例多し。『九十種』で165例》／いまだ4《仮名書き例多し。『九十種』で14例》］）　自（みずから28《仮名書き例『九十種』で5例》／［おのずから6《仮名書き例『九十種』にあり》］）　正（ただしい43／［まさしく10《仮名書き例『九十種』にあり》］）

B.b.2.3. 訓の一つは使用頻度が低いもの

[名詞] 首〘単純語の場合〙（くび54／［こうべ1《また→A.b.2.》］）　主（ぬし48／あるじ2《複合語少ない。『九十種』では仮名書きも1例》）　縁（ふち26／［へり1『九十種』では仮名書きも1例》］）　柳（やなぎ2／［やぎ1「青柳」のみ］）
[動詞] 空（{あく12}／【すく1『九十種』で仮名書き1例》】）　戯（たわむれる2／［ざれる1《現代語で希用》］）　止（とまる34《『九十種』では仮名書き28例》／［とどまる8『九十種』では仮名書き13例》］）（とめる38《『九十種』では仮名書き22例》／［やめる12《仮名書き例多し。『九十種』で45例》］／［とどめる4《『九十種』では仮名書き1例》］）　認（みとめる69／［したためる1『九十種』には仮名書き例もなし。また→A.b.2.》］）

C. 真の多読性2　「語の表記」として見ても読み分けが困難なもの
C.1. 類義語で読み分けがむずかしいもの

[名詞] 魚〘使い分けのある以外の複合語と単純語の場合〙（{さかな21}／うお15）　私〘代名詞の場合〙（わたくし1041〘名詞用法はこちらのみ〙／{わたし9}）

C.2. 同義語で使い分け自体があいまいなもの

[名詞] 音〘単純語で「（楽器）の音」の場合〙（おと72／{ね12}）　夜（よる95／よ70）
[動詞] 開〘単純語で自動詞の場合〙（ひらく119〘他動詞用法はこちらのみ〙／{あく5}）

4.5.2　送り仮名の過重負担を解くと同表記異語となる語

語彙的要因によって生じたズレによる多読性解消のための手段としては、送り仮名は決して最適のものとはいえない。

表音性とはまったく関係がないので本稿のあつかう範囲外だが、ひらがなと非ひらがな（漢字・カタカナ）との字種切りかえ箇所に分かち書きや句読点相当の分節表示機能を担わせるため副詞・接続詞などの末尾1拍を送り仮名とするという表記法まであって、送り仮名はまるで万能選手扱いされ、次元の異なる複数の機能を託されて過重負担になっている。送り仮名には適任である活用・派生表示のみを（それも合理的なかたちで）ゆだね、次のi）～iii）のように他の畑ちがいの役目から解放したら何か不都合が生じるのだろうか。

i ）　現行の送り仮名のうち、「例外」として語彙的に指定されている特殊なもの（辺り、後ろ、幸い、幸せ、食らう、危うい）を認めない

ii ）　形容詞のシク活用の語幹末のシを送り仮名にしない

iii ）　文法的派生関係にある動詞を語根文字方式でなく、形態素文字方式とする

こうすると、次のようなものが同表記異語のリストに加わることになる（例の「-」は現行送り仮名法での送り仮名位置）。これも先のリストとともに分析の対象とする。分類は先のリストと共通である。

A. 見かけ上の多読性　「語の表記」として読み分けが可能なもの

A.a.2. 訓の一つは現在の字義と不対応でその漢字は使われないもの

[動詞] 下（さ-がる 35／くだ-る 19／【くだ-さる 120《字義からズレ》】）弱（【よわ-る 5「困る」の意は字義とずれているので仮名書き。その他の意は→ A.b.3.2.》】／よわ-まる 3）

[形容詞] 凄（[【すご-い《凄惨」の字義からいまや遠い》】] ／ ［すさ-まじい］）

A.b.1. 訓どうし用いられるスタイルがちがうもの

[動詞] 温（{あたた-まる 2} ／ ［ぬく-もる 1《方言的表現》］）　食（く-う

66／【{く-らう1《俗語的表現》}】）　［喰（く-う24《→B.b.1.1.》／く-らう3《俗語的表現》)］　揺（{ゆ-る2《→A.b.3.2.》}／【ゆ-さぶる2《俗語的なので仮名書き》}】／{ゆ-する1}）

|形容詞| 危（{あぶ-ない7}／【あや-うい5《文語的表現》}】）

A.b.2. 訓どうし意味が異なるもの

|名詞| 後（うし-ろ250／{あと68}《→B.b.2.1.》／のち50《→B.b.2.1.》）　幸（さいわ-い10《単独で副詞用法の場合》／{しあわ-せ2}《無活用形容詞の場合》／【{さち1《語彙的指定》}】）

|動詞| 降（お-ろす4／ふ-らす2）　負（お-わす8／ま-かす1）　焦（こ-がす3／［じ-らす1］）　透（［とお-す2《→B.b.1.1.とも》］／す-かす2）　冷（ひ-やす12／{さ-ます2}／ひ-やかす1）　亡（［ほろ-ぼす1《→B.b.1.1.とも》］／{な-くす1}）　蒸（む-す7／む-らす1）　捕（{と-る5}《他動詞》／{つか-まる1}《自動詞》）

|形容詞| 難（かた-い31／{むずか-しい13}《他と意味異なる》／［にく-い5］）　苦（くる-しい49／にが-い12）

A.b.3.2. 訓ごとに語彙的な使い分けがあるもの

|名詞| 辺（{あた-り12}／【{べ11《「～辺」》}】）

|動詞| 混〘複合語の場合〙（ま-じる1／{ま-ざる0《複合語なし》}）　揺（【ゆ-る2《「揺りかご」「揺り椅子」「揺り上げる」「揺り起こす」「揺り返す」「揺り戻す」》】／{ゆ-さぶる2《→A.b.1.》}／{ゆ-する1}）　弱（【よわ-る5《「体が弱る」「〈生き物が〉弱る」。「困る」の意→A.a.2.》】／よわ-まる3）

B. 真の多読性1　多読性解消の傾向が見られるもの

B.b.1.1. 訓の一つは他の漢字1字の表記になりつつあるもの

|動詞| 上（あ-がる137／【のぼ-る27《「登」20・「昇」3担当に。両字がカバーできない部分は仮名書き13（cf.「おりる」「おろす」も「下」から「降」担当に）》】）　係（かか-る21／［かか-わる1《「関」1の担当に》］）　［喰（く-う24《「食」66の担当に）／く-らう3《→A.b.1.》］　透（［とお-す2《「通」93の担当に。→A.b.2.も》］／す-かす2）　浸（ひた-る2／［つ-かる1《「漬」0（「つける」は28）の担当に》］）　乾（［ほ-す5《「干」21の担当に》］／{かわ-かす4}）　亡（［ほろ-ぼす1《「滅」2の担当に。→A.b.2.も》］／{な-くす1}）　交（まじ-わる1／【まじ-る1《「混」1の担当に》】／{ま-ざる0《「混」0》の担当に)}】）

|形容詞| 恐（おそ-ろしい25／［こわ-い3《「怖」6の担当に》］）　宜（［よろ-しい3］／【よ-い1《「良」56の担当。または→B.b.2.1.》】）

B.b.2.1. 訓の一つは仮名書き表記が普通になりつつあるもの
　形容詞 宜［{よろ-しい 3《『九十種』で仮名書き 40 例》} ／ [よ-い 1《『九十種』で仮名書き 1003 例。または→B.b.1.1.》])

C. 真の多読性 2　「語の表記」として見ても読み分けが困難なもの
C.1. 類義語で読み分けがむずかしいもの
　名詞 幸〚名詞用法の場合〛（{さいわ-い 10／{しあわ-せ 2}／【{さち 1《→A.b.3.2.》}】）
　動詞 下（{さ-がる 35／{くだ-る 19／【{くだ-さる 120《→A.a.2.》}】）　逃（{のが-す 7「見逃す」「聞き逃す」》／{に-がす 3「取り逃がす」》）　広（{ひろ-がる 5《『九十種』で仮名書き 11 例》／{ひろ-まる 2《『九十種』仮名書き例もあり》）　増〚他動詞の場合〛（{ま-す 53〚自動詞はこちらのみ〛／{ふ-やす 1}）
　形容詞 汚（{きたな-い 4／{けが-らわしい 1）]

C.2. 同義語で使い分け自体があいまいなもの
　動詞 混〚単純語の場合〛（{ま-じる 1／{ま-ざる 0）

4.6　訓漢字の同表記異語　分析
4.6.1　見かけ上の多読性
　まず、類義語自体にすでに使い分けがあるものがある（A に分類したもの）。文書・文献の性格や文体を知っていれば容易に読み分けられるもの（A.b.1）や、意味が異なっているので文脈から読み分けられるもの（A.b.2）、語中の出現位置によって読み分けられるもの（A.b.3.1）、語彙的に使い分けがあるもの（A.b.3.2.。特定の語にのみ用いられ語彙とともに登録される有標読みと、語彙的登録のないものに適用される一般的な無標読みとで読み分け）など、「見かけ上の多読性」にすぎないものがリストの過半数を占めている。

4.6.2　多読性解消への傾向
　これらをのぞいて、残ったものが「真の多読性」の訓漢字である。ここで注目しなければならないのは、その大部分（B に分類したもの）に、訓漢字の体系において自律的に多読性を解消する方向に読

み分けが生じつつあることを示す使用傾向がみられることである。本来、このタイプの多読性は漢字の字義と訓である和語の語義の対応のズレから生じているのだから、字義と語義の対応のズレを解消するのが根本的な解決法、根治療法なのだが、まさにその方向で、複数ある訓のうちの一つを他の語（B.a）や、他の漢字表記（B.b.1）、仮名表記（B.b.2）に委ねて、当該の字の読みが一意的なものになりつつある使用傾向がみてとれるのである。

　日中両語の語彙体系の対応のズレは、訓漢字の多読性のみならず多表記性も生み出している。この多読性と多表記性が次のようにあいともなっているとき、

　　　　［訓漢字］　　　［訓］
　　　　　□　　　　　　○
　　　　　■　　　　　　●

□―○の対応のみを残し、□―●の対応が絶えてしまえば

　　　　　□　　　　　　○
　　　　　■　　　　　　●

訓漢字□の多読性は解消されるのである。

　リストB.bの各項目の頻度数に注目すると、たとえば「路」の場合、

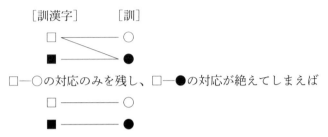

となっており、〈路―じ〉15、〈道―みち〉131にくらべ〈路―みち〉の2という頻度はかなり小さいことがわかる。

　一旦頻度に偏りが生じると頻度の高い方が無標のよみ／表記となり、低い方が特段の必要があるときだけ使われる有標のよみ／表記となる（屋名池（2005a）参照）。発信者は受信者に確実に読んでもらえる確率の高い表記を選び、受信者は発信者が意図したものである可能性が高いよみ方を選ぶことが多いので、かたよりはますます大きくなり、結局は低頻度の側は廃用に向かうことになる。「路」の場合、「みち」という訓がいずれ廃用となり、「じ」とのみ読まれるようになって多読性は解消されるであろう（多表記性の訓漢字が隣接していない場合も同様にして仮名表記などに余分の訓を移すこ

とになる）。詩歌や広告など異化効果を求める分野があるかぎり完全に多読性が消滅することはないだろうが、実用的な文書では遠からず訓漢字の多読性は解消されてゆくものと予測されるのである。

4.6.3 真の多読性

　読み分けが困難なもの、訓漢字の表音性の障害として最後まで残るもの（Cに分類したもの）は、4.5.1節、4.5.2節にあげた二つのリストをあわせても次のものしかない。

> 名詞 音〚単純語で「（楽器）の音」の場合〛（おと／ね）　幸〚名詞用法の場合〛（さいわい／しあわせ）　魚〚使い分けのある以外の複合語と単純語の場合〛（さかな／うお）　夜（よる／よ）　私〚代名詞の場合〛（わたくし／わたし）
> 動詞 下（さがる／くだる）　逃（のがす／にがす）　開〚単純語で自動詞の場合〛（ひらく／あく）　広（ひろがる／ひろまる）　混〚単純語の場合〛（まじる／まざる）　増〚他動詞の場合〛（ます／ふやす）
> 形容詞 汚（きたない／けが - らわしい）〛

　これらは、意味にも、使用されるスタイルにも、複合語の作り方にもほとんどちがいはなく、使用頻度も拮抗しているものばかりで、受信者には読み分けの手がかりはまったく与えられていない。そもそもこれらの語を使用する際、発信者自身がどこまで明確に意識して語を選択しているものであろうか。

4.7　訓漢字の自律的な調整と外部要因との関係
4.7.1　訓漢字の自律的調整

　多読性は文字によるコミュニケーションにおける病理現象である。中国語から受けついだ「字義」を保つことで日本語たる訓との間で多読性をもたざるをえなかった訓漢字が、4.6.2節で見たように多読性を解消しつつあることは、「字義」を捨て、真の日本語のための表記システムに自らを変えてきたということである。

　重要なのは、この変化が他律的なものではなく表記システムそのものの健全性をめざす自律的な動きであることである。

4.7.2　国字政策との関係

　4.5.1節、4.5.2節のリストには当用漢字音訓表・当用漢字表以来の音訓整理・漢字制限も示したが、その整理・制限の方向は、多読性解消のこの使用傾向とほぼ重なるものであった（よって［　］を付したものには【　】は重ねて付さなかった）から、この傾向は自然な使用傾向ではなく、両表の統制に誘導された結果生じているものとも見られるかもしれない。

　しかし、当用漢字音訓表には訓として認められていないのに、『九十種』に多数の用例があるものがある*2 ことからもわかるように、『九十種』の用例数は必ずしも音訓表の規制下にあるとはいえない。

　そもそも当用漢字音訓表や常用漢字表は訓漢字の多読性解消を直接の目的とはしていないのである。当用漢字音訓表は、音(オン)にくらべて訓が極端に制限されており、訓漢字そのものを使わない方向へ誘導してゆくという方針を顕著に見せていたし、訓漢字を大量に復活させた常用漢字表は2010年にはさらに多読性を増す方向で改定をおこなっているからである*3。

　漢字制限・音訓整理がこうした使用傾向を作りだしたのではなく、より抵抗感の少ない漢字制限・音訓整理をおこなおうとした場合、自然と使用傾向に沿ったかたちとなったものと見るべきなのであろう。

4.7.3　漢文訓読との関係

　訓漢字がうまれてから千年以上経つのに、多読性解消への訓漢字の自律的な動きはまだはじまったばかりのように見える。それはそうした動きを阻害する要因がつい最近まで働いていたからである。

　漢字の訓読と、訓漢字による日本語表記は、訓読：〈漢字→和語〉、訓漢字表記：〈和語→漢字〉と方向性がちがうだけで、同じものの両面にすぎないと広く考えられているようだが、実は表音性に関しては両者に大きな性格のちがいがある。

　漢字の訓読ではあらかじめ伝達すべく意図された日本語の音形があるわけではない。まずあるのは漢文であり、その漢字の字義を正

確に捉えることが最優先される。字義さえ表せていれば、たとえば「開」の訳語は「あく」であっても、「ひらく」であってもよいわけで、日本語に対する表音性は問題にならないのである。

　送り仮名は、漢文を訓読するための訓点の一種として、漢字の読みを定めるために発達したが、訓点は受信者が読解の必要から付けるものだったから、送り仮名に発信者があまり責任をもたない習慣が後世までつづいた。漢文の希疎表記に馴れた人たちにとって、送り仮名は、意味さえわかれば必ずしも付けなくてよいものでしかなかった。一方、日本語としては付けなくてもよいはずの非活用語にまで送り仮名が付されることもあった。語形変化をみて品詞を判定できない中国語を訓読するにあたっては、品詞性を正確に捉えることが重要であったから、（音形を示すためではなく）構文機能を示すためである。

　こうした性格は漢文訓読文を起源とする漢字仮名まじり表記にも反映した。

　送り仮名は訓漢字を必ずしも稠密表記化・一意表記化するためのものではなかったのである。

　戦中までは、漢文の読解力は教養として尊重され、訓漢字の使用にあたっては漢文での用法が常に参照された。日本語の表記法としてみれば有害な多読性は解消するどころか、「漢文での正しい用法」によってと多読性はかえって強化されてしまっていたのである。

　「訓読」の尊重が日本語の稠密表記の方法としての訓漢字の自律的な発展を大きく阻害してきたのである。

5. 訓漢字における「文字の表音性」

　もともと漢字のみでは示しえない活用・派生に関しては、訓漢字は仮名との協働によって一意性が確保できている。漢字が担当する部分を語根とする現行の方式も、形態素とする戦前の方式も優劣はない。手書きの場合の運用面を考えると形態素文字方式の方がすぐれているが、現在では文字変換ソフトの普及で「打つ文字」の送り仮名は機械が提示し人間にはまちがえようがないものとなったので、

あえて方式を変えるには及ばないであろう。

　訓漢字の語彙的多読性も、外部の阻害要因が取り除かれたことによって、根本的解決となる方向で自律的に解消に向かっている。この面に関しては、現行の、送り仮名によって区別する方法は近い将来その必要がなくなるであろう。

　独自の字義を有し一見、表音性にもっとも遠いと見られている訓漢字のような体系にあっても、「文字の表音性」は確保されなければならないのである。

＊1　「語幹」「語尾」あわせた動詞全体を漢字に担当させる方式もあり、前近代には広くおこなわれた（別稿で論じる予定）が、これは3.6節で検討する動詞の自他の読み分けができないので、現代ではすでに使用に堪えない。

＊2　「入」の｛はいる｝は音訓表外の訓でありながら245例も用例があり、一方、音訓表内の訓である「いる」は140例しかない。同様の例は、「｛表外｝：表内」のかたちで示せば、顕著なものとして「後」（｛あと｝68：のち50）、「魚」（｛さかな｝21：うお5）、「代」（｛しろ｝82：よ3）などがある。

＊3　訓の追加（ゴチックで表示）によって多読性になったもの：私（**わたし**／わたくし）・描（**かく**／えがく）、多読性の漢字の追加：餌（えさ／え）

参考文献

内田百閒（1935）「動詞の不変化語尾について」『東炎』4巻2号（国立国語研究所編（1952）所収のものによる）

屋名池誠（2005a）「現代日本語の字音語読みとりの機構を論じ、「漢字音の一元化」に及ぶ」『築島裕博士傘寿記念国語学論集』pp.670-692.汲古書院

屋名池誠（2005b）「活用の捉え方」日本語教育学会編『新版 日本語教育事典』pp.71-77.大修館書店

屋名池誠（2009）「現代日本語の音・訓読み分けの機構を論じ、「漢語・和語形態素の相補的分布」に及ぶ」『藝文研究』96号，pp.75-95.慶應義塾大学藝文学会

資　料

国立国語研究所編（1963）『現代雑誌九十種の用語用字　第二分冊　漢字表』秀英出版

国立国語研究所編（1952）『送り仮名法資料集』国立国語研究所

三宅武郎編（1962）『おくりがな法資料集』明治書院

Ⅱ　通時的研究

古代における書きことばと話しことば

乾善彦

1. 書きことばとしての漢文

1.1 漢文と漢文訓読

　古代、漢字専用時代に漢字によって日本語を記そうとしたとき、まず第一に取られた方法は、漢文訳、つまり漢文で書くということだった。これを、当時の東アジアにおける公用語としての書きことばは中国古典語だった、という風に置き換えても、事実としてはほとんどかわりない。しかし、これを現代における公用語と生活語との関係とパラレルに考えられるかというと、そうでない部分がある。たとえば、現代において、インドや中国の少数民族語は、書くという習慣をもたない。したがって、書くときには公用語である英語や北京語で書く。生活のことばである民族語を、書くことはしないし、できないのである。ただ、彼らにとって英語や北京語は、話しことばでもある。身近な例として、方言と共通語との関係を考えればよい。あるいは、西洋における生活語とラテン語との関係を考えるのがよいのかもしれない。ラテン語はもはやネイティブをもたない死語であるが、共通の書きことばとして生き続けている。しかしやはり、それらは話すこともおこなわれる、あるいは声に出すことができるという点で、古代日本における漢文（中国古典文）と日本語との関係は、様相を異にする。そこに、漢文訓読という方法が介在するからである*1。

　漢文訓読が7世紀にはすでにおこなわれていたことは、滋賀県北大津遺跡出土音義木簡によってしられる。

【北大津遺跡出土木簡】

　鑠〈汗ツ〉　鎧〈与里比〉／賛〈田須久〉　慕〈尼我布〉　誈〈阿佐ム加ム移母〉／偓ヵ〈参須羅不〉　采〈取〉　體〈ツ久羅布〉／

襀〈久皮之〉　披〈開〉　費〈阿多比〉
　ここでは、「誣〈阿佐ム加ム移母〉」のように、文脈に沿った訓があたえられており、何らかの典籍を訓読したことがうかがわれるのである。また、これらの和訓は、和訓が漢文訓読によって定着していくことをうかがわせる＊2。
　漢文訓読は、逐字訳を基本とする。ここから、和訓が成立すると考えられる。自然な言語接触から和訓が成立することは、考えられなくもないし、また、一部、そういう場面もあったであろう。しかし、漢籍受容の過程において和訓が大量に成立したことは、後代の、類聚名義抄等の和訓の集成をみてもあきらかである。
　また、7世紀に音読がおこなわれなかったわけではないことも、奈良県飛鳥池遺跡出土の音義木簡からうかがわれる。

【飛鳥池遺跡出土木簡】
・熊〈汙吾〉罷彼〈下〉匜〈ナ布〉戀〈累尓〉蔦〈上〉横〈詠〉営詠
・蜱〈皮伊〉尸之忰懼

　ここでは「熊〈汙吾〉」「匜〈ナ布〉」「戀〈累尓〉」「戀〈累尓〉」など、韻尾をもつ漢字音が、一字一音の漢字によって二音節に表記されている。これによって、和訓とともに和音も成立していたことが考えられる。とすると、音読と訓読とを併用する、のちの文選読みのような方法で、漢文が理解されていたということではなかったか。そのことが和訓と和音の成立にかかわったと考えられるのである。
　字音（和音読み）と字訓（和語で読むこと）とが、7世紀段階である程度成立していたことから、漢字の「和化」も相当に進んでいたことが考えられる。
　漢文訓読、つまり、漢文を日本語に逐字訳することで漢文の習得が行われたとすると、漢文、つまり、公用語としての中国古典文が、中国語の「コエ」をともなう「ことば」としてではなく、「書くこと」としてものされたということも、後代の状況からは考えうる。だとすると、漢文という書きことばは、「書くためのことば」ではなく、ただことばを書くための方法あるいは「書かれたもの」とし

てのみあったということも、考えられてよい。つまり、日本語（後に述べるように漢文訓読のための日本語）で発想されたものが、「漢文」として書かれ、読む側もそれを漢文訓読して「日本語」で読む。そこには「コエ」としての中国語を介さない、そんなシステムが行われていたことが想定されるのである。このような現象は、古代においてそれを検証するすべをもたないが、少なくとも、江戸時代にあったことは、齋藤希史によって明らかにされている*3。

1.2 表記体としての変体漢文

　書きことばとしての「漢文」が、中国語としての「ことば」を介さないで成立しえたとすると、そこに行われた「ことば」がどのようなものであったかということが問われなければならないが、その前に、やはり書きことばとしての「変体漢文」*4 を検討しておく必要がある。古事記やその基盤となった正倉院文書にみられる日用文書の表記をどのように呼ぶかは一応保留して、正格の漢文を意図しないそのような「漢字文」が、字訓あるいは漢文訓読のことばを背景として成立したことはみとめられてよい。そこに日本語を書きあらわそうとした強い意志があったなどとは、とうてい想像できないのだけれど、日本語に基づいて書記されたことだけは確かである。「変体漢文」は確かに日本語で考えられた思想を書きしるす書記の方法（表記法）であった。これが「変体漢文」という表記体の本質である。つまり、「変体漢文」は、律令官人たちの日常のことばのひとつの表出方法、つまり書きことば（そこに「ことば」があらわされているか、あらわれているか、どうかは別として）であったということになる。

　かめいたかしが「古事記はよめるか」と問うたのは*5、書かれたものが、「ことば」をことばとして再構しうる書きかたであったかどうかを問題としたのであり、古事記の表記が正倉院文書などの、律令官人たちの日用文書の形式である「変体漢文」の方法を基盤とするかぎりにおいて、「ヨメない」と結論付けたことは、重く受け止めなければならない。

　以前に拙稿において、正倉院文書の訓読の方法に言及した*6 の

も、それを重くみてのことである。そこでは、漢語の文字列である「辛苦」や「親母」を音読するか訓読するかは、日常の使用語彙として、日本語の中にそれらの漢語が定着していたかどうかという重要な問題としてあり、それは現時点では確定できないのだということを指摘した。まさに「ヨメない」書き方が変体漢文のありようなのであり、そこでは、「ことば」は情報としてのみ存在する。

1.3 変体漢文の語法と漢文訓読

　このような書記用の文体ないし表記体に関して、正倉院に残る仮名文書について、奥村悦三*7 がはやく、そこに「変体漢文」の文書を訓読したような語法が含まれることを指摘している。そこに用いられた語彙・語法は、後に述べる「生活のことば」とは異なるものと理解される。つまり、変体漢文作成のための、文章を書くことばは、漢文訓読のようなことばであったわけで、そのようなことばでなければ、文章として書くことができなかったと考えられたのである。

　正倉院文書に代表される日常の表記体である変体漢文は、いわば文法のない表記をもつひとつの和漢混淆文である。

（1）　大原國持謹解　請暇日事
　　　　合伍箇日
　　　　　右請穢衣服洗為暇日
　　　　　如前以解
　　　　　　　天平宝字二年十月廿一日　　　　　　　　（続修 20）

（2）　美努人長謹解　申請暇日事
　　　　合三箇日
　　　　　右為療親母之胸病
　　　　　請如件謹以解
　　　　　　　天平宝字四年九月十六日美努人長　　　　（続修 20）

　（1）の文書では、原因理由をあらわす「為（ために）」が、日本語の語順にしたがって、理由の後に来ているが、（2）では漢文の語順に従っている。また、次の文書では、「暇日」を請う場合の「請」が、日数の前に来る場合（（4）請四箇日、（5）請三箇日暇）

と後にも来る場合（(3) 三箇日暇日請）とがある。
　(3) 嶋浄濱解　申不参事
　　　　右以去九月廿八日依病而三箇日
　　　　暇日請罷退病弥重立居不便
　　　　仍更五箇日暇請如件以解
　　　　　　　天平寶字二年十月一日付使尾張日足　　（続修19）
　(4) 謹解　申過限日事
　　　　以今月十三日廬内伞有故破
　　　　壊修理之間限日可過更請四箇日
　　　　仍録事状謹解
　　〔廿二日参〕　天平寶字四年九月十五日山部吾方麻呂
　　　　　　　　　　　　　　　　　　　　　　　　　（続修19）
　(5) 史戸赤麻呂謹解　申不参向事
　　　　右以今月十七日姑死去仍請三箇日暇欲看
　　　　治今録状謹解〔以廿一日夕参〕
　　　　　　　天平寶字四年九月十八日　　　　　　（続修19）

　ここでも、字順つまり語法が、漢文的か日本語的かはこだわられていないことになる。つまり、情報さえ伝われば、漢文の語序にしたがおうが、日本語の語序にしたがおうが問題にはならないのである。
　もちろん、これを日本語に訓読すれば同じになるので、どちらも結局、日本語を書いたものであることにかわりないとして、日本語文であることを強調する査証とすることもできよう。しかしだとすると、漢文的に書く必要がどこから生じているかを考えねばならないだろう。「漢文的に書く」意識が強く残っているところに日本語を表記する方法としての「変体漢文」があるとするならば、やはりそれは、漢文の語を含む「変体漢文」という名がふさわしいということになる。それは書きあらわされる「ことば」の問題ではなく、単に書きあらわされたという表記の問題である。日本語の「ことば」は、そこでは文字の背後にのみ存するのである。

古代における書きことばと話しことば　　175

2. 話しことばの階層性

2.1 歌のことばと生活のことば

では、当時の話しことばはどのようなものであったのだろうか。日常のコミュニケーションにおいて発せられるような、「生活のことば」はかならずあったはずである。それを日本語あるいは和語と呼ぶならば、それはほとんど書きしるす必要のないことばである。このことは、現代のわれわれの日常生活を思いえがけば、十分想像される。われわれにも、日常の生活において発せられることばを書きしるさなければならない状況は、ほとんどない。われわれに残されていることばは、記紀歌謡といった歌謡のことばと万葉集に収められた歌々、それとわずかに残された散文中の仮名書の部分、つまり古事記の仮名書き部分、記紀の訓注などである。近年、木簡が大量に見つかっても、そこに日常生活におけることばが残されているものはないし、それにともなって正倉院文書の見直しが進んでいるが、それでもこの状況が大きくかわったわけではない。したがって、従来から考えられてきたように、ウタのことばの中に生活のことばをみるしか、方法はないし、それが大きく現実と異なるとも思えない。ウタことばが含まれるなど、「生活のことば」そのままではなかろうが、生活に必要な基本的な語彙はほとんどそこには含まれており、男だけの公の世界とは異なり、女性も含めて人々の「生活」が、そこにはみとめられる。奥村悦三が正倉院仮名文書のことばに、自然な日本語との乖離をみとめたのは、万葉集のことばとの対比によってであった*8。

2.2 和語と漢語

しかしながら、万葉集や記紀歌謡には漢語がほとんど含まれないという特徴がある。日常のことばの中にどれくらいの漢語が含まれていたかは、やはり、明らかにしがたいが、万葉集に「僧」を「ほふし（法師）」と訓ませたり、「手師（てし）＝書の名人」という、いわゆる湯桶読みの語が想定されたりして、漢語の浸透はある程度進んでいたかと思われる。また、続日本紀に残された62通の宣命

は、官人たちの前で宣読されたとされるが、そこには相当量の漢語が使用されている。

【続日本紀宣命の漢語語彙】

①字音語

〈官職等〉

　　陰陽寮・乾政官・職事・大（太）師・太政大臣禅師・大臣禅師・大保・大法師・大律師・鎮守副将軍・内相・法参議・法臣・法王

〈年号〉

　　慶雲・神亀・神護景雲・天平・天平神護・宝亀・和銅

〈仏教関係〉

　　講読・経・行・観世音菩薩・悔過・袈裟・護法・護法善神・最勝王経・三宝・師・四大天王・浄戒・舎利・勝楽・諸聖・諸天・世間・善悪・禅師・帝釈・智行・知識寺・弟子・読誦・如来・人天・不可思議・菩薩・菩提心・梵王・盧舎那・王法正論品・威神

〈仏典の引用〉

　　悪業王・業・現在・国人・国王・護持・正理・順・治擯・報・王位

〈典籍の引用〉

　　百行・百足・景雲・神亀・瑞書・大瑞・仁孝

〈律令関係〉

　　无位・力田

〈その他〉

　　魑魅・進退・大逆・禰宜・博士・辺戍・謀反

②熟字と和訓

a、二字漢語一訓

　　詿誤（あざむく）、明日（あす）、鴻業（あまつひつぎ）、宝位（あまつひつぎ）、国家（あめのした）、天雨（あめふる）、示顕（あらはす）、示現（あらはす）、発覚（あらはる）、顕見（あらはる）、示現（あらはる）、勢力（いきほひ）、引率（いざなふ）、抱蔵（いだく）、妄語（いつはりごと）、祈祷

（いのる）、今時（いま）、令感動（うごかす）、慈哀（うつくしぶ）、伝駅（うまや）、子孫（うみのこ）、蝦夷（えみし）、自然（おのづから）、曽祖（おほおほぢ）、祖父（おほぢ）、大新嘗（おほにへ）、勅命（おほみこと）、詔命（おほみこと）、勅旨（おほみこと）、詔旨（おほみこと）、公民（おほみたから）、百姓（おほみたから）、人民（おほみたから）、身体（おほみみ）、御所（おほみもと）、先霊（おやのみたま）、如此（かく）、如是（かく）、愚頑（かたくな）、愚痴（かたくな）、昨日（きのふ）、黄金（くがね）、諸国（くにぐに）、今日（けふ）、今年（ことし）、頃者（このごろ）、比来（このごろ）、此遍（このたび）、此般（このたび）、今世（このよ）、承前（さき）、進退（しじまふ）、御宇（しらしめす）、天官御座（たかみくら）、輔佐（たすく）、献奉（たてまつる）、仮令（たとひ）、円満（たらふ）、先考（ちちみこ）、百官（つかさつかさ）、百官司（つかさつかさ）、使人（つかひ）、歳時（とし）、年実（とし）、定省（とぶらふ）、平善（なぐし）、作成（なる）、卒爾（にはか）、至誠（ねもころ）、親母（はは）、匍匐（はふ）、祝部（はふり）、兄弟（はらから）、養治（ひだす）、布施（ほどこす）、厭魅（まじわざ）、祭祀（まつり）、惑乱（まとはす）、朝廷（みかど）、国家（みかど）、宝位（みくらゐ）、京都（みやこ）、唐国（もろこし）臣下（やつこ）、所由（ゆゑ）、豎子（わらは）

b、二字漢語と逐字訓

老人（おいびと）、赤丹（あかに）、旦夕（あさゆふ）、朝夕（あしたゆふへ）、厚恩（あつきうつくしび）、天地（あめつち）、御宇（あめのしたしらしめす）、奇異（あやしくことに）、新造（あらたにつくれる）、顕出（あらはれいづ）、兵士（いくさびと）、軍丁（いくさよぼろ）、頂受（いただきうく）、戴持（いただきもつ）、詐奸（いつはりかだめる）、祈願（いのりねがふ）、出家（いへいで）、家門（いへかど）、集侍（うごなはりはべる）、討治（うちおさむ）、氏門（う

ぢかど）、罰滅（うちほろぼす）、麗色（うるはしきいろ）、負荷（おひもつ）、大瑞（おほきしるし）、大寺（おほてら）、大嘗（おほにへ）、官寺（おほやけでら）、同国（おやじくに）、書写（かきうつす）、固辞（かたくいなぶ）、姓名（かばねな）、君臣（きみおみ）、事立（ことだつ）、辞立（ことだつ）、事謀（ことはかる）、謀庭（ことはかるところ）、別宮（ことみや）、事行（ことわざ）、塩汁（しほしる）、白衣（しろきぬ）、進入（すすみいる）、扶拯（たすけすくふ）、輔導（たすけみちびく）、忠浄（ただしくきよし）、立双（たちならぶ）、遍多（たびまねし）、貴瑞（たふときしるし）、官人（つかさびと）、継隆（つぎひろむ）、常人（つねひと）、罪人（つみびと）、精兵（ときいくさ）、年月（としつき）、殿門（とのかど）、遠長（とほながし）、中今（なかいま）、流伝（ながしつたふ）、和銅（にきあかがね）、新城（にひき）、墾田（はりた）、日月（ひつき）、一心（ひとつこころ）、昼夜（ひるよる）、日夜（ひるよる）、諂欺（へつらひあざむく）、僧尼（ほふしあま）、罷出（まかりいづ）、罷退（まかりいます）、政事（まつりごと）、忠赤（まめにあかき）、忠明（まめにあかき）、導護（みちびきまもる）、本忌（もといみ）、諸人（もろひと）、山川（やまかは）、八方（やも）、夜昼（よるひる）、夜日（よるひる）、万世（よろづよ）、弱子（わくご）、教導（をしへみちびく）

天下（あめのした）、生子（うみのこ）、慈政（うつくしびのまつりごと）、鎮兵（おさへのいくさ）風病（かぜのやまひ）柵戸（きのへ）、地祇（くにつかみ）、国社（くにつやしろ）、国法（くにののり）、先帝（さきのみかど）、瑞雲（しるしのくも）、瑞宝（しるしのたから）、節刀（しるしのたち）、豊明（とよのあかり）、冬至（ふゆきはみのひ）、皇位（みかどのくらゐ）、帝位（みかどのくらゐ）、年号（みよのな）、私兵（わたくしのいくさ）、後世（のちのよ）

毎〻事（ことごと）、随〻神（かむながら）、同〻心（こころをおなじくす）、終〻身（みのをはり）

以上の様な漢語ないし漢語・漢文的表現が、あるいは字音語として、あるいは訓読語として用いられて、宣命のことばがある。律令とともにあった官人たちは、漢籍の知識も豊富であり、彼らの日常においては、漢語が外来語か借用語かは別として、相当に用いられていたことは想像に難くない。とするならば、「生活のことば」とは位相を異にしたところに官人たちの「日常のことば」が想定される。現代に例えるならば、「家庭でのことば」と「職場でのことば」との差が想定できよう。正倉院文書等の「変体漢文」の背後にあったことばは、そのようなものではなかったか＊9。

　平安時代には、漢文訓読語と和文語との対立が鮮明であったことが、築島裕によって明らかにされている＊10。その違いが何に基づくかについては諸説あって一致しないが、漢文を理解するためのことばが、律令官人たちの日常にも頻繁に用いられたであろうことは、考えられてよかろう。とするならば、漢文訓読のことばは、その成立期においては、漢籍を伝授する、あるいは学習する人々が日常に使用していたことばに基づいていたことも考えられる。ある程度、読まれてわかることばでなければ漢文訓読の意味をなさないし、理解もされないだろう。そこには、日常のことばがなければならないのである。

　古事記の文章法が漢文訓読に基づくことは、研究史が明らかにしてきたところであり、拙稿においても言及したところである＊11。したがって、これを平安時代初期の訓法に従って訓みすすめることも、一応は首肯できる。しかしそれを、本居宣長『古事記伝』のように全て和語で訓読するとするならば、そこには日常のことば遣いでない面もおおいにみとめられることになろう。みたように漢語語彙が多くあらわれるのが、宣命にみえる官人たちの日常のことばであったはずだからである。宣長の訓み方には、むしろ「生活のことば」に近いものがあらわれていることになる。ただし、それはそれでひとつのヨミ方でもある。古事記には多くの伝承が含まれており、それらを語り継いできた「カタリのことば」を想定する必要があるからである。

2.3 カタリのことば

古事記の散文部分には、様々な要素の仮名書きがあるが、そのうち、比較的まとまった仮名書きには、

　阿那迩夜志、愛袁登古袁

　葦原中國者伊多久佐夜藝弖有那理

といった、会話文が仮名（漢字の表音用法）で書かれている部分がある。これらは、そのまま、当時の話しことばを反映したものであろうが、それは、当時の通行のものなのか、それともカタリとして伝承されてきたことばなのかという問題はのこる。古事記冒頭に近い部分、

　　次国稚如浮脂而、久羅下那州多陀用弊流之時〈流字以上十字以音〉、如葦牙因萌騰之物而成神名、宇摩志阿斯訶備比古遅神〈此神名以音〉。　　　　　　　　　　（古事記、天地初発条）

について、「クラゲナスタダヨヘル」の「ナス」が比況の表現だとすると、その前後にある「如浮脂」や「如葦牙」の「如」も比況の表現であり、「如」が「ゴトシ」で訓まれるとするならば、仮名書された「ナス」は「ゴトシ」とは異なる位相の比況をあらわす語であることになり、その「ことばのかたち」をそのまま書きあらわす必要があったということになる。すなわち、そこに訓読のことばでないカタリによって伝えられた伝承のことばをみることになる。

日本書紀の訓注も、基本的にはそのようなことばであると思われる。たとえば、イザナキとイザナミの掛け合いのことばに、「妍哉〈阿那而恵夜〉」とあるようなものは、古事記と引き合わせたとき、漢文化したのでは伝えきれない、カタリのことばをそれとして示す必要があったからだと考えられる*12。

ところで、古事記の地の文は基本的に、平安時代初期の漢文訓読の方法によって、過去回想の助動詞は「キ」によって訓まれる。「キ」と「ケリ」の仮名書き例は、次のようである（引用は、西宮一民『古事記新訂版』（1986、桜風社）による。（　）内はその頁数と行数）。

助動詞「キ」　4例（地の文）

　啼伊佐知伎也〈自伊下四字以音、下效此〉（40-4）

神夜良比夜良比岐（47-5）
　　　立走伊須須岐伎〈此五字以音〉（97-13）
　　　故、能見志米岐其老所在〈志米岐三字以音〉（209-6）
　助動詞「ケリ」　4例（会話文）
　　　穢國而在祁理〈此二字以音〉（37-4）
　　　我子者不死有祁理〈此二字以音。下效此〉。（68-10）
　　　我君者不死坐祁理云（68-10）
　　　於大倭國、益吾二人而、建男者坐祁理（129-10）
　「キ」は地の文に、「ケリ」は会話文にあらわれる。平安時代初期の漢訳仏典の漢文訓読においても、基本的に助動詞は「キ」によって統括されており、仏教説話においてもかわりない。これに準じて考えるならば、地の文は基本的に助動詞「キ」によって統括されると考えてよさそうに思われる。これに対して平安朝和文、とくに物語文学においては、助動詞「ケリ」によって統括される文章が核となっていることが指摘されている*13。となると、この違いはいったいどこに起因するのであろうか。平安時代にいたって急に、物語を助動詞「ケリ」によって統括する文体があらわれたということになるのであろうか。ウタである万葉集においては、詳細は省略するが、助動詞「キ」は単純に過去をあらわす表現として修飾句に多く、「ケリ」はむしろ現在の詠嘆に使用され（いわゆる気づきの「ケリ」）、述部に多く用いられる*14。つまり、文章を統括するのには「ケリ」が用いられ、「キ」は直接体験をあらわすといわれるような用法として用いられるということになる。とするならば、平安時代和文の特徴は万葉集のウタに近い文体ということができるのではないか。カタリの文体がウタの文体に近かったということを考えるなら、古事記に反映されているのは、そのようなカタリのことばではなく、当時の漢文訓読のことばに近いものが、その基調となっており、仮名書部分にのみ、カタリのことばがそのままのかたちで残されているといったことが考えられる。つまり、古事記の文章は、漢文訓読のことば（日常のことば）と、生活のことば（カタリのことば）とが、まだらに入り交じったような文章であるということになる。それは、当時の散文をつづるひとつの達成でもあり、限

界でもあった。

3. 書きことばとしてのカタリの文体の成立

　いままでにみてきたように考えるならば、古事記はあらたな散文の形式を、まさに表記体という形式面においてのみ、創り上げたものと評価できるのである。そしてそれは、ことばとしての散文形式というには程遠いものであったに違いない。物語のようなまとまった散文形式の文章は、文字としての仮名の成立、平仮名の成立をまって、はじめて成立すると考えられる。それはカタリのことばを基本としながら、それを仮名というまさにことばの「かたち」をあらわす方法によって、はじめて文章化しえるものだったのである。

　ただし、生活のことばそのものは、ウタにはなりえても散文としてなにかを表現できるようなものではない。物語を構想するには、漢文ないし漢文訓読的な思考が必要だったと思われるからである。書きしるすことばは、変体漢文で書かれるようなものでしかなかった。

　仮名散文の嚆矢としてあげられるのは、古今集仮名序と土佐日記、そして竹取物語であろう。仮名序はまさに漢文で指向されたことを読み下し文にしたようなもので、随所に漢文的な要素がちりばめられている。土佐日記に関しては、奥村悦三が漢文訓読的な語法から変体漢文的な要素を導きだしている＊15。これら漢文ないし変体漢文の文章を基盤として、仮名による散文形式が整えられて、やがて、物語いできはじめの祖である竹取物語が成立する。そこに文体基調が漢文訓読的なことばから生活のことば、カタリのことばへの転換があったとみとめるならば、初期仮名文に漢文訓読的な要素が多く含まれることも納得される。

　日本語で散文をつづるという営みの中で、古事記が表記体としての散文文体（変体漢文の完成形）を創り上げた和漢の混淆であったとするならば、竹取物語は文体としての和漢（この場合は、生活のことばという和と変体漢文ないしその訓読という漢）の混淆であったといえる。つまり、生活のことば（カタリのことば）の枠組みの

中に、漢文訓読的な思考による文章（日常のことば）を組み入れたのが、物語の文体であったと考える。その先に女流文学作品にみられるような平安朝和文の書きことばとしての文体がある。

　このように考えるならやはり、仮名の成立をまってはじめて、日本語の書きことばは、その文体を獲得したということになる。

＊1　漢文訓読については、金文京『漢文と東アジア―訓読の文化圏―』（2010、岩波新書）が、東アジア全体を視野に入れた考察を行っているが、孤立語である中国語と膠着語である朝鮮語や日本語の言語特徴が、訓読という方法の定着に関与したと思われ、また、日本語の単純な音節構造が訓点記入の方法に有利に働いたと結果、日本においてとくに漢文訓読が発達、定着したものと思われる。

＊2　北大津遺跡出土木簡、飛鳥池遺跡木簡の釈文については、奈良文化財研究所『木簡黎明―飛鳥に集ういにしへの文字たち』（2010、飛鳥資料館）を参考にし、私見を加えた。

＊3　齋藤希史『漢文脈と近代日本　もう一つのことばの世界』（2007、NHKブックス）

＊4　変体漢文という用語については、「討論会　古事記の文章法と表記」（萬葉語文研究9、2013.10）や毛利正守「「変体漢文」の研究史と「倭文体」」（日本語の研究10-1、2014.1）に、不適切であるという指摘があるが、表記体のいいとしての「変体漢文」という語の使用は、橋本進吉の意図とは別に、以下に述べるように、それがあくまで日本語の表記法のひとつとして漢文的に書こうとする意図を反映するものとして「漢文」という語を含む方が、日本語表記であることを強調するよりもより現実に即していると考える。

＊5　かめいたかし「古事記はよめるか」『古事記大成言語文字篇』（1957、平凡社）、のち『日本語のすがたとこころ（二）』（1975、吉川弘文館）所収

＊6　拙稿「正倉院文書請暇解の訓読語と字音語」『国語語彙史の研究　三十』（2011、和泉書院）

＊7　奥村悦三「仮名文書の成立以前」『論集　日本文学・日本語　1』（1978、角川書店）、「仮名文書の成立以前　続―正倉院仮名文書・乙種をめぐって―」（萬葉99、1978.12）

＊8　注7奥村論文。なお、このことについては、前掲「討論会　古事記の文章法と表記」（萬葉語文研究9、2013.10）に言及がある。

＊9　その点で、桑原祐子ほか『請暇不参解編（一）』『請暇不参解編（二）』、黒田洋子担当『啓・書状編（一）』（奈良女子大学21世紀COEプログラム報告書）が、二字漢語を積極的に音読みする訓読方法をとっているのは、あながち否定できない面もある。注6拙稿参照。

＊10　築島裕『平安時代の漢文訓読語につきての研究』（1963、東京大学出版会）
＊11　拙稿「古事記の文章法と表記」および内田賢徳ほか「討論会　古事記の文章法と表記」（ともに、萬葉語文研究9、2013.10）
＊12　青木周平「『日本書紀』の訓注と〈訓読〉―巻一の場合―」（『古事記・日本書紀論究』（2002、おうふう））、同「『日本書紀』の訓注と〈訓読〉―巻二の場合―」（高岡市万葉歴史館紀要12、2002.3）、毛利正守「日本書紀の漢語と訓注のあり方をめぐって」（萬葉語文研究1、2005.3）
＊13　阪倉篤義「竹取物語の構成と文章」（国語国文25–11、1956.11、のち『文章と表現』（1975、角川書店）所収）、日本古典文学大系『竹取物語　伊勢物語　大和物語』（1957、岩波書店）竹取物語解説
＊14　助動詞「キ」と「ケリ」についての研究史は、加藤浩司『キ・ケリの研究』（1998、和泉書院）にまとめられている。
＊15　奥村悦三「文を綴る、文を作る」（叙説29、2001.3）、同「貫之の綴りかた」（叙説33、2006.3）

参考文献

青木周平（2002a）「『日本書紀』の訓注と〈訓読〉―巻一の場合―」『古事記・日本書紀論究』おうふう
青木周平（2002b）「『日本書紀』の訓注と〈訓読〉―巻二の場合―」『高岡市万葉歴史館紀要』12
乾善彦（2011）「正倉院文書請暇解の訓読語と字音語」『国語語彙史の研究　三十』和泉書院
乾善彦（2013）「古事記の文章法と表記」『萬葉語文研究』9
内田賢徳ほか（2013）「討論会　古事記の文章法と表記」『萬葉語文研究』9
奥村悦三（1978a）「仮名文書の成立以前」『論集　日本文学・日本語　1』角川書店
奥村悦三（1978b）「仮名文書の成立以前　続―正倉院仮名文書・乙種をめぐって―」『萬葉』99
奥村悦三（2001）「文を綴る、文を作る」『叙説』29
奥村悦三（2006）「貫之の綴りかた」『叙説』33
かめいたかし（1957）「古事記はよめるか」『古事記大成言語文字篇』平凡社、のち『日本語のすがたとこころ（二）』（1975、吉川弘文館）所収
加藤浩司（1998）『キ・ケリの研究』和泉書院
金文京（2010）『漢文と東アジア―訓読の文化圏―』岩波新書
黒田洋子（2010）『啓・書状編（一）』奈良女子大学21世紀COEプログラム報告書
桑原祐子（2008）『請暇不参解編（一）』奈良女子大学21世紀COEプログラム報告書
桑原祐子（2009）『請暇不参解編（二）』奈良女子大学21世紀COEプログラム報告書

阪倉篤義（1956）「竹取物語の構成と文章」『国語国文』25（11）、のち『文章と表現』（1975、角川書店）所収
阪倉篤義（1957）「日本古典文学大系『竹取物語　伊勢物語　大和物語』竹取物語解説」岩波書店
齋藤希史（2007）『漢文脈と近代日本　もう一つのことばの世界』ＮＨＫブックス
築島裕（1963）『平安時代の漢文訓読語につきての研究』東京大学出版会
奈良文化財研究所（2010）『木簡黎明―飛鳥に集ういにしへの文字たち』飛鳥資料館
毛利正守（2005）「日本書紀の漢語と訓注のあり方をめぐって」『萬葉語文研究』1
毛利正守（2014）「「変体漢文」の研究史と「倭文体」」『日本語の研究』10（1）

鎌倉時代口語の認定に関する一考察
延慶本平家物語による証明可能性をめぐる

山本真吾

1. 鎌倉時代語研究の問題点

　鎌倉時代は、言文二途に分かれるという重要な時期であると説かれ、さまざまな角度から考究されており、それなりに研究の蓄積がなされてはいるが、今なおその記述の方法も含めて未解決の問題が山積している。

　当代言語に関する研究の初期の成果としては、山田（1914）がよく知られており、その後の鎌倉時代語研究の一大指針となったが、これを承けて、小林（1971）があり、「従来、中世語研究の対象として、体系的に盛に考察された時期は、この室町時代末の数十年間であり、それも、外国人の手に成ったいわゆる外国資料とか、漢籍仏書等の講義録としての抄物とかに焦点が当てられており、それ以前の資料は、補助的に付随的に扱われる傾きがあった。したがって、過渡的な様相を実体とする中世語の最も主要な大部分は、鎌倉時代を中心にその前後の院政時代と南北朝を含めた時期であるにも拘らず、この期は研究の谷間ともいうべき位置に置かれて来たのである。」と述べ、この時期を「国語史研究の谷間」と説く。この中で、山田（1914）が転写本に拠る記述であるという資料性の問題を指摘し、転写を経ない鎌倉時代書写の片仮名文、訓点資料や記録文献といった「第1等資料」を活用すべきであると訴えている。この指針のもと、1976年に「鎌倉時代語研究会」が発足し、その成果は論文集『鎌倉時代語研究』1～23として1978～2000年まで毎年刊行されてきた。

　また、「この期（＝院政鎌倉時代）の口語の記載せられたるものは稀なれど」という山田（1913）の認識を承け、築島（1974）では、院政鎌倉時代に「口語」を反映した文献資料が乏しいという事

実そのものに注目し、「口語」のみに注目するだけではなく、それが当期の諸文献全体の中でどのような位置を占めるのかという観点から相対化をはかることを説かれた。そして、「漢文の優位が前代から引き続き厳然と存する中で、仮名文が、その勢力を徐々に伸長し、漢文の範囲を侵食して行き、文体の諸相は愈(いよいよ)複雑化して行つた時代」であるとされた。単に「口語性」を帯びた言語要素を文献から抽出して時代ごとに並べるという単純な操作では解き明かせない、この時代の言語の複雑な様が述べられている。

このように、話し言葉と書き言葉の問題を考究する上で、鎌倉時代語は実に重要な時期であって、これらの先行研究を踏まえ、土井(2007)では、「概括的に言えば、鎌倉時代は言語規範の墨守と弛緩の許容とを文語体の成熟の中に多様化させた時代」とし、鎌倉時代口語研究の視点として、(1) 資料的性格、(2)「口語」の概念、(3) 言語意識と機能、(4) 文体、(5) 口語の体系、(6) 言語生活の体系、の6つを挙げて、その相互の複雑な関係をも含めて周到に論じた。あわせて、明恵関係聞書類における「口語的徴証」の認定方法を具体的に提示するなど、この領域における最新の本格的な成果として特筆すべきである。

こういった研究の流れを踏まえて、山本(2010b)では、今後の鎌倉時代語研究に望まれることとして、次の3点を挙げておいた。

(1) 室町時代語研究との〈接触不良〉を解消すること。

キリシタン、抄物等を軸とする室町時代語の研究と、平安時代からの移り変わりを問題とする院政鎌倉時代語の研究は、それぞれに進展をみせている。しかし、双方を結ぶ研究はほとんどといってよいほど無い。南北朝時代は、アクセント史の上でも重要な転換期とされる。鎌倉時代末期から、南北朝時代、そして、室町時代前期への流れは、語法、語彙、文字・表記、文体のいずれも、その輪郭さえ描かれておらず、その志向性も乏しいように思われる。

(2)「口語」の相対化を図ること。

土井(2007)は、明恵関係聞書類において非古代語的徴証(鎌倉時代の新語、新語形、新用法)と平安時代和文特有語(非漢文訓読語)とが私注にみられず、聞書箇所のみに認められる事実を踏ま

えて、これらが「口語的徴証」と認め得ることを説かれた。このような認定の具体的方法を探る営為は、今後も継続されて然るべきであろう。さらに、これまで「（日常）会話語」「口語」「口頭語」「俗語」等の用語が必ずしも峻別されずに、概念規定が曖昧なままに使用されてきた憾みがある。また、新語形の指摘の中に、これと意味用法の上でほぼ等価である古代語形が存する場合（格助詞「にて」＝古代語、「で」＝新語形）もあるが、副助詞「ばし」などのように「口語」と位置づけながら、これと等価の古代語形の「文語」を指摘し得ない事例もあって、それらを区別せずに「口語」と一括りにしているといった問題もある。このように、口語・文語の間での「文体的異形」をどのように扱うかについて、その理論的整備が急がれよう。なお、鎌倉時代に出現する新語形や新用法のすべてが「口語」である必要はなく、擬古文の中で雅語的な用法が新たに生じることもあろうからこういった弁えも必要になってくる。

（3）延慶本平家物語の示準性を検討すること。

延慶本平家物語の資料性が批判されて後に、転写を経ない「第１等資料」が多く発掘されはしたが、実は、他の文献資料のどれをとっても、延慶本平家物語のような、多様で豊富な語彙、語法を含んだものはみられず、現在もなおこれを凌駕する文献資料は出現していない。むしろ、新たな文献資料を探せば探すほど、延慶本ほどの文献を他に見出すことが困難であることに気づかれる。ただし、注意しておかなければならないことは、いかなる文献にも、その文献に特有の個性的な言語事象があり、これを除去して一般化、標準化する操作が必要である。

（3）に指摘したように、新出の「第１等資料」が多数発掘されているにもかかわらず、鎌倉時代語の中心資料としての延慶本平家物語の位置は依然として動くことはなく、いわば山本（2014）の言う「示準文献」としてカノン化されているふしがある。しかし、山田孝雄の後、主に日本文学研究者の手によって進められてきた諸本研究の成果をその後の日本語史研究者は必ずしも十分摂取し、吟味することなしに無批判に使用している感が否めない。

2. 延慶本平家物語の言語年代について

2.1 延慶本平家物語について

延慶本は、鎌倉時代後期の、延慶2、3（1309、1310）年の奥書を有するところからこのように呼ばれるが、延慶書写の本は伝わらず、これを凡そ110年ほど下った、室町時代初期の応永26、27（1419、1420）年に転写した大東急記念文庫本及びさらにこれを写した江戸時代末期のテキストが伝わっている。

平家物語に関しては、日本文学研究者より前に、国語学者山田孝雄が諸本研究の先鞭をつけた。山田（1911、1918）は、今日の平家物語研究史に必ず言及される諸本研究の画期的業績である。山田は七十種類にも及ぶ異本を蒐集し、三門十七類三十種に分類（後に三門二十類三十六種に修正）し、記録文書も参看しつつ、系統関係を推定した。延慶本については、長門本・盛衰記とは別門に分類しつつも三者の距離の近さを指摘した点、語法上の古態性を認めた点などは、現在の延慶本評価の先駆ともいわれる成果である。山田の調査当時は大東急記念文庫所蔵の応永書写本は未発見で、江戸時代の転写本である松井本・朽木本・大膳亮本に拠っている。山田孝雄の研究以後、日本語史学では、日本古典文学大系の底本として採用され、総索引も刊行された覚一本（応安4（1371）年検校覚一奥書）が延慶本にとって替わり、しばらく平家物語の語学的研究のテキストの主流となった。近年、北原・小川（1990、1996）が刊行されるに及び、再び延慶本が日本語史研究の資料として取り上げられることが多くなり、復権を果たした。また、小川（2008）は、江戸時代の転写本に拠ったことに基づく山田孝雄（1914）の誤りを指摘している。

2.2 平家物語諸本の中の延慶本の位置

この延慶本は、長門本の本文との一致度が最も高く、次いで、源平盛衰記にも共通する本文を多く認めることができる。これに、四部合戦状本、源平闘諍録、南都（異）本を加えて「読み本系」あるいは「増補系」として括られるが、特に延慶本・長門本・盛衰記の

3本を「広本系」と呼ぶこともある。これらの3本の記事が他本に比して記述が豊富で詳細になっているところから、簡略な本からさまざまな記事が「増補」されてこれら3本が成立したと推定されていたが、今日では、延慶本古態説が定着しつつあり、これらの詳細な記事を「略」して整理して他本ができたと考えられるようになってきた。ただし、古態といっても、箇所箇所によって様相は異なり、そのすべてが古態をとどめているわけではない。

　延慶本と長門本との共通性の高さから、両者に兄弟関係を認め、共通祖本として「旧延慶本」を想定することにはほぼ異論がない。そして、平家物語諸本全体の祖型の位置にこれを置くことも多くの研究者の実感に近いものと認識されている。盛衰記も、この2本と兄弟関係にあるとみられているが、2本に先行して成立したか否かは見解が分かれている。

　この、共通祖本の成立は、承元2（1208）年〜天福元（1233）年とする冨倉（1934、1935）説、嘉禎元（1235）年以降成立と考える服部（1969、1971）説、武久（1986）の13世紀後葉成立説がある。つまり、長門本との共通本文は、下っても13世紀後葉までには成立していたとみなすことができる。一方、長門本とは一致しない独自の本文は、その後補筆されたことになる。この独自本文は、本奥書にある延慶年間までに成立したものであるとみられていたが、近年の櫻井（2001）などにおいて、応永書写の段階までに覚一本系本文による改変が指摘されるようになり、現在の延慶本が単純に延慶書写の忠実な転写とは認められないことが明らかになった。要するに、現存の延慶本の本文は、長門本との共通本文は13世紀後葉頃までに成立したとみられるが、延慶本の独自本文は、鎌倉時代の延慶年間（14世紀前中葉）乃至は室町初期の応永年間（15世紀前葉）に成立したという幅を認めるものである。

　佐伯（2008）は、平家諸本の祖本を「仏像」に譬え、「鎌倉時代の仏像」といっても、部分的には室町時代や江戸時代に修復を加えられて今日に至っていることがあるように、本文のすべてに亘って等質にその時代の成立という意味ではない、その箇所ごとに慎重に見極めることが必要であると説いている。

2.3　助動詞「たし」と「まほし」と副助詞「ばし」

山本（2010a）では、助動詞「たし」と「まほし」と副助詞「ばし」を取り上げ、長門本及び源平盛衰記との対応関係を調査した。この調査によって得た結論は、以下の通りである。

（1）古代語「まほし」は、共通祖本たる「旧延慶本」にもともと存したものが現存の応永書写の延慶本でも踏襲して用いられている場合が多いのに対して、新勢の「たし」は、長門本や源平盛衰記と共通するものより、独自本文の箇所に多く用いられている。

（2）延慶本の副助詞「ばし」は、長門本・源平盛衰記の対応箇所にはみえず、延慶本の独自箇所に偏る。

（1）については、「たし」のみに注目することでは不十分で、山本（1994）では古代語の「まほし」との関係にも留意すべきことを指摘したことがあったが、これとの関係でいうと、覚一本に比して、延慶本の言語上の「古態性」が追認されたことになる。（2）の、延慶本独自箇所にしか副助詞「ばし」が出現しないことは、延慶本のみでこの語が鎌倉時代に存在したことは、やはり証明し得ないことを意味する。

このように、現存応永書写の延慶本平家物語によって論じられてきた「鎌倉時代口語」は、今一度検討すべきことが分かってきた。

3.　「旧延慶本」と鎌倉時代口語

3.1　調査対象とする鎌倉時代口語

小林（1988）は、延慶本平家物語の会話中の語詞に注目し、他の転写を経ない「第 1 等資料」を援用しつつ、「鎌倉時代の口頭語」の認定を試みているが、そのうち、(a) 中世になって初めて文献に現れる語として、次の語詞を挙げる。

　　〇推量「う」、連語「こさんなれ」、連語「こさんめれ」、禁止「そ」、完了「た」、願望「たし」、不定称「どこ」、「ばし」、打消「なむじ」

このうち、願望「たし」と副助詞「ばし」については山本（2010a）で取り上げたので、これを除く諸語と、山田孝雄が指摘

した格助詞「で」を今一度取り上げて、長門本及び源平盛衰記との対応関係を調査してみる。すなわち、

Ⅰ　他の長門本・源平盛衰記にも共通する例
Ⅱ　どちらか1本に共通する例
　ⅰ　長門本と共通する例
　ⅱ　源平盛衰記と共通する例
Ⅲ　長門本・源平盛衰記のどちらにも見えない例＝延慶本独自加筆箇所

の分類に従い、再検討を加えることとする。このうち、概ね延慶本と長門本とが共通している箇所は「旧延慶本」に存した本文とみなしてよいようであるが、先後関係は未詳ながら両本との密接な関係が想定される源平盛衰記も調査対象に加えることとした。なお、それぞれの使用テキストは、山本（2010a）と同じである。

3.2　延慶本の推量「う」

推量の助動詞「う」は、古代語「む」から転じた語で、延慶本に9例みえる。このうち、

Ⅰ他の長門本・源平盛衰記にも共通する例…ナシ
Ⅱどちらか1本に共通する例
　ⅰ長門本と一致する例

これは、次の2例が該当する。

①文学申ケルハ、『（略）法師トテモ敵ニテアラムハ可難カル歟。人ニ頸バシ切ラレウトテ、不覚ノ人哉』ト云ケレバ（2末上486④）
（長門本）文覚申けるは、（略）此法師とても敵にてあらば難かるべきか、人に首打切られうとて不覚人かなといひければ（332）
（源平盛衰記）対応箇所ナシ
②大将軍木曽宣ケルハ、「（略）今度ノ合戦ニ、義仲ヲカタセウカタセジハ、併ラ殿原ノ計ナリ。何様ニ有ベキヤラム」と宣ケレバ（3末下34①）
（長門本）今度の軍にかたせうかたせじは殿原の計ひぞと宣ひ

ければ（453）
　　（源平盛衰記）対応箇所ナシ
　　　ii 源平盛衰記と一致する例…ナシ
　Ⅲ延慶本独自加筆箇所
この例は、7例みられる。
　　③俣野ハ大力ト聞ヘタリケレドモ、イカヾシタリケム、下ニナ
　　ル。ウツブシニ下ニ頭ニ臥タリケレバ、枕モヒキシ、アトハ高
　　シ、ヲキフ（ウ）〳〵トシケレドモ、佐奈多上ニ乗居タリケレ
　　バ、叶ワジトヤ思ケム（2末上508 ⑫⑫）
　　（長門本）股野は大力と聞えたりけれども、如何したりけん下
　　に成うつぶしに、くだり頭にふしたりければ、枕はひくしあと
　　は高し、起きん起きんとしけれ共、さなだ上にのり居たりけれ
　　ば、叶はじとや思ひけん（348）
　　（源平盛衰記）俣野ハ大力ト聞ニ、イカヾシタリケン、下ニ被
　　㈡推付㈠テウツブシニ臥、頭ハ下ニ足ハ上ニ、起ン〳〵ト
　　シケレ共、俣野力ナカリケル（巻20・262 ④）
のようであって、「う」ではなく、長門本「ん」・源平盛衰記「ン」
表記である。

3.3　連語「ごさんなれ」

「にこそある（候ふ）なれ」の縮約形「ごさんなれ」（小林（1988）
は「こさんなれ」）は、延慶本に25例みえる。この内訳は、以下
のとおりである。
　Ⅰ他の長門本・源平盛衰記にも共通する例…ナシ
　Ⅱどちらか1本に共通する例
　　ⅰ長門本と一致する例…9例
　　④「サテハ山門ニ聞ユル僉議者ゴサムナレ。己ガ山門講堂ノ庭
　　ニテ　僉議スラム様ニ只今申セ。訴訟有ラバ直ニ御聖断有ベ
　　キ」由、　被仰下（1本上97⑩）
　　（長門本）拠は山門に聞ゆる僉議者ごさんなれ、おのれが山門
　　の講堂の庭にてせんぎすらん様に、只今申せ、そせうあらば直
　　に聖断有るべきよし仰下さる（64）

（源平盛衰記）ヤ和僧ハ山門僉議者ト聞召、己ガ山門ノ講堂ノ庭ニテ僉議スルラン様ニ只今申セ、訴訟アラバ直ニ可被裁許ト（巻4・248②）

延慶本の「僉議者ゴサムナレ」は、長門本にも同じくみられるのに対し、源平盛衰記では、「僉議者ト聞召」であって一致しない。次も、長門本とのみ一致する「ごさんなれ」の例である。

　⑤女即御前ニ参リ、此ノ由ヲ有ノマヽニ申タリケレバ、「サテコソ忠盛ゴサムナレ」トテ（③本上632⑯）
　（長門本）女すなはち御前へ参りて、此由を有のままに申たりければ、拠は忠盛ごさんなれとて（416）
　（源平盛衰記）女房御前ニ参テ角ト被申タリ。サテハ忠盛ニコソトテ（巻26・113④）
　ⅱ源平盛衰記と一致する例…ナシ

Ⅱのうち、延慶本と長門本とは一致して「ごさんなれ」が用いられるが、源平盛衰記とは一致しない。これまでの諸本研究の説く所に矛盾しない。

　Ⅲ延慶本独自加筆箇所…16例
　⑥「サテハ遠国へ趣給ゴサムナレ。今ハ此人計コソ昔ノ遺ニテアリツルニ」ト思召セバ（6末下463④）
　（長門本）さては遠国へ赴き給ふらんこそ悲しけれ、此人ばかりこそ、昔の名残にて有つるにと思召せば（711）
　（源平盛衰記）サテハ遠国へ赴キ給ランコソ悲ケレ、逢見ル事ハナク共、都ノ中ニアリト聞召バ、憑敷コソ思召ツルニ（巻46・329②）

残りの例は、延慶本にしかみえない。⑥は長門本と源平盛衰記ともに「こそ悲しけれ」と結んでいて、延慶本を除く2本は一致している。

3.4　連語「ごさんめれ」

「にこそある（候ふ）めれ」の縮約形「ごさんめれ」（小林（1988）は「こさんめれ」）は、延慶本に7例みえる。この内訳は、以下のとおりである。

Ⅰ 他の長門本・源平盛衰記にも共通する例…ナシ
Ⅱ どちらか1本に共通する例
 ⅰ 長門本と一致する例…3例
 ⑦今井、「判官代ハイタクヨキ官ニテハ候ワヌ<u>ゴサムメレ</u>」ト申ケレバ（4下173④）
 （長門本）今井、代は吉官にては候はぬ<u>ごさんめれ</u>と申ければ（544）
 （源平盛衰記）対応箇所ナシ
 延慶本の「ゴサンメレ」は、長門本の対応箇所にもみられる。源平盛衰記には、この箇所そのものがみられない。
 ⅱ 源平盛衰記と一致する例…ナシ
Ⅲ 延慶本独自加筆箇所…4例
 ⑧「（略）向後モハカぐシカルマジキ<u>ゴサムメレ</u>。一陣破ヌレバ、残党不固_」トテ、聞人弾指ヲゾシケル（2末上545②）
 （長門本）向後もはかばかしかるまじき<u>ごさんなれ</u>、一陣やぶれぬれば、ざんとう全からずとて、聞人爪はじきをぞしける（377）
 （源平盛衰記）対応箇所ナシ
延慶本の「ゴサムメレ」は、長門本の対応箇所では「ごさんなれ」となっている。源平盛衰記はここは対応しない。

3.5 禁止「そ」

副詞「な」が無く、「そ」のみで禁止を表す例が延慶本に1例のみみられるが、この箇所は独自加筆箇所で、長門本に対応箇所なく、源平盛衰記では、「な…そ」の呼応表現に則る。
 ⑨母上カヘ奉テ放チ御坐ネバ、若君宣ケルハ、「父ノ御故ニ命ヲ失ワム事、歎カセ給<u>ソ</u>」ト母上ヲナグサメ給ヘバ（6末下483②）
 （長門本）対応箇所ナシ
 （源平盛衰記）母上ハ拘テ放給ハズ、若公ハ、罷タリ共、暇乞テトク帰参ベシ、痛<u>ナ</u>歎給<u>ソト</u>、涙ヲ拭ツヽ宣ヘバ（巻47・412⑩）

3.6 完了「た」

完了の助動詞「たり」から転じた「た」は、延慶本に4例拾われるが、すべて延慶本のみにみられる例で、長門本や盛衰記は古代語「たり」を用いている。

⑩木曽、「何カヾ、ケ時ニワイタニ、物マヒラセデハ可有_。無塩平茸モアリツ。トクヽ」ト云ケレバ（4下146⑥）

（長門本）いかが食時にわしたるに物参らせではあるべき、無塩平茸もありつ、とくとくといひければ（524）

（源平盛衰記）イカヾ食時ニオハシタルニ物メサデハ有ベキ、食ベキ折ニ不食ハ、粮ナキ者ト成也（略）無塩ノ平茸モアリツナ、帰給ハヌサキニ早メヨヽト云ケレバ（巻33・44①）

3.7 不定称「どこ」

場所を表す不定称代名詞「どこ」は、延慶本に2例みられる。このうち、

Ⅱⅰ長門本とのみ一致する例…1例

⑪「是ハイカニ。此上ハ破陳ニヤ及ベキ。是ハドコヲアラガフゾ。アラニクヤ」トテ、白状ヲ大納言ニ投カケテ（1末上128⑪）

（長門本）是はいかに、此上はひちんにや及ぶべき、是をばどこを争ふぞ、荒にくやとて、白状を大納言の顔に投附て（86）

（源平盛衰記）此上争カ論ジ給ベキ、穴悪ノ人ノ物論ジタル顔ノ誠シ気サヨ、穴悪ヤトテ白状ヲ取直シテ、大納言ノ顔ヲスヂカヘニ打テ（巻6・375⑨）

⑪は、源平盛衰記とは一致しないが、長門本との共通本文にみえるもので、「旧延慶本」に存した可能性が高い。その一方で、

Ⅲ延慶本独自加筆箇所…1例

⑫蔵人緋ニ成リテ、「己ハ下﨟ナレ。アラサツナノ振舞カナ。弓矢取者ハ大刀、刀ニテコソ勝負ハスレ。ドコナル者ノツブテヲ以テ敵ヲ打様ヤハアル」ト云ケレバ（6末下503①）

（長門本）蔵人朱になりて、己は下臈なり、弓矢を取者は弓矢を持て勝負はすれ、石などにて敵をうつ事や有ると宣へば

(732)

(源平盛衰記) 対応箇所ナシ

⑫は、延慶本に長門本は対応するが「どこ」は用いられず、源平盛衰記は対応箇所そのものがみえない。

3.8　打消「なむじ」

この語は延慶本に1例のみみえる語であって、意味上、また未然形接続である点などから、打消の助動詞と考えられている。

⑬経正泣々申ケルハ、「(略) 一日ニ二度参ズル日ハ候シカドモ、不参ノ日ハ候ワナムシニ、今日都ヲ罷出　デ候テ、西鎮ノ旅泊ニタヾヨヒ、八重ノ塩路ヲ漕隔候ナム後ハ、帰京其期ヲ不知」（3末下90⑨）

（長門本）一日に二度参る日は候へ共、参らぬ日は候はざりしに、都をまかり出候て鎮西の旅泊にただよひ、八重のしほ路を漕へだて候なん後は、帰京其期を知らず候（497）

（源平盛衰記）五月三日ニ不参事ハナカリキ。而一族運傾テ、今日既ニ都ヲ罷出ヅ、遥ノ西海ニ落下リ、八重ノ塩路ヲ漕隔ナバ、帰ラン期ヲ不知（巻31・426⑥）

この語も、長門本や源平盛衰記にはみられない。

3.9　格助詞「で」

延慶本に「にて」が転じた「で」が23例拾われる。これに関しては、次の山田（1914）の記述が有名であり、延慶本平家物語を鎌倉時代語の示準文献と認定するに揺るぎなきことを強調している。すなわち、

○以上述ぶるが如くにして、研究調査の基本とすべきは一往延慶本なりとしたるものゝ、しかもなほ一の重大なる疑団ありて、多少躊躇すべく不安の念去らざるものありし。それは何かといふに今日に盛んに用ゐらるる、「デ」といふ格助詞なり。この「デ」はいづれの平家物語にも用ゐられてあり延慶本にも用ゐられてあるが故に鎌倉時代に既にそれが誕生してありたるものとは思惟せらるれど、他の多くの鎌倉時代の文献にはをさをさ

見ること無きを以て、延慶本に「デ」ある故に、鎌倉時代に
　「デ」存すると信ずべく、「デ」用ゐたる故に延慶本は鎌倉時代
　の語法の資料たるべしなどいふ循環論法を用ゐたりなどいはる
　べき弱点なしとせざれば、常に一抹の不安無きにあらざりしな
　り。　　　　　　　　　（「『平家物語の語法』の復刊に際して」）
と不審を抱いて躊躇うのであるが、最終的には、東大寺図書館蔵の
宗性自筆の『春花秋月抄草』に「で」の使用を見出し、
　○平家物語を鎌倉時代の語法資料とすること特に延慶本を資料と
　　するに一点の不安も無きに至りしなり。
と断じた。
　また、格助詞「で」の項では次のように述べ、6類に分類している。
　○「デ」は上に述べたる助詞の性質を有するに至りし「ニテ」が
　　音便にて「ニ」が鼻音「ン」に化してその影響によりて「テ」
　　を濁りて「デ」といひしものが、いつしか、一個の助詞となり
　　はてたものなるべきが、この本にて最も注目すべき語法の一た
　　り。かくてこの「デ」はこの期に初発の語なるが故に他の助詞
　　とは趣を異にして之を分類詳説すること次の如し。
　　　一、名詞につきてそが資格に立つことを示す。
　　　二、名詞につきて、そが場所なることを示す。
　　　三、器格に立てる名詞を示す
　　　四、縁由を示すもの。
　　　五、「トシテ」の意。
　　　六、「デ」の下に動詞を附することは「ゾ」「コソ」の外は
　　　　見当たらず。　　　　　（『平家物語の語法』第十二章助詞）
しかしながら、今回の調査によれば、3本に共通する例がないの
みならず、長門本あるいは源平盛衰記のどちらか1本と一致する例
も皆無である。
　⑭父多胡先生義賢ガ奴デ、上野国勇子、足利ガ一族以下、皆木
　　曾ニ従付ニケリ（3本上598④）
　（長門本）父多胡先生義賢が好にて、上野国勇士、足利が一族
　　以下、皆木曾に従付にけり（405）

鎌倉時代口語の認定に関する一考察　　199

（源平盛衰記）故帶刀先生義賢ノ好ニテ、上野国ノ勇士、足利ノ一族已下、皆木曾ニ相從（巻26・76⑨）

　延慶本「で」が、長門本や源平盛衰記では旧来の「にて」であることが注意される。

⑮彼焼亡ノ火、此木ノウツロニ入テ、煙立ケリ。大衆ノ沙汰デ、水ヲ汲テ度々入ケレドモ、煙少モ立ヤマズ（3本上612⑩）

（長門本）彼焼亡の火、此木のうつろに入て焼上りけり、大衆の沙汰にて水を汲て度々入けれども、烟少しも立止まず（412）

（源平盛衰記）彼焼亡ノ火、此木ノ空ニ移テ煙立ケリ。軍シヅマリテ後、大衆ノ沙汰ニテ水ヲ汲テ、木ノ空ニ入ル事隙ナカリケ共、其煙イツトナク絶ズ（巻24・505②）

　この⑮も延慶本のみが「で」で、長門本や盛衰記は「にて」となっている。

⑯十七日、近江、美乃両国ノ凶徒ガ首共、七条川原デ武士ノ手ヨリ検非違使請取。大路ヲ渡テ獄門ニカク（3本上601⑯）

（長門本）十七日近江美濃両国の凶徒が首を、七条堀川にて武士の手より、検非違使請取て、大路を渡し西獄門にかく（407）

（源平盛衰記）同十六日ニ、近江美濃両国ノ凶賊等ガ首、七条川原ニテ武士ノ手ヨリ検非違使請取テ大路ヲ渡シ、東西ノ獄門ニ被懸ケレバ（巻26・84③）

⑰熱田ニテ在家ヲコボチテ、カイダテヲ構テ、コヽデ暫ク支ヘタリケレドモ、熱田ヲモ追落レテ、三河国矢作ノ東ノ岸ニカイダテヲカイテ支タリ（3本上646⑭）

（長門本）熱田にて在家をこぼちて、かいだてを構へ、爰にて暫く支へたりけれども、熱田をも追落されて、三河の国失矧河の東の峯に、かいだてを構へてささへたり（425）

（源平盛衰記）在家ヲ壊垣楯ヲ掻、爰ニテ暫ク禦ケレ共、熱田ヲモ被追落テ、参川国矢作河ノ東ノ岸ニ、城構シテ陣ヲ取（巻27・148⑤）

⑰延慶本の「コヽデ」が、他本では「爰ニテ」とやはり「にて」

となっている。

　⑱郎等宗俊ニ云ケルハ、「（略）何クヘ行分レタリトモ、死バ一所デコソ知タケレ」（4下154④）

（長門本）郎等宗俊にいひけるは、「（略）いづくへ行たり共、しなば一所にてこそ死にたけれ」（530）

（源平盛衰記）郎等宗俊ヲ呼テ、（略）小太郎ト一所ニテ討死セント思ハイカゞ有ベキト云（巻33・67⑪）

　同じく⑱も延慶本「デ」、長門本及び盛衰記では、「にて」が当たる。

　また、この延慶本「で」は、全巻に満遍なくみえるのではなく、「第三本」部分に偏っていることも注意したい。典拠となった文献が「にて」ではなく「で」を使用していた可能性があるが、今はこれ以上述べる用意がない。

4．まとめ　延慶本平家物語で証明できること

　前項3では、延慶本平家物語の「鎌倉時代口語」に関して、長門本及び源平盛衰記との対応関係を調査してみた。その結果、今回の調査範囲では長門本とは一致せず、源平盛衰記にのみ一致するという例はみられないことが判った。やはり、広本系の中でも、延慶本と長門本との距離の近さが確認され、この両者よりは源平盛衰記の相対的に遠いことが知られる。

　延慶本と長門本との共通本文は、「旧延慶本」にすでに存した部分とみられ、その成立は鎌倉時代の範囲に収まるものと考えられている。したがって、これを妥当とするならば、願望「たし」、推量「う」、連語「ごさんなれ」、連語「ごさんめれ」、不定称「どこ」は、延慶本と長門本とに共通する箇所にみられることから「鎌倉時代の口語」であったことを証明し得る。しかし、その一方、延慶本と長門本との共通本文にはみえず、延慶本の独自箇所に使用される副助詞「ばし」、格助詞「で」、完了「た」（禁止「そ」、打消「なむじ」はそれぞれ1例しかみえないので明確にはいえないが）などは、応永年間（室町時代初期、15世紀）まで下る可能性を孕むものであ

って、これらの諸語は、延慶本及びその類縁の平家物語諸本に拠るだけでは「鎌倉時代口語」であることは証明できないのである。

　先にも述べたように、平家物語の諸本研究は、国語学者山田孝雄により始まった。その後は、高橋貞一ら日本文学研究者にバトンタッチされ、進展してきた。一方、本文、索引の刊行によって覚一本を専ら用いていた日本語史研究者も、北原・小川（1990、1996）が刊行されて以降は、再び延慶本に目を向けるようになった。今や文法史、語彙史等における鎌倉時代を語る文献資料として必ず用いられる文献の１つともなっている。しかし、山田孝雄以降、日本語史研究者がその後の諸本研究の成果を摂取しようとする姿勢は概して希薄であって、いわば無条件にカノン化されてしまったふしがある。

　本稿は、山田が先鞭をつけた平家物語諸本の研究の、その後の成果を再びここに代入して、これを鎌倉時代語研究資料としてみた場合に、どのような問題が存するかを指摘してみた。それは、皮肉にも、山田が「一点の不安も無きに至りしなり」と断じた格助詞「で」については、鎌倉時代に存在したということを延慶本平家物語ではやはり証明し得ないという結論になった。しかし、そうした資料性の吟味を怠らず慎重に研究を推進する営みは、山田孝雄（そして橋本進吉も）の尊重した基本的な研究姿勢ではなかったかと顧みるにつけ、日本語史研究資料の言語年代や位相を定める上で、文献学的研究の成果には常に敏感に向き合う必要性を改めて強調しておきたいと思う次第である。

参考文献

小川栄一（2008）『延慶本平家物語の日本語史的研究』勉誠社
北原保雄・小川栄一（1990）『延慶本平家物語　本文篇』勉誠社
北原保雄・小川栄一（1996）『延慶本平家物語　索引篇』勉誠社
小林芳規（1971）「中世片仮名文の国語史的研究」『広島大学文学部紀要』特輯号3
小林芳規（1988）「鎌倉時代の口頭語の研究資料について」『鎌倉時代語研究』11

佐伯真一（2008）「解題」『大東急記念文庫善本叢刊中古中世篇別巻　延慶本平家物語』汲古書院
櫻井陽子（2001）「延慶本平家物語（応永書写本）本文再考―「咸陽宮」描写記事より―」『国文』95. お茶の水女子大学国語国文学会
武久堅（1986）『平家物語成立過程考』桜楓社
築島裕（1974）「鎌倉時代の言語体系について」『国語と国文学』51（4）
土井光祐（2007）「明恵関係聞書類における「口語」と「文語」の混在と機能」『文学』8（6）. 岩波書店
冨倉二郎（徳治郎）（1934）「延慶本平家物語考―長門本及源平盛衰記との関係―」『文学』2（3）. 岩波書店
冨倉徳治郎（1935）「久原文庫本応永書写平家物語について」『応永書写延慶本平家物語』改造社
服部幸造（1969）「『旧延慶本平家物語』の成立に関する一考察」『名古屋大学国語国文学』25
服部幸造（1971）「『旧延慶本平家物語』の成立年代についての疑問」『名古屋大学国語国文学』29
山田孝雄（1911）『平家物語考』（文部省国語調査委員会『国語史料　鎌倉時代之部　平家物語につきての研究』前篇）
山田孝雄（1913）『奈良朝文法史』宝文館（1954年再刊）
山田孝雄（1914）『平家物語の語法』宝文館（1954年再刊）
山田孝雄（1918）「平家物語考続説」『國學院雑誌』24（4）
山本真吾（1994）「延慶本平家物語に於ける古代語の用法について―「侍り」「めり」「まほし」を軸として―」『延慶本平家物語考証』3. 新典社
山本真吾（2010a）「平家物語諸本と中世語―延慶本の言語年代をめぐって―」『国文論叢』43. 神戸大学文学部国語国文学会
山本真吾（2010b）「私が勧めるこの一冊　山田孝雄『平家物語の語法』」『日本語学』29（13）. 明治書院
山本真吾（2014）「日本語史研究の示準文献をめぐる一考察―『今昔物語集』を例として―」『国文学踏査』26. 大正大学

明治前期の手紙文にみられる「口語体」

野村剛史

1. 話し言葉と書き言葉の接点

「話し言葉と書き言葉の接点」に関わって、次の2つの事由に基づいて、明治前期の手紙文を考察対象とした。

まず、明治前期（明治半ばで前後期を区切るものとする）にはいわゆる「言文一致運動」が起こった。これは実質的には、思考を直截に書記しうる「書き言葉口語体」を創出しようとする試みだった。明治前期の書き言葉は、普通には文語体だった。文語体とは、主に「古典日本語」の文法に準拠した書き言葉である。一方、「書き言葉口語体」とは、おおむねその時期の話し言葉の文法に準拠した書き言葉である。それ故「口語体＝言文一致体」はしばしば、話し言葉をそのまま書き写したもののように誤解されたが、もちろん「話し言葉」そのままの「書き言葉」であるわけではない。しかし、文語体に比べれば、書き言葉が話し言葉に接近したという印象を与える。手紙の文章もまた「書き言葉」であるから、もしそこに口語体の文章が現れれば、それは「言文一致体」の形成に直接に繋がっている可能性がある。本稿は第一に、その可能性について検討したい。

第二に、そもそも手紙という形式自体が、「書き言葉」と「話し言葉」の接点にある。手紙は「書く」のだから、その文章は当然「書き言葉」である。書き言葉には通常、目前の言語的対手がいない。しかし、手紙はそうではない。多くの場合、はっきりした言語的対手（手紙の読み手）が想定されている。つまり、はっきりした対手という話し言葉的要素と文字で記すという本来の書き言葉的要素が、手紙では絡まり合っている。

手紙とは逆に、口頭語でありながら書き言葉的要素を大いに含んだ言語形式として、講義・講演、演説、口上・挨拶などが考えられ

る。これらの形式は多数の聴者を対手とする場合があるが、ふつうその対手がはっきりしている。しかし、通常の話し言葉とは、話し手の言語に向かう態度が大いに異なる。講義・講演、演説、口上・挨拶などの言語は、公的な改まった場所の言語である。そこで、おおむね言葉に品位が保たれなければならない。内容も整わなければならない。これらについては相応の用意が必要であるが、幸い準備のための時間的なゆとりがあったり、形式的な枠組みも定まっていることが多い。このような講義・講演、演説、口上・挨拶などの言葉は、改まった場所での品位が要求される標準語の形成に関わる性格を強くもっているのだが、本稿はこの点は措いて、専ら言文一致体の形成、及び手紙文本来の性質という二側面から、話し言葉と書き言葉の接点としての明治期手紙文について考えてみたい。

2. メディアのスピードと文体

以下では、特に我が国の郵便制度の沿革を回顧する必要はあるまい。明治期の郵便は江戸期に比較して、全国津々浦々に至るまで圧倒的な到達スピードと（特に葉書において）簡便さを誇った。スピード感は都市地域内において特に顕著であり、明治30年頃には東京市内における手紙の到着時間（投函から到着までの時間）は、ほぼ半日であった。そのスピードが制度として保証されていたのである。人々は安心して、そのスピードに言語を託した。

次は、明治29年、正岡子規から画家の中村不折に宛てられた封書である。（『子規全集第十九巻』　宛：東京市本郷区湯島四丁目三番地、出：東京市下谷区上根岸八十二　正岡常規）

　　本日ハ御入来之処あひにく留守にて失礼申上候　明日は俳句遠足会にて目黒へ出かけ候故萬一不在中へ又々御足労かけてハと存申上候　……
　　　　十月廿五日夜
　　不折　畫伯

この葉書について『子規全集第十九巻』には、「十月二十六日、

目黒不動前の茶店で〈石井〉露月送別句会を開く」(〈 〉内は野村注、以下同様)との注がある。つまり「明日は留守だから尋ねてきても無駄足となる」との親切である。これを前日の夜に投函して注意を喚起するためには、遅くとも二十六日の午前中には手紙が届いていなければならない。子規は届くものと安心していたのであろう。もっとも、「下谷区上根岸」から「本郷区湯島」まで、さほどの距離があったわけではない。

　また次は、明治30年8月21日に、その石井祐治〈露月〉に宛てられた子規の葉書である。(『子規全集第十九巻』　宛：本郷区春木町三丁目一番地佐野方、出：下谷区上根岸八十二番地)

　　　明後廿二日午後一時より拙宅にて臨時小集

22日が「明後」とあるが、「全集」は投函時を二十一日と認定している。夏目漱石、河東碧梧桐、高濱虚子らへの「小集」呼びかけの葉書である。

　少々以前の明治25年には、次のような葉書がある。(『子規全集第十八巻』　12月30日リ便　宛：本郷真砂町常磐会寄宿舎　小川尚義、天岸一順、出：根岸老人〈子規〉)

　　　明三十一日御閑ならバ早朝よりどなたか御出被下まじくやさう
　　　すればカルタがはかどり可申候

12月30日の朝に出した葉書で、翌日の早朝に子規宅来訪を要請している。「リ便」は受付のイロハ順の便号で、イからワまであったというから、「リ」はその日の午後便と思われる。

　また、明治27年には、高濱虚子に次の要請を行っている。(『子規全集第十八巻』　1月31日　宛：高濱清　東京市本郷区真砂町常磐会寄宿舎内、出：下谷区上根岸町八十八番地)

　　　明一日宿替致し候　乍失敬喪中より御光来是祈

明治30年前後の東京市は全15区、人口は推測でせいぜい150万人規模の都市であった。そこでは集配が専ら人間の脚で行われていたとしても、市内はほぼ半日で手紙が届いたわけである。

　明治4年に「東京－西京〈京都〉」間の「新式郵便」開業の布告が告示された。郵便が「時刻を定め何様(なにょう)の天気でも毎日出発すること、郵便物をいつでも差出せる書状集め箱(ポスト)を、町の要所

に設置すること、切手を用いてポストの近くに切手売捌所を設ける」などをもって「新式郵便」と称したのである。それはもちろん市内の郵便についても当てはまるから、明治中期以降は、極めて安定的に書状が市内にほぼ半日以内で到着し、人々はそれを当然のことと期待するようになった。その期待が先に示した子規書状に反映しているわけであるが、考えてみれば、それは「書き言葉」の到達時間の驚くべき短縮であった。

　私は、言語到達のスピードは（話し言葉は本来「瞬時」と考えてよいので、実質的には書き言葉のスピードの問題であるが）、何らかの形でその書き言葉の文体に影響を与えるだろうと考える。例えば今日、口頭言語に近い速度を達成している電子メールの文章は、口頭言語のおしゃべりの文体に接近している。これが送受信に更に時間がかかるとすれば（例えば、一回ワープロで文書を作り、それを添付しなければ送受信が出来ないとしたら）、文体は書き言葉的な整序・品位などをうちに含もうとして、なかなかおしゃべりそのものには近づきにくいだろう。一方、それまでの水準からみれば格段のスピード感を伴う明治期の書簡は、例えば葉書の類のお手軽感をも併せて、今日の電子メールに近い感覚を、当時の書き手・読み手に与えたのではないか。もちろん書状は、簡単には消去できない証跡性が明らかであり、また毛筆など筆記用具の選択、封のあり方など一方では厳粛性を演出することも可能だが、他方では走り書きの伝言の可能性、値段の安さ（とは言え、明治20年の葉書1銭は、ほぼもりかけそばと同額。手紙は2銭）などと相まって、かつてない気楽な書き言葉の可能性を、人々へ与えたものと思われる。そこで次に、その可能性の現実化として、明治期の若い友人間の手紙の文体を眺めてみよう。

3．明治期の友人相手の手紙の文体

　まず、小説の文体の口語体化（言文一致化）がほぼ完成した明治四十年頃の若い友人間の手紙文の例を少しみてみよう。
　永井荷風は、1879年（明治12年）生、1908年（明治41年）に

は『あめりか物語』を博文館から刊行している。この頃の荷風の友人宛の手紙は、多くが口語体である。次は明治42年6月22日の葉書である。（岩波版『荷風全集二十七巻』（1995刊）　宛：金沢市彦山五番町八十一　今村次七、出：東京大久保余丁町七九　永井荷風）

　　おはがき有難う。フランス物語は訂正して発行するつもり。其の中に原本をお送します。
　　東京もつまらないから、其の中に京都に居住して見たい考がある。どうでせう。万事悲観して居ますよ。
　　［欄外］　イリス其の後の消息をご存じですか。

　そもそも、このころには口語体書簡はかなり普及していた。しかしもちろん荷風は、文語体の候文でも手紙を記すのであって、今村次七に対しても「其の後はつい御無沙汰致し居候」（明治43年1月13日書簡）などと書いて送っているのである。その荷風は当時特権的なインテリ青年であるが、社会一般の手紙文は、おおむね次のような状況にあったものと思われる。

　明治44年に忠誠堂から刊行された『書翰講義』は、総1490ページに及び、並製定価2円という高額ながら、明治中に26版を印刷している。そこに次のようにあって、書翰文における口語体の広がりの様相が分かる。興味深い内容であるので、やや長めに引用する。

　　書翰文に口語を用ゐる<ruby>やう<rt>ママ</rt></ruby>になって来たのは、<ruby>輓近<rt>ちかごろ</rt></ruby>のことである。それは若い人の一部に用ゐられて未だ一般に行きわたると云ふわけに行かない。その起った理由は<ruby>在来<rt>ありきたり</rt></ruby>の候文は究屈でこまる。言はう思ふ心持が「候」と云ふしかつめらしい<ruby>形式<rt>かたち</rt></ruby>に左右されて滞りがちになる。感情を主とする書翰文がそんなぎこちないことでは迷惑である。長い歴史を持ってゐるからと言って、あくまでそれに拠って行くと云ふわけはない。われ〴〵の心持は、常に自由に停滞なきことを欲して<ruby>居<rt>を</rt></ruby>る。舊い窮屈な形式は宜しく打ち破って、新しい自由な形式を築き上げねばならぬ。それには<ruby>各自<rt>めいめい</rt></ruby>の心持をそのまゝに表はす口語の形式を取って、胸に在ることを包まず打明けたい。若いわれ〴〵の心持は

何処までも物に拘束されたくない。新しい時代に呼吸して居るからには、それに伴ふだけの新しい心持の言ひ表はし方を要する。口語体は尤もそれに適って居る。今後の書翰文の文体は必ず此の口語体を取らねばならぬと云ふのが、口語体を唱へて居る人の持論である。それから今一つは今日のあらゆる文芸が皆口語を以て表はされて居る。小説などは口語体でなければ誰も読む気がしないと云ふ有様で、従来の（裃）主義を脱って、自由に意志を通はせると云ふことを主にして来たらしい。

（『書翰講義』「文語体と口語体との関係」の項）

『書翰講義』には口語体、文語体、候文等の文章見本が載せられるが、大町圭月の「書翰心得」から始まって、大部分の文章は硬いながらも口語体によって記されている。全体に若者向けに口語体の手紙文の書き方を教示しようという意図で編纂されたものである。「手紙の書き方」にはどの時代でも相応の知識需要が認められる。しかし、明治末期から大正前期にかけては、とにかく大部の「書翰文」ものが次々と出版されている。そこには簡単に手紙文の形式的な枠組みを示すだけではなく、内容にまで踏み込んだ口語体の文章見本が大量に掲載されている。「一部に用ゐられて未だ一般に行きわたると云ふわけに行かない」状況ではあるけれども、口語体の書翰文には強い需要があったのである。では、口語体の書翰文はいつごろ発生し、どのようにして広く一般の需要を喚起したのであろうか。

夏目漱石と正岡子規は、明治22年1月、第一高等中学の同級生として親しい仲となり、5月に子規の喀血・静養などもあって書簡のやりとりが開始された。かれらは慶応3年（1867年）の生まれであり、明治23年7月ともに第一高等中学を卒業した。次はその頃の二人の間でやりとりされた手紙の一部で、特に口語体で書かれた部分を抜き出した（仮名遣いはすべてママ）。

・（子規　明治23年8月15日　漱石宛・封書　冒頭の部分『子規全集第十八巻』）

　何だと女の祟りで眼がわるくなつたと、笑ハしやァがらぁ、此頃の熱さでハのぼせがつよくてお気の毒だねへといハざるべか

らざる厳汗の時節、自称色男ハさぞ〰御困却と存候併シ眼病位ですミとなり、まだ頤で蠅を逐ハぬ処がしんしよう〰。僕君の眼を気遣ふて之をトするに悲しや易の面、甚だよろしからず（……）」

手紙はこの後、非「候体」の文語体となって長々と続く。

・〈子規　同年8月29日　漱石宛・封書　冒頭　『子規全集第十八巻』〉

御手紙拝見寝耳に水の御譴責状ハ実ニ小生の肝をひやし候（……）孤禅生悟りが君をひやかした抔とハ余つぽどおかしい見様じやないかねへ変てこてこへんだわい（……）理屈づめなら此方も大分言ひ草があると、こりやァ面白いサア承ハらういへるならいつて見ろサア早くいへ……僕の偈が癪にさわるなら偈をかつぎ出すことハやめにしたから安心し給へ　尤最一度いへといはれてももう偈ハ知らんのだから仕方がない

・（漱石　明治24年7月18日　子規宛・封書　『漱石全集第二十二巻』）

愚兄得々賢弟黙々の一語御叱りにあづかり恐縮の至り以来は慎みます

（……）学資上の御困難はさこそと御推察申上候といふ迄にて別段名案も無之、いくら僕が器械の亀の子を発明する才あるも開いた口へ牡丹餅を抛りこむ事を知つて居るとも是ばかりはどうも方がつきませんなそれも僕が女に生まれていれば一寸青楼へ身を沈めて君の学資を助るといふ様な乙な事が出来るのだけれど……夫も此面ではむづかしい

試験廃止論貴察の通り泣き寝入りの体裁やつた所が成功の見込なしと観破したね

ゑゝともう何か書く事はないかしら、あゝそう〰、昨日眼医者へいつた所が、いつか君に話した可愛らしい女の子を見たね、（……）天気予報なしの突然の邂逅だからひやつと驚いて思はず顔に紅葉を散らしたね丸で夕日に映ずる嵐山の大火の如し其代り君が羨ましがつた海気屋で買つた蝙蝠傘をとられた、夫故今日は炎天を冒してこれから行く

これら子規・漱石間の手紙のやりとりにおける口語性は、極めて出現の時期が早いように思われる。漱石宛以外の子規の手紙に口語体が多く用いられるのは、明治31年頃からである。次は特に早い例である。

　・〈子規　明治29年5月14日　高濱虚子宛・封書『子規全集第十九巻』〉
　　一週七日の間五日間戸を閉ぢて外へ出ぬこと出来たことか　自分が規則をこしらへて自分を束縛しやうとしたところでそれが出来る筈のものでハあるまい　無形の決心十分に強固ならずとて有形の規則で之を支へたところがそれが保てる筈もない

　高濱虚子は子規が気楽に接しうる後輩であって、河東碧梧桐とともに明治23年ころからの書簡が残るが、普通には文語体、候体が用いられているのである。

　子規、漱石と同じく1867年生まれながら、よりませていた尾崎紅葉はいかがとみると、次のようなものが認められる程度である。丸岡九華は『我楽多文庫』の気楽な仲間である。

　・〈紅葉　明治19年12月　宛：丸岡九華『紅葉全集第十二巻』〉
　　先達アラホドいやみ沢山な手紙さし上げたに何の御返事もなきは丸岡氏の耳朶も昨朝の寒さに霜げられたさうなコレ丸岡氏イヤサ久じるしいかゞ致されたさいつ頃より数度のさいそくも麦焦しに砂糖とはあまりに情あらぬことなり〈……〉硯友社の金庫の内幕まで御存じの君が今だに○を出してくれぬとは実にうらめしく又キヤツの事を思うては○○○○をぬらし居候〈……〉
　　思案外史より君へよろしくとも何ともいはぬアクチーブに逢つたらボクが達者でいるとつたへてくれたまへこの音信を聞いてニヤリと笑ふ顔が見たいナ〰〰

　紅葉の書簡はあまり残っていないようなので、全集で発見できる口語体は以上のみである。

　少々後の島崎藤村（1872生）では、次が口語体の初出である。

　・〈明治29年2月5日　『藤村全集第十七巻』宛：馬場孤蝶　出：房州（住居は日本橋濱町）〉

久しく手紙を上げなかった。……一月の二十五日に十日許りの旅を思ひ露伴のささ舟、ドウディの小説などを風呂敷につつんで上総の小久保という漁村に居る友人を尋ねに出掛けた。
　…………君も何より身心をすこやかにして御互に会ふ時を楽しまう。

　また、参考として国木田独歩の口語体書簡初出は明治35年（1902年）であることを付け加える。要は明治20年代には、一般に口語体書簡は乏しいといわざるを得ない。このようにみると、先の子規・漱石の口語体書簡は極めて早い例と述べることが出来そうである。また、子規・漱石間の手紙のやりとりも、年齢とともに次第に口語体・話し言葉風ではなくなってくる（参照『漱石・子規往復書簡集』岩波文庫）。とすれば、先に示した彼らの口語体書簡はいかに位置付けられ、かつ、荷風の時代には口語体書簡は一般的であったのだから、それはいつ、どれほど普及したかが問題になる。

4．書簡型口語体は、いつ、どれほど普及したか

　東京の人口は明治初期、幕末期の江戸に比して半減した。しかし、特に明治10年代以降、今度は爆発的に増大した。明治前期の東京の求心力は、いわゆる文明開花政策がもたらしたもので、東京には官吏、軍人、教員、会社員そして特に彼らの予備軍としての書生が集中した。東京には、書生たちを収容するための高等教育機関としての大学、専門学校（今日の大学と同等）が次々に創設され、彼らはそれに群がったのである。坪内逍遙は『当世書生気質』（明治18-19年）の中で「別ても数多きは、人力車夫と学生なり」と述べている。望みのままとまでは行かなくとも、書生の多くはエリートの予備軍であった。中でも第一高等中学から東京帝国大学へと進学した紅葉・漱石・子規輩はエリート中のエリートであり、日本語の読み書きはもとより、漢文、西洋語と、そのリテラシーの水準は極めて高度と考えられる。彼らは仲間間の回覧雑誌、手紙などの中に、自在に普通文（当時通用の漢語の多い文語文）、候文、漢詩漢文、英文などを書き散らしたり書き写したりすることが出来た。

明治20年頃の一般の手紙の文章は、もちろん候体の文章である。一般庶民はなかなか文字を書く機会に乏しく、文章を書く最も多い機会は、手紙を書く時であったろう。彼らはそれを候文で書き、その水準に達するのがやっとである者も多かった。後の時代になれば、教科書にも次の『尋常小学読本六』（明治37年、第一次国定教科書、ここではいわゆる「棒引き仮名遣い」が採用されている）のように、「お手紙をくださいまして、ありがたうございます。さっそく、父に、話しましたら、それはめづらしいものだ。ぜひ、見せていただけと申しました。この次のにちよーび〈日曜日〉にまゐります。どうぞ、見せてください」などの口語体手紙文の見本が載るけれども、言文一致体が全くといってよいほど普及していない明治20年頃には、庶民は決して口語体の手紙文を書かないだろう。彼らは彼らの話し言葉をもって己れのリテラシーと認定されることを恐れ、自分自身を内面的に規制するのだ。ここでは小説家の小説言語とは異なった一般人の言文一致体の文章を考えているのだが、彼ら一般人の言文一致体もまた、高度リテラシーの所有者から始まる。子規・漱石・紅葉などがそうであり、自他共に高度リテラシーの所有者と任じていたからこそ、嗜好・趣味に応じて、おしゃべりそのものであるような先の口語体の手紙文を書くことが出来た。もちろん気楽な仲間内同士であることもその条件ではあるが、その種の人間関係はどこにでもあるわけで、結局どのようにふざけ散らしてもその背後におけるお互が高度リテラシーの所有者であるというアイデンティティーの確認が、この種の口語体を支えていると述べることが出来るのではなかろうか。

　一般の言語生活における言文一致体手紙文の需要は、例えば次のような現象にみることが出来よう。

　明治35年有力出版社春陽堂発行の月刊文芸誌『新小説』は、「雛に招く文」のような課題を設定して、毎号広く読者に「言文一致書簡文」を募集しはじめた。この試みは読者の好尚に適い、大いに投稿が集まったようである。次はその最初の募集文の一部である。

　　然ども翻つて思へば其文体個々別々にして雅文あり韻文あり、
　　雅俗折衷を作るものあり、言文一致を主とするものあり、真に

各体紛雑して統一するところなし、豈にこれを以て我が文海の慶すべき潮流なりといふべけんや、然れども今や其大勢は言文一致体の解し易くして而も何人にも作（な）し易きもの次第に勢力を加へ来り、此体を用ゐ、此体を愛誦するもの日に月に益々多からんとす。然りと雖も更に惟ふに作者各々好むところに偏して一言に言文一致体といふと雖も未だこれが完璧なる言文一致体の模範なりと他に誇示するに足るべきものあるを見ず、依って茲に凡く賞を懸けて募集することゝなせり。……

（『新小説』明治35年1月号）

このような募集に応じて投稿、当選となった「作品」は、次のようなものであった（『新小説』明治35年3月号）。

課題：初産を祝ふ文

当選作（編輯局選）：一等　西島きみ子

其後は大変御無沙汰致しました、お別れもうしましたのは去年如月の雪やう〳〵解け初むる頃でしたから丁度一年になります、ご良縁がおあんなすつて今の所へいらつしやつたと承はりましたのも未だつひ此間の様に思つて居りますのに、昨日花子さんからお手紙を頂きまして、あなたがこの春玉のやうな和子様お挙げ遊ばしたと承はりました。どんなに可愛らしいでせう、私も近ければ御喜びに上つて、抱かしていゞきますものを、何をいつても百三十里と隔つて居るのが口惜しいうござんす。……

二等豊前　證大寺

一寸一寸（ちよいと）、坊やが生まれたつてね、ほんとうにご両親様は勿論良人も大悦でせう。そして姉さんも坊ちやんも至極健勝と来ては、イヤ、愉快此上もない次第。

あゝ姉さんは茲に初めてお母さんと呼ばれるやうに成つた。

若いお母さん－萬才！！！

坊や－萬才！！！

附記。僕の今飼つて居る鶏は雌雄各三羽宛

三等東京浅草　鶴澤才太郎

倅て今日内から知せてよこした、お嬶（つか）がいよいよ〳〵産んださ

ふだが、初めてじやあるし男の子だてえから、熊、お前嬉しいだらう、こんなめでたえ事はねえ。……おまけにポチャ～ふとりやあかつて、熊、そつくりだといふぢやあねえか、早く顔が見てえものだな、だがの、今日やつとタテメエがすんだ斗りで、是れからが仕事だ……風でも引せねえやうに大事にしな。おつかにもよろしくよ。

兄八蔵より

　　大工熊五郎殿

　見られるとおり、文章はいかにもわざとらしいが、同時にここからは、読者＝投稿者の文章、就中言文一致体の文章を「書いてみたい」という欲望が見えてくるように思える。彼らはひどく気負って、言文一致体の書簡文の見本を示したいと思っているのである。

　『新小説』は、小説を中心に据えた今日の文芸誌と中間小説誌を併せたような幅広さをもつ雑誌であった。その読者は、当時の水準からいってかなり高度なリテラシーの所有者である。彼らは文語体の小説も口語体の小説も読みこなし、それらの小説には相当に高水準の漢字も入り混じっていた。しかし平均的にみれば、彼らは最高度のリテラシーの所有者たちとはいえないだろう。彼らはおおむね、亜インテリないしインテリ予備軍なのである。

　書簡文ではないが、この頃の言文一致体への人々の欲望を示す別例を追加しよう。明治32年頃から、子規・虚子らの俳諧文芸誌『ホトトギス』は、言文一致体日記・写生文の募集を始めた。写生文は叙事文とも言って、身辺・周辺の出来事や情景をありありと語り記す文章である。日記も特に職業的な事実記載が重視され、それらが言文一致体で文章化されたのである。こちらも読者の好評を招いたようで、多くの投稿が認められる。もともと『ホトトギス』は歌や俳句の投稿雑誌でもあったから、文章募集もなじみやすかったに違いない。

　以上のような現象は、明治33年（1900年）頃（キリがいいばかりでなく、次節で述べるように特別な意味をもった年である）にはまだ、口語体の文章を書くことは、書くことの必要性が高い手紙文を含めて、あまり一般的には普及していなかったその様相を示し

ているかと思う。あまり普及していなかったので、人々はその文章見本を求めていた。と同時にもちろん、口語体の文章の読み書きに魅力を感じて、かかる文章を熱望していたわけである。

5．書簡型口語体の影響力

　明治33年は、言文一致体が小説界を制覇したという意味で1つの画期をなす年である。この年に言文一致体は、『文芸倶楽部』『新小説』という当時の二大文芸誌の小説の過半を制することとなった（両誌とも掲載小説数の過半が言文一致体小説となった）。以後この趨勢は変わらず、口語体の比率は単調に高まってゆく。小説以外の一般評論文、雑誌・新聞の記事などは、未だ文語体優勢であったのである。つまり、広く一般に言文一致体が普及し始めたのは、小説の言文一致体の後ということになる。それは公共的な活字の世界のみならず、広範な人々の言語生活における「書く」ことについても同様であったろう。読み書きリテラシーの所有者であっても、人々は例えば手紙の候文のような特殊なタイプを含んだ文語体の文章を書いて、通常の言語生活を営んでいたのである。

　子規・漱石や紅葉を含む硯友社書生のような人々は、極めて高度なリテラシーの所有者であった。彼らは、遊び気分・面白半分の言文一致体の手紙を書き散らすことが可能であった。それらはもちろん、低い読み書き能力を反映したものではなく、高度リテラシーの所有者だった彼らだからこそ、「自信を持って」読み書きすることができた文章だった。彼らは恐らく（特に紅葉は当然）、明治20年頃の山田美妙や二葉亭四迷らの言文一致体小説を知っていたに違いない。少なくとも評判は聞いていただろう。その知識は彼らの口語体手紙文を書きやすくさせたかも知れないが、しかしそのような言文一致体小説とは独立に、彼らは既に示したようなおしゃべり型の口語体手紙文を書いていたように思われる。当時の小説の文章と彼らの手紙の文章では、やはり文体に相当の径庭が認められるからである。対して明治33年頃の一般的なリテラシーの所有者（これすらまだ少数者）は、時間的な順序からみると、どうも小説界の口語

体流行という現象の後を追って、書き言葉を言文一致化させていったようである。

　講義・講演・口上などの話し言葉は、整った話し言葉という意味でもともと書き言葉的であった。それを利用した書き言葉作品としての「抄物、漢籍国字解、心学道話」などがあったことは、よく知られている。それらは明治初期の「開花啓蒙もの」「小新聞談話体」に引きつがれて行ったようで、書き言葉口語体へのこの経路もよく知られている。一方、手紙という書き言葉は、対手の存在が話し言葉的要素の介入をもたらす。また送発信のスピードアップは文字の現前性（目の前に存在する自分の言葉という性格）を弱める方向に働いて、両者相俟って、書き言葉口語体の発生の要因であった可能性がある。こちらの「手紙文からの口語体化」という経路は、言文一致体普及の要因としてはあまり問題になっていない。

　子規・漱石・紅葉とて、当初は無名の書生に過ぎない。彼らが行い得たことは、無名のしかしエリートとしての若い書生仲間の手で反復されたことであろう。時間をかければ、一般人民への口語体普及に影響を及ぼした可能性がある。例えば先の永井荷風の手紙は気易い友人仲間へのものではあるが、この時の荷風は既に30代であって、おふざけ得意の書生とは違っている。手紙は話し言葉と書き言葉のはっきりした接点であるが故に、この場所から口語体化への道が開けていく可能性は、可能性として認めてられてよいと思われる。

　しかし現実には手紙文からの口語体の普及は、書き言葉全般の言文一致体化の波に呑み込まれている。次に示すのは、1900年前後の文芸雑誌の小説における文語体対口語体の比率である（『文芸倶楽部』『新小説』『太陽』における小説文体の本数による百分比）（野村（2013）参照）。

　文語体・口語体比率の全体としての逆転は1899年に生じているが、1900年は以上の3誌すべてで逆転が生じた年として、特別の意味をもつ。もちろん1901年以降は、趨勢としてますます顕著に言文一致体化が進んでゆく。それは、小説から一般の論説文へと広がってゆくのである。

	文語体	口語体
1895年（明治28年）	83 %	17 %
1896年（明治29年）	75 %	25 %
1897年（明治30年）	69 %	31 %
1898年（明治31年）	53 %	47 %
1899年（明治32年）	46 %	54 %
1900年（明治33年）	42 %	58 %
1901年（明治34年）	33 %	67 %
1902年（明治35年）	19 %	81 %

　1901年（明治34年）、坪井正五郎ほか27名によって、貴族院・衆議院に「言文一致の実行についての請願」が提出された。「凡そ国語の独立普及発達は国家の統一を固くして国勢の伸張を助け国運の進歩を速かにする第一の方法であつてそれには言語と文章を一致させねばならぬことゝ信じます」というその趣旨は、上田万年の『国語のため』そのものであるが、実際にはこの種の理屈に関わりなく、書き言葉の言文一致化は進んでゆく。先に示した小説の言文一致体の文章に、人々は魅力を感じたからである。文語体の文章を書かせることは、児童生徒の負担をいたずらに増やす。これも言文一致体採用の根拠として提起されたのであるが、実際には文語体の文章に十分慣れ親しんだ大人たちが、文語体から口語体へと自らの書き言葉を切り換えたのだ。1901年、言語学者の藤岡勝二は、言文一致論について「考へもなく心配もなく只目下流行するからでこゝでも始めやうぢゃないかといふので……」（『言語学雑誌』第2巻4号）と述べている。この時代、つまり日本の1900年前後には、言文一致体採用は一種の流行現象と化していたのであった。（本稿、言文一致体については、『明治以降国語問題論集』を利用した。）

　先に示した『新小説』の「言文一致書簡文」の募集もまた、「募集」という現象として、この流行に乗ったものと考えられる。人々（特に玄人筋——プロの小説家やその予備軍——玄人筋たらんと欲する人々）は言文一致体小説の文章に魅了され、自らの実践においてもまた言文一致体の文章を望んだ。あの手のわざとらしい文章を

書いているようでは、残念ながら見込みが乏しいが、工夫は凝らしてみたのである。もちろん、手紙が話し言葉と書き言葉の接点上にあり、そのことが実践の行いやすさに繋がっていた。しかし全体として眺めれば、若い書生たちから始まった手紙文の言文一致体化が、日本語の文章の言文一致体化の進行に十分寄与していたとは思えない。少なくとも1900年代の「言文一致体書簡文」の流行は、言文一致体の文章一般の流行の結果であって原因ではないのである。

　子規・漱石の写生文についても、同様のことがいいうる。小説の言文一致体の文章の魅力は、描写や思考のパースペクティブ化にある。ものごとは「いま、ここ」から眺められそのような「思い」として描写される。思考ももちろん第三者的に記述されるのではない。両者はともにパースペクティブのゼロ点（目の位置）から言語化されるのである。ゼロ点からの言語（これを特に「思い言語」という）は、話し言葉に従う。人々はこのゼロ点からの言語に魅了され、自己をそのゼロ点に一体化した。そのような文章に示された事柄は、あたかも我が事のように感じられるのである。子規は写生文（子規はもっぱら「叙事文」という）の極意について次のように述べている。

　　……此日の朝は一面の曇りで空は猶雪を催し居る。町はづれに出ると北の方に見ゆる山脈は一面の雪をかぶつて其中で一番高いのは○○山である。……
　　火は次第に拡がつて竹のはじく音は実にすさまじい。忽ち○○おろしが吹いて来たと思ふと焰は頂迄吹き抜いて、見る〳〵眼前に一個の火の柱は現れた。云々……
　　の如き体裁に書くなり。併し我は大仕掛けの左義長といふもの見し事あらねば全く之を〈写し〉出だす能はざれども若実地に左義長を見し人の見た儘を写し出ださば必ずや左義長の火の柱は読者の眼前に来るべし。

　　　　　　　　　　　（『日本』明治三十三年、『子規全集第十四巻』）
或いはまた、次のようにも述べている。
　　……の如く作者を土台に立て作者の見たことだけを見たとして記さんには、事柄によりて興味の深浅こそあれ、とにかく読者

をして作者と同一の地位に立たしむるの効力はあるべし。

　写生文もまた、ものごとのパースペクティブ化された描写である。それはある意味で子規の独創ではあったけれど、二葉亭以下、「文学界」「民友社」系の作家たち（独歩、藤村、花袋、蘆花ら）を始めとして当時の若い作家たちが、すでに技法として学んでいた事柄である。

　子規・漱石は、それぞれ活躍の時期こそ違え、明治後期では主流に属さないいわば傍系の文学者であった。子規・漱石らは、あまり二葉亭以下、「文学界」「民友社」系の作家たちを重要視しない。流れが違うし、文学者としての力量として自己を恃むところが強かった。だから、熱心に二葉亭らを読むことをしない。きちんと読めば、写生文についての子規の主張は、二葉亭以下の作家らの言文一致体の文章の中に実現されていたことが分かるはずである。しかし主流派の等閑視は、子規らの強みでもある。子規は俳句の表現論的分析に加えてフォンタネージや中村不折らの、透視画法・パースペクティブ化された西洋絵画の写実のあり方から、写生論を独力で開拓した。漱石は二葉亭がロシア文学から独力で抽出した事柄を、独力で英文学から抽出することで可能であったろう。だから、子規・漱石には人まねではない自立性がある。彼らに時間があれば、おしゃべりな手紙の口語体が写生文に昇華して「倫敦消息」（漱石）のような口語体の文章が生まれたという具合に、言文一致体の文章の創始者しての栄が担えたかも知れない。

　しかし、手紙文からのゆっくりした口語体文章の改革と普及は（それがあったとしても）、小説の言文一致体化の急激な進行に追いつけない。書簡文としての言文一致体の発達は、写生文としての言文一致体の発達と同様に、あくまでも可能態にとどまったままだった。それらは、小説の急速な言文一致体化という速い流れに、呑み込まれて行ったのである。

文　献

『子規全集第十八巻・十九巻』(1977) 講談社
『漱石全集第二十二巻　書簡上』(1996) 岩波書店
『荷風全集二十七巻』(1995) 岩波書店
『書翰講義』(1911) 忠誠堂
『紅葉全集第十二巻』(1995) 岩波書店
『藤村全集第十七巻』(1968) 筑摩書房
吉田澄夫・井之口有一編 (1964)『明治以降国語問題論集』風間書房
正岡子規 (1976)「叙事文」『子規全集第十四巻』講談社
夏目漱石 (1994)「倫敦消息」『漱石全集第十二巻』岩波書店
野村剛史 (2011)『話し言葉の日本史』吉川弘文館
野村剛史 (2013)『日本語スタンダードの歴史』岩波書店

書かれたはなしことば

今野真二

1. はじめに

拙書『書かれたことば』(2010年清文堂出版刊)において、「言語」「音声言語」「文字言語」との関係について次のようなモデルを示した。

伝えたい内容＝情報 —言語化→ 言語 —音声化→ 音声言語
　　　　　　　　　　　　　　　　　　　　　└─文字言語

「伝えたい内容」すなわち「情報」がまずあって、それが、「言語化」するというプロセスを経て「言語」となり、その「言語」が「音声化」するというプロセスを経て「音声言語」になるというモデルである。

「言語」を「音声化」したものが「音声言語」で、「言語」を「文字化」したものが「文字言語」であるというように、「言語」と「音声言語」「文字言語」との関係を並行的にみることもできようが、上記のモデルにおいては、「音声言語」を媒介として(図には書き入れていないが、「文字化」というプロセスを経て)「文字言語」となる、とみている。「音声言語」を媒介とするということは、「文字言語」は「音声言語」と何らかのかたちでつながっており、両者の間に「回路」のようなものが確保されているということでもある。

「音声言語」「はなしことば」「口語」は全同の概念ではないであろうし、「文字言語」「書きことば」「文語」も全同の概念ではないと考える。それぞれの設定はそれぞれに概念設定の鍵をもつ。その一方で、「音声言語・はなしことば・口語」「文字言語・書きことば・文語」には重なり合いもあり、それぞれのグループ内部で、緩やかに連続する概念であるとみなすことも可能である。本稿は標題

を「書かれたはなしことば」とした。本稿においては、これらを、緩やかに連続する概念としてとらえて考えを進めていくことにする。

「音声言語」と「文字言語」との間に「回路」が確保されているということは、両者はいききできるということでもある。とすれば、「音声言語・はなしことば」が「文字言語・書きことば」に露出／浸出することもあれば、逆に「文字言語・書きことば」が「音声言語・はなしことば」に露出／浸出することもある、と考えておく必要がある。本稿はおもに前者について述べていくが、現象の把握という点からいえば、前者と後者とを観察し、評価することが最終的には求められる。

「書かれたはなしことば」はむしろ観察しやすい面をもつが、「話された書きことば」はあまり注目されていないのではないか。「話された書きことば」を「口語の中の文語」と表現しなおしてみてもよい。例えば、現代日本語において、電子ゲームなどにおいて「降臨せし」という表現が使われていることを目にする。何らかの場が、このような文語的表現を求めていると思われ、そうしたことがらの分析も今後の課題であろう。

また、「内実」を考えた場合、「音声言語」と「文字言語」とは（当然のことではあるが）重なり合いもかなりな程度あるはずで、みかたにもよるが、まったくの別物として両者が存在するわけではないとみることができる。とすれば、両者の違い、「距離」を何をもって測定するか、ということも考えておかなければならない。最初に、何の手続きもなく、この文献は「はなしことば」で書かれていると決めてしまい、その文献で使われている語や表現は、だから「はなしことば」なのだ、というようなみかたは認め難い。

2. 検証の手続き

本稿では過去の日本語について「書かれたはなしことば」ということがらについて述べていきたい。過去の日本語についての観察、分析において、現代日本語に基づく「内省」がまったく働かないわけではないであろうが、といって現代日本語と同じように、具体的

に、細部にわたって、内省が働くわけでもない。したがって、まず検証の手続きについて述べておきたい。

2.1 辞書体資料
2.1.1 『日葡辞書』（1608年、長崎刊）

『日葡辞書』を例にする。『日葡辞書』においては、見出し項目となっている語について「Scriptura（文書語）」や「Poesia（詩歌語）」などの注記がなされていることがある。注記には他に「Bup（仏法語）」や「B（Baixo）（卑語）」などもある。『日葡辞書』がどのような語を見出し項目としているのかという検証がまず必要で、その見出し項目に対しての注記ということになるが、ひとまずの手がかりにはなると考える。

例えば、見出し項目「グウゼン（偶然）」は「たまたま」という和語でその語義が説明された後に〈たまに〉という語義をもつポルトガル語「Raro」が置かれ、その後に「S.」とあって、見出し項目が「文書語」であることが注記されている。この項目では、漢語「グウゼン（偶然）」の語釈として和語「たまたま」が置かれているので、両語の結びつき、語義の重なり合いがこの記述で確認できる。

しかし、そうであるとしても、和語「タマタマ」が非「文書語」、「口語」であるとは限らない。限らないけれども、非「文書語」である可能性はたかいとみることができよう。『日葡辞書』が「文書語」注記を施し、語釈に日本語が挙げられている例として10例をあげておく。漢語が見出し項目となっている場合を選んだ。丸括弧内には見出し項目となっている語に通常使われると稿者が考えた漢字列を入れておいた。

文書語とされた見出し項目	語釈に置かれた日本語
1：インコウ（咽喉）	ノド（喉）
2：カクトク（獲得）	ウ（得）
3：キョウフ（恐怖）	オソル（恐）
4：キョゴ（虚語）	ソラゴト

書かれたはなしことば　225

5：キョジ（虚事）	イツハリゴト	
6：サセン（左遷）	ナガサル（流）	
7：シャシ（奢侈）	オゴル（奢）	
8：シュウイツ（秀逸）	スグル（優）	
9：ジュウリン（蹂躙）	フミニジル	
10：ジュリン（樹林）	ハヤシ（林）	

　『日葡辞書』の「緒言（aduertencias）」には「書物または書状など、文書だけに用いられるものには S.（文書語）」（引用は『邦訳日葡辞書』（1980年、岩波書店刊）による）注記を施したことが述べられている。先にも述べたように、「文書語」に注記を施したのであるから、語釈に置かれた日本語が「はなしことば」であることにはならないけれども、その「文書語」に対応する「はなしことば」があれば、それをもって語釈をかたちづくることは充分に考えられ、語釈を「はなしことば」の候補とみなすことはできると考える。

2.1.2　雅俗（対訳）辞書

　富士谷御杖『詞葉新雅』（寛政4・1792年刊）を例にする。この書の「おほむね」には「哥よみしらぬ人の里言より／古言をもとむにとみの便とせむとて聞おけるかき／り里言を上とし古言を下にあてゝ冊子となす」と記されており、「里言」をこの書が編まれた18世紀末の日本語の「はなしことば」とみてよければ、この時点における「現代語からひく古語辞典」といった書物であることになる。「古言」はその時点における「古語」とみてよいであろうが、それがすぐそのまま「書きことば」ということにはならないと考える。しかし、非「里言」であることは疑いない。『詞葉新雅』が掲げる「里言」と「古言」との例を、漢語を中心にして、10例示しておく。同書では、片仮名で「里言」が、平仮名で「古言」が示されている。2つの種類の仮名を「里言・古言」にあて分けていることは注目される。丸括弧内の漢字列は稿者が添えたものである。

里言	古言	所在
1：インクツナ（陰屈）	いぶせし　所せし　うもれいたし	1 ウ5行目
2：インギンニスル（慇懃）	かしこむ　いやいやしくする　源	3 ウ1行目
3：インキナ（陰気）	いぶせし　所せし　うもれいたし	3 ウ3行目
4：イラヒドイ	いりもみする　風にいへり	4 オ1行目
5：ロケンスル（露顕）	あらはるゝ　もるゝ	6 オ7行目
6：バツクンナ（抜群）	ぬけたる	7 ウ8行目
7：ヘンポウ（返報）	むくひ　むくふトモ用ベシ	11 ウ8行目
8：ヘイゼイ（平生）	とはに　つねに	12 オ5行目
9：ドヤドヤト	むれて　打むれて	13 ウ4行目
10：リツパナ（立派）	おもだゝしき　あざやかに	18 ウ5行目

　18世紀末の時点で、上に示したような漢語が「里言」となっていたことにまず留意しておきたい。ところで、『源氏物語』（真木柱）には「あなかしこ。と、ゐやゐやしく書きなし給へり」という行りがあり、例2の「古言」末尾の「源」は『源氏物語』に「いやいやしく」が使われていることを示していると思われる。つまり「古言」は18世紀末の「書きことば」（である語もあろうが、すべてがそう）ではなく、やはり「古語」とみておくべきであろう。

　『詞葉新雅』が「里言」として上段に示した語は、「里言＝はなしことば」とひとまずはみることにすれば、18世紀末の「はなしことば」、さらにいえば「書かれたはなしことば」ということになる。「書かれた」は「文字化された」ということでもある。稿者は、「書かれたはなしことば」と狭義の「書きことば」とは異なる面があると考える。変化はあるとしても、安定して使われてきた「書きことば」を文字化するやりかたは、「書きことば」側にその「安定」を形成してきたのであり、「書きことば」とは何らかの意味合いにおいて「様相」の異なる「はなしことば」を文字化するためには、それ相応の「工夫／手当て」が必要となると考える。

　上では示さなかったが、『詞葉新雅』においては、促音を片仮名「ツ」に圏点を附した記号で表示していると思われる。促音を表示すれば、「はなしことば」がさながらに文字化できたことにはもち

ろんならないであろうが、促音を明示することに富士谷御杖が意を用いたことには注目しておきたい。例えば見出し項目「トツヽオイツ」（14ウ7行目）においては、「ツヽ」2字に圏点が附されている。これはこの見出し項目の発音が「トツツオイツ」ではなくて、「トッツオイツ」であることを示そうとしたものと思われる。当然濁点は密に附されている。

　「書きことば」の枠内では、濁音は明示されてこなかったという「歴史」がある。また、促音も「つ・ツ」を促音にあてるという書き方はある時点からはされているが、小書きにしなければ、（当該時期の母語話者にはわかるであろうが）音節「ツ」と区別はつかないことになる。つまり促音もある時点までは明示されてこなかった。そこに、音声言語と文字言語との「乖離」をみ、そこに「工夫／手当て」をしたのが『詞葉新雅』であったことになる。

　「里言＝はなしことば」と「書きことば」との「距離」、両者がいくぶんなりとも「乖離」していることが意識されるためには、反省的に「書きことば」をとらえる必要があったと思われる。先に引いた「おほむね」に「哥よみしらぬ人」とあったように、『詞葉新雅』は一般的な「雅俗対訳辞書」ではなくて、和歌、「連哥俳諧」（凡例1ウ）の「たすけ」となるように、すなわち「古言＝古語」によって表現を（し、あるいはそうしたものでつくられている文学作品の解釈を）するために編まれた辞書であった。現代においても、和歌や俳句を作る人のために、文語文法の入門書のようなものが出版されているが、いわばそうした「場」が「里言」と「古言」との「距離」をはっきりと意識させたといえよう。「距離」がなければ「距離」は意識できない。日本語の歴史を「古代語」から「近代語」への移行の歴史と鳥瞰的にとらえた場合、過渡期である中世期を終えて、はっきりとした「近代語」の時期になることによって、「古代語」が「古言」としてとらえやすくなったのではないだろうか。

2.1.3　口語訳

　本居宣長『古今集遠鏡』（寛政9・1797年刊）は真名序と長歌とを除いて、『古今和歌集』のすべての和歌に口語訳を附し、補足的

な注釈をも加えた注釈書である。序にあたるところで、宣長は「此書は、古今集の哥どもを、ことごとくいまの世の俗語(サトビゴト)に譯(ウツ)せる也」と述べ、譯を片仮名で記し、注釈は平仮名で記しており、「俗語」で記した箇所＝口語訳を表記上、明示している。例を示す。

　　　　ほとゝぎすのはじめて鳴けるをきゝてよめる　　そせい
　　　ほとゝぎすはつこゑきけばあぢきなくぬし定まらぬ恋せらるはた
　　　　　　　　　　　　　　　　　　　　　　　　（143番歌）
　　　○時鳥ノ始メテ鳴声ヲキケバ　オモシロウハアレドモ　又サ何トナウカンジヤウガオ　コツテ　無益(ムヤク)ナ　其人ト定マツタコトモナイ恋ゴヽチガスル　すべて　はたは又也。此哥なるは、三の句の頭にうつして聞べし。おもしろけれども又の意也。

　下線は、傍線のかたちで施されており、これについては「かたへに長くも短くも、筋を引たるは、哥にはなき詞なるを、そていへる所のしるしなり。そもそもさしも多く詞をそへたるゆゑは、すべて哥は、五もじ七もじみそひともじと、かぎりのあれば、今も昔も、思ふにまかせず、いふべき詞の、心にのこれるもおほければ、そをさぐりえて、おぎなふべく、又さらにそへて、たすけもすべく、又うひまなびのともがらなどのために、そのおもむきを、たしかにもせむとて也」と述べられている。

　この書は「俗語」訳を示すことを目的とし、その「俗語」訳を片仮名で表示しており、そこに宣長がこの書を著わした頃の「俗語」すなわち口語があらわれていることはたしかなことといえよう。こうしたテキストであれば、確実に口語をひろいあげることができる。そしてこの片仮名で書かれた箇所が、「書かれたはなしことば」ということになる。

　上の例でいえば、「カンジヤウ（感情）」「ムヤク（無益）」などの漢語が使用されていることが注目点といえよう。これらは口語として使われていたことになる。巻第一では、他に「難儀」（8番歌）「案内者」（13番歌）「毎日」（16番歌）「タイガイ（大概）」（17番歌）「キレイナ（奇麗）」（27番歌）「フシン（不審）」（35番歌）「賞翫」（50番歌）「繁昌」（52番歌）「タンノウ（堪能）」（61番歌）「キドク（奇特）」（62番歌）「ジブン（時分）」（68番歌）がある。

3．安原貞室『かたこと』(1650年刊)

『かたこと』冒頭には、「さだすき侍るころ獨の子」をもったが、その子が「友達かたらひに」「つたなきかたことをのみ言」うので、「ひとつひとついひしら」すこともできないので、この書を著わした、と述べられている。それをそのまま受け取るのは素朴に過ぎようが、しかしまた、「かたらひ」すなわち「はなしことば」中の「かたこと」について述べるという枠組みは認めてよいであろう。幾つか例を示しておく。『かたこと』においては、見出し項目とでもいうべき語形は、「漢字列＋平仮名振仮名」という形式で示され、○の後に「かたこと」語形がやはり平仮名で示されている。見出し項目の漢字列を丸括弧内に入れ、平仮名振仮名を片仮名によって示し、○の後の「かたこと」語形は平仮名で示すことにする。

見出し項目	かたこと語形
1：アソベ（遊）	あすべ　あそはせといふへきを○あすばせ
2：クビス（踵）	きびす
3：クヌギ（樟）	くのぎ
4：ヌカゴ（零餘子）	むかご
5：カヘル（蝦）	かいる　がへる
6：タヌキ（狸）	たのき
7：オホカミ（狼）	おほかめ
8：キツネ（狐）	くつねはわろし
9：ヨモギ（蓬）	ゑもぎ
10：アイ（鮎）	あゆ
11：イロリ（圍爐裏）	ゆるりはわろし　又いるりとはいふべし
12：センド（先度）	せんどう
13：フクロウ（梟）	ふくろ
14：カマヘテ（構而）	かんまいて　かんまへて
15：ヅキン（頭巾）	ずつきん
16：ラッソク（蝋燭）	らうそく

17：セキレイ（鶺鴒）　せきれんはわろし
18：サンゲ（懺悔）　　さいげん　さいげ
19：ジク（軸）　　　　じゅく
20：アブラヒ（油火）　あむら火

　例1から例9までは母音交替によって「かたこと語形」がうまれている例といえよう。例10・11は母音「イ」とヤ行音「ユ」との交替、例12は長音化（＋長音）、例13は「短呼形」（－長音）、例14は撥音が挿入された形（＋撥音）、例15は促音が挿入された形（＋促音）、例16は促音が長音と交替した形、例17・18は母音「イ」と撥音との交替した形、例19は直音が拗音と交替した形、例20は子音（mb）交替が「かたこと」語形をうみだすことにかかわっている。

　母音交替は、いついかなる時期においても起こり得るといってもよく、「標準語形」の母音が交替した語形が、後発していることを理由に「かたこと＝訛形」と意識されるようになる。例10は『かたこと』の記述においては、「アユ」が「かたこと語形」とされているが、歴史的には「アユ」から「アイ」がうまれたと考えられるのであって、『かたこと』のすべての記述が、17世紀半ば頃の「日本語の実態」を描きだしているかどうかということについては、別途検証が必要になる。しかし、「アユ」が「かたこと語形」であるという意識があったとすれば、はなしことばにおける「アイ」の勢力、安定性を考えなければならないことになる。

　母音交替が、「いついかなる時期においても起こり得る」といってよいのであれば、そしてまた後発した語形が「非標準語形」、訛形として意識されるのであれば、ある時期の言語において、ある語形が訛形であるという「証明」をするためには、相応の慎重さが要求されることはいうまでもない。「ある時期」について考えるために、やや長期間にわたる観察が求められる場合もあろう。

　そしてまた「後発した語形」という意識がうすくなれば、「非標準語形」、訛形という意識もうすくなることが推測される。その一方で、「標準語形」に遡ることができれば、「非標準語形」、訛形と

いう意識が（急に）うまれることもあり得ると考えておく必要がある。過去の言語に反省的な時期においては、そのようなことが起こり得ると考える。

　ところで、安原貞室（1610〜1673）が「かたこと語形」と認めた上記の語形の中のいくつかは、『節用集』にすでにみられる。今ここでは、（紙幅の都合もあり、また本稿の目的にてらして）『節用集』の多くのテキストを参照した結果を起点にして論を展開することは措いて、饅頭屋本と呼ばれるテキストの初刊本と重刊本とを主に参照し、補いとして伊京集と呼ばれるテキストを使うことにする。

2：	クビス	踵（振仮名キビス）	饅頭屋本重刊本キ部支体門
		踵（振仮名クビス）	饅頭屋本重刊本ク部支体門
4：	ヌカゴ	零餘子（振仮名ムカゴ）	饅頭屋本初刊本ム部草木門・重刊本なし
		零餘子（振仮名ヌカゴ）	饅頭屋本初刊・重刊本ヌ部草木門
5：	カヘル	蛙（振仮名カイル）	饅頭屋本初刊・重刊本カ部畜類門
6：	タヌキ	狸（振仮名タヽゲ）タノキ	伊京集タ部畜類門
7：	オホカミ	狼（振仮名ヲヽカメ）	饅頭屋本初刊本・重刊本ヲ部畜（生）類門
		狼（振仮名ヲホカミ）ラウ	伊京集ヲ部畜類門
8：	キツネ	狐（振仮名クツネ）	饅頭屋本初刊本ク部畜類門・重刊本なし
		狐（振仮名キツネ）	饅頭屋本初刊本・重刊本キ部畜（生）類門
9：	ヨモギ	蓬（振仮名エモギ）	饅頭屋本初刊本・重刊本エ部草木門
		蓬（振仮名ヨモギ）	饅頭屋本初刊本・重刊本ヨ部草木門
10：	アイ	鮎（振仮名アイ）	饅頭屋本初刊本ア部畜類門・重刊本なし
		鮎（振仮名アユ）	饅頭屋本重刊本ア部生類門
11：	イロリ	火炉（振仮名ユルリ）	饅頭屋本初刊本ユ部天地門・重刊本なし
		圍炉裡（振仮名イルリ）	伊京集イ部天地門
		囲炉裡（振仮名イロリ）	饅頭屋本初刊本・重刊本イ部天地門

13：フクロウ 梟（振仮名フクロ）	饅頭屋本初刊本・重刊本フ部畜（生）類門

　重刊本は初刊本とてらせば、さまざまな異なりがあることがすぐにわかる。どのような方針に基づいて「重刊」されたかについては、専論を必要とすることはいうまでもない。今ここで採りあげていることがら、「かたこと語形」、訛形という観点からいえば、『かたこと』が「かたこと語形」と評価した語形が初刊本にあって、重刊本にない、ということが上の少ない例の中に4例（例4・8・10・11）含まれ、そのすべての場合において、『かたこと』が見出し項目とした語形、すなわち「非かたこと語形」が見出し項目となっていることはひとまずの「情報」といえよう。これは饅頭屋本が印刷された『節用集』であるということとかかわっていると考える。また、このような「対照」を「方法」とみた場合、饅頭屋本初刊本と重刊本との2つのテキストのみを視野に入れた「対照」もあれば、『節用集』の諸テキストすべてを視野に入れた「対照」もある。それぞれの「対照」がそれぞれの視野の広がり、「倍率」をもっているので、「対照」から汲み取ることができることがらもまた異なってくる。

　饅頭屋本の初刊本と重刊本との関係を「初刊本から重刊本へ」という「動き」としてとらえた場合、その「動き」は、『節用集』の書写者が、自らが書写原本としているテキストから、自らが写しているテキストへ、という「動き」とはまったく重ならないとまで主張するものではないが、それでも『節用集』を書写するという行為が、そのような「動き」を重ね、蓄積してきたとは考えない。つまり「標準語形」を並べるということが『節用集』にとって重要なことであったとは考えないということである。

　さて、それはそれとして、『かたこと』が「かたこと語形」とみた語形が、それに先立つ時期の辞書体資料にみられる、「書かれていた」ことがわかった。饅頭屋本が出版された時期は特定されていないが、いずれにしても、『かたこと』が出版された時期より、50年程度は遡るであろう。そして、饅頭屋本が出版された時期にすでに「かたこと」であった可能性もあるが、そうした傾きのない「変

異形」にとどまっていた可能性もある。いずれにしても、2つの語形のうちの1つが50年程の間に、はっきりとした「かたこと」となったことになる。

『かたこと』は「かたこと語形」を文字化したテキストとしても注目したいが、そこに列挙された「かたこと語形」の中のいくつかは、初めて文字化されたのではなく、すでに文字化されたことのある、書かれたことのある語形であった。稿者は、「標準語形」の周辺を「非標準語形」がとりまいているようなモデルを考えているが、「非標準語形」は1つとは限らない。ついに文字化されることのない「非標準語形」というものもあったと考えておく必要があろう。本稿は「書かれたはなしことば」を標題とするが、それに合わせていえば、「書かれないはなしことば」というものもある、ということを考えておく必要がある。「書かれない」は（漢字と仮名とを使ってうまく）「書くことができない」ということも含む*1。

4. 明治期の文献

次に明治期の文献を使って「書かれたはなしことば」について考えることにする。明治期には、さまざまな文字化の手段があった。文学作品は、作家によって原稿用紙に書かれ、それが（活字）印刷されて新聞・雑誌に発表される。その新聞・雑誌に発表されたかたちをもとにして、単行本が印刷出版される。場合によってはさらに全集が刊行される。享受者＝情報の受け手ということにかかわって、言語の「しかるべきかたち」が選択されていたと考えられる。

4.1 自筆原稿と新聞と

夏目漱石の『それから』の原稿20枚目に「すると遊んでるのは、君許りぢやないか」とある。振仮名ははっきりと「あす」と施されており、ここで漱石は、代助の、書生の門野に対しての会話文の中で「アスブ」という語形を使っている。この「アスブ」は東京朝日新聞（1の3）においては「アソブ」に変えられている。明治43 (1910) 年に出版された単行本においても、「アソブ」となってい

る。つまり原稿にあった「アスブ」が新聞や単行本では退けられ、「アソブ」に変えられていることがわかる。

　明治24年に刊行を終えた国語辞書『言海』には「あすび（名）あそびノ訛」「あすぶ（動）あそぶノ訛」とあって、「アスブ／アスビ」は訛形すなわち非標準語形であったことがわかる。これをすぐに「はなしことば」とみてよいかどうか、そこは慎重でありたいが、いずれにしても（ややおおげさな物言いになるが）「アスブ／アスビ」は新聞には載せ（られ）ない語形であったことになる。この語形は『かたこと』において「かたこと語形」であった。

　漱石が原稿に書き、新聞が採用しなかった語形や語法は、新聞には載せ（られ）ない語形、語法であったとひとまずはみることができ、もしも漱石の原稿が残されていなければ、「載せ（られ）ない語形」、消された語形はわれわれが目にすることがなかった語形となっていた。漱石が原稿に書いた語形、語法とは異なる語形、語法が新聞、単行本で使われている例を10例挙げておく。所在は、『漱石全集』第6巻（1994年、岩波書店刊）の頁・行で示した。

自筆原稿	朝日新聞	単行本	所在
1：矢つ張り	矢張り	矢張り	29頁8行目
2：此間（振仮名こないだ）	此間（こなひだ）	此間（このあひだ）	45頁2行目
3：けれど	けれども	けれども	49頁9行目
4：つぶやいだ	つぶやいた	つぶやいた	60頁3行目
5：心持がした。ので、	心持がしたので、	心持がしたので、	60頁11行目
6：ぢやないですか	ぢやないのですか	ぢやないのですか	61頁2行目
7：来なくつちやならない	同左	来なくちやならない	78頁11行目
8：余っ程	余程	余程	100頁13行目
9：是で切れた。が［…］	同左	是で切れたが	137頁13行目
10：欠いでゐる	欠いてゐる	欠いてゐる	138頁9行目

11：ないもんでせうかね	ないんでせうかね	ないんでせうかね	147頁1行目
12：書斎へ戻つた。	同左	書斎に戻つた。	165頁8行目
13：しなくつて好からう。	しなくつても好からう。	同左	180頁6行目
14：気であつた。から何時もの様に	気であつた。何時もの様に	同左	183頁13行目
15：御迎（振仮名おむかひ）が	お迎へが	同左	187頁4行目
16：疎遠にならなければならない	同左	疎遠にならなければならぬ	195頁11行目
17：平常（振仮名へいぜい）	平生	平生	214頁6行目
18：四人（振仮名よつた）り	四人	四人	223頁4行目
19：傍（振仮名はた）で	同左	傍（振仮名そば）で	225頁13頁
20：息切（振仮名いき）れて	同左	息切（いきぎ）れて	229頁5行目

　原稿が選択した語形・語法、新聞が選択した語形・語法、単行本が選択した語形・語法は、それぞれの「場」においての判断に基づいていると考えられる。漱石は自らの作品が新聞に発表され、不特定多数の読み手に読まれることを充分に意識していたと思われるが、しかし、実際に新聞という「場」になれば、そこには（漱石の想定ではなく）実際の判断というものがあろうし、それは「不特定多数の読み手」をいわば「先取り」して、漱石の想定よりも、よりいっそう「濃縮」されたかたちで「実際の判断」がなされることもあると考える。鳥瞰的にみれば、「原稿」と「新聞・単行本」とが「場」を異にすることは当然でもあろうが、「原稿・新聞」と「単行本」とで異なりをみせる場合もあり、単純ではない。
　語形の異なりのすべてが、「非標準語形・語法」と「標準語形・語法」ということではもちろんないが、それでもおおむねは原稿が「非標準語形・語法」を使い、それが「新聞・単行本」において、

「標準語形」に変えられるという傾向はあろう。「非標準語形・語法」をすべて「はなしことば」とみなすこともできないが、そう判断できそうなものが多い。

例5は、原稿において接続助詞「ノデ」から文を始めていたものが、新聞・単行本において、退けられている。例9・14も同様の例といえよう。現代日本語においても、学生などは「ナノデ」を文頭に置くことがある。この表現を耳にし始めた頃は「はなしことば」性をつよく感じたが、現在ではそれが少しやわらいでいるように思う。接続助詞から始まる文は、明治40年代にすでにあったことになるが、それがそうしたかたちで文字化されることはどのくらいある／あったのだろうか。

例4は「ツブヤグ」、例10は「カグ」という語形が書かれた例であるが、これらの語形については、これまでに複数回述べてきたので、ここでは説明を省く。明治期の文献を丁寧に読んでいくと、これら及びこれらに類する語形は案外と書かれている。

例17は本稿の話柄と直接はかかわらないが、ここで併せて注目しておきたい。原稿においては漢語「ヘイゼイ（平生）」を書くのに漢字列「平常」とあてていた。この書き方そのものは明治期においては、むしろよく目にする書き方といってもよい。しかし、新聞・単行本は漢字列を「平生」に変え、いわば「曲のない書き方」を選択している。「漢字列＋振仮名」を1つの表記単位とみた場合、「平常＋ヘイゼイ」よりは「平生＋ヘイゼイ」が「不特定多数の読み手」に理解されやすいという判断があったのだとすれば、そのことは、こうした書き方を「評価」するにあたっての指標となる。つまり漢語「ヘイゼイ」を漢字で書くにあたって、「平生」と書けばよいのに、そうは書かないという、その「書かない心性」を考える手がかりがここにはあるのではないだろうか。

4.2　ボール表紙本

明治初年頃から明治20年代にかけて日本で刊行された洋装本で、ボール紙を表紙とし、背はクロスで、あまり上質ではない洋紙を平綴じにした本を「ボール表紙本」と呼ぶことがある。

「ボール表紙本」は「よそいき」ではない書物であり、それゆえ（といっておくが）さまざまな面で「よそいき」ではないすがたをあらわにする。誤植の多さもその1つであるが、書物をかたちづくる言語面にもそれは現われてくる*2。

　明治20年に出版されている『蒙里西（モーリス）物語』から例を採りあげてみる。この本には「［…］隣（となり）に遊（あす）ぶモウリスを引連（ひきつれ）て［…］」（5頁9行目）という行りがある。ここに、先に採りあげた「アスブ」という語形がみられる。他の箇所では「モウリスを連（つれ）寺（てら）に遊（あそ）ひ僧（そう）の説教（せつきう）を聞（きか）せなどして［…］」（9頁11行目）とあるので、（当然のことともいえるが）「アスブ」のみを使用しているわけではない。例をあげておく。

1：	［…］己れか前垂（まいたれ）に包（つゝ）み［…］	5頁1行目
2：	［…］泣（なき）なから彼（かれ）を抱（かゝい）て［…］	27頁2行目
3：	［…］善（よき）考（かんがい）も出（いづ）るものから［…］	34頁4行目
4a	［…］百フランクを蓄居（たくわいをれ）ば［…］	115頁3行目
4b	［…］蓄（たくはへ）の金（かね）さへ盡（つく）れば［…］	17頁9行目
5a	［…］真実（しんじつ）なる價（あたゑ）により［…］	120頁11行目
5b	［…］其（その）價（あたい）なれは［…］	16頁5行目
6：	［…］以前（まい）に變（かわ）り［…］	18頁4行目
7：	［…］貴君（あなた）が遺言（いゝごん）せば［…］	30頁6行目
8：	［…］小夜食（こやしよく）を肩（かだ）にして［…］	9頁10行目
9：	［…］三十五（さんじうご）フランクの價（あだい）はとるべし	15頁4行目
10a	［…］必竟（しつきやう）造物主（ぞうぶつしゆ）を［…］	3頁8行目
10b	［…］必竟（ひつきやう）妾（わたし）は［…］	15頁7行目
11：	［…］只管（したしら）ジエロームは是（これ）を謝（しや）して［…］	18頁2行目
12：	［…］殊勝（ししよう）の心（こゝろ）にあるなれは［…］	9頁1行目
13：	［…］モウリスは授業（じぎやう）を果（はた）し［…］	18頁9行目

14：［…］モウリスの出立（しつたつ）故（ゆゑ）［…］		22頁11行目
15：［…］是（これ）より住居（すも）ふは某（それがし）の家（いへ）［…］		8頁7行目
16：［…］これを養（やしのう）ことに決（けつ）せり		9頁9行目
17a：［…］泰然（たいぜん）として答（ことう）ふるよふ［…］		10頁5行目
17b：［…］医師（いしや）は答（ことう）るやう［…］		15頁2行目
17c：［…］モウリス答（こたへ）るは［…］		24頁3行目
18a：［…］椅子（いす）を買（こう）には餘（あま）りあり		15頁7行目
18b：［…］椅子（いす）を購（かう）たる金子（きんす）［…］		16頁6行目

　例1〜6は母音交替形の例にあたる。当然のことではあるが、標準語形も使われている。例7は「ユ」と「イ」との交替例、例8・9は濁音形、例10〜11は「ヒ」と「シ」との交替例、例12〜14は（拗音を標準語形とする語の）直音形である。

　例15〜18は長音形にかかわる例である。例16で説明すれば、和語「ヤシナウ（養）」が長音化すると「ヤシノー」となる。このような長音化は、中世期に起こったと考えられており、もともと仮名で「やしなふ」と書いていたが、長音化したために、時として「やしのふ」と書かれることもあった。これは日本語の歴史においては、（オ列長音の）「開合」と呼ばれる現象で、「やしのふ」という表記形が「開合の違例」とみなされてきた。すなわち、「やしのふ」と書かれていることをもって、「ヤシナフ（ヤシナウ）」が長音化していたことがわかるだけではなく、「ヤシナフ（ヤシナウ）」の長音は開音であるはずが、合音（を思わせる）書き方がなされているところから、開音合音の区別を失っていることを示す例、とみなしてきた。開音合音の音価については、さまざまなみかたがあるが、そもそも開音と合音とが仮名によって書き分けられるのかどうかということについても、考えておく必要があるのではないだろうか。「ヤシナフ（ヤシナウ）」という語についていえば、その長音化した「ヤシノー」（と書いておくが）を仮名で「やしなふ」と書けば開音形、「やしのふ」と書けば合音形とみなすのは、自然なことではあるが、「やしなふ」はこの語が長音化していない時からの書き方で

書かれたはなしことば　239

あって、伝統的な書き方とみることもできる。

　欧文ラテン文字で書かれた、いわゆる「ローマ字本」と呼ばれるような文献においては、開音はキャロン附きの文字で、合音はサーカムフレックスアクセント附きの文字であらわされていると思われ、長音形の書き方において排他性が確保されている。しかし、先に述べたように、「やしなふ」「やしのふ」は前者が必ず長音形を書いたものではないという点において、2つの長音形を排他的に書きあらわしたものではないことになる。仮名書き語形においては、伝統的な、つまり「かなづかい的な」「やしなふ」と、表音的な「やしのふ」という対立軸がありそうで、そうであれば、「やしなふ」が非長音形、「やしのふ」は長音形を書いたものというみかたも可能に思われる。ここでいう「非長音形」は実際に長音形ではないということも含むが、実際には（開音合音いずれかの長音形で発音していても）文字化するかたちとしては、「やしなふ」と書くということをさす。そうであれば、「やしのふ」が開音であっても合音であっても長音形を書いたものということになる。

　例17cを一方においた場合、例17a・bは長音形を書いたものとみえる。「コタウ／コタウル」が長音化した「コトー／コトール」は当初は開長音であったことになるが、それが（「開合の混乱」によって）結局合長音になったと考えられている。明治期には開長音と合長音の区別がなく、オ列長音は合長音として実現していたと考えられている。開長音と合長音という「2つの長音形」がないのだから、ただ「長音」と呼べばよい。そういう時期においては、例17a・bが長音形、例17cが非長音形ということになる。発音する場合には長音形が100パーセント使われていたのであれば、例17cの非長音形は、現実には存在しない、書くにあたってのみみられるかたちであったことになる。そういうことも考えておかなければならない。書かれたかたちからみれば、ボール表紙本において、「ことうる」と「こたへる」とがみられるという「状況」は、中世期とかわらない。中世期にみられる「ことうる」が合長音を書いたものだとすれば、長音化した当初、開長音はどのように書いていたとみればよいのだろうか。中世期の仮名書き文献の、このことがらにつ

いての「読み取り方」は表記方法ということを考え併せて、もう少し精密に考えてみる必要がありはしないだろうか。今ここでは、問題提起をするにとどめる。

5．おわりに

本稿は「書かれたはなしことば」という標題のもとに、文字化ということと「はなしことば」「書きことば」ということとを併せ考えた。「はなしことば」と「書きことば」とのかかわりかたについて、特に過去の日本語を対象とした場合、明かになっていないことも少なくない。そうした意味合いにおいては、本稿は「書かれたはなしことばをめぐって」という標題がふさわしかったかもしれない。むしろまだ断言できることはさほどなく、本稿も問題提起にとどまっているという自覚がある。今後はさまざまな角度から、「はなしことば」と「書きことば」とのかかわりについて考えていく必要がある。

＊1　例えば『日葡辞書』には「マッパダカ（真裸）」「マッパジメ（真初）」「マッポナジョウニ（真同）」「マップクラ（真脹）」という語形が見出し項目とされている。「マッパダカ」は現代においても使っている語形であるが、他の語形は使われていない。現代日本語においては、「マハダカ」という語形を使用していないので、漢字で「真裸」と書いてあった場合も、それが「マッパダカ」という語形を書いたものだとわかると思われる。しかしそれでもなお、漢字列にひきつけて「マハダカ」という語形を書いたものだと思うことは避けられないであろう。（「標準／非標準」という以上それが当然であると考えるが）「標準語形」と「非標準語形」とが併用されていた場合、（漢字で書くとすれば）「標準語形」にあてる漢字を使って、「非標準語形」を書き、それに何らかの「手当て」をして「非標準語形」であることを示すことがある。標準語形「ヤハリ」に漢字列「矢張」をあてることを「利用」して、非標準語形「ヤッパリ」を「矢ッ張り」と書くような場合である。この場合促音を表わす小書きの（しかも片仮名の）「ツ」を添えることによって、「ヤッパリ」という語形を書いていることを示している。それを「手当て」と表現した。あるいは「ワッチ」という一人称を文字化するにあたって、「ワタクシ／ワタシ」にあてる漢

字「私」をあて、それに「わっち」という振仮名を施すというやりかたもある。こうしたさまざまな「工夫」によって非標準語形を文字化することが（かろうじて）できる。しかしそれでも「マッポナジ（ヨウニ）」や「マップクラ」は文字化しにくいのではないだろうか。「真ッ同じ」や「真ッ脹ら」は「マッポナジ」や「マップクラ」をただちに想起させはしないと考える。そうであるとすれば、振仮名を使わない場合は、文字化しにくい非標準語形があったことになる。文字化できない、書けないとなると、その語形は文献に足跡を残さないことになる。

＊2　ボール表紙本については、拙書『ボール表紙本と明治の日本語』（2012年、港の人刊）及び『ボール表紙本』（2013年、清文堂出版刊）において詳しく述べたので、ボール表紙本の定義やさまざまな言語事象にかかわる具体例については併せて参照していただければと思う。

「全然」とその振り仮名

橋本行洋

1. はじめに

　本稿は、漢語「全然」とそれに対する和語の振り仮名の分析を通じて、近代日本語における中国語受容のあり方について観察し、書き言葉的な漢語が日本語の日常的な話し言葉に受容される経緯についての具体的な考察を行うものである。

2. 明清白話小説の「全然」とその翻訳

　江戸時代に著された中国明清白話小説の翻訳書には、次のような振り仮名付きの「全然」がある。

　　○瑶琴ハ是聡ノ女児ナレドモ、正当今コノ奈何トモスベキヤウナキ際ニ至ルト、喬ニ胡猜ラレ、ソノコトバニゾ信ケル。君子可欺以其方、遂ニ全然不疑ト喬ニ随着テ便走ル。
　　［瑶琴雖是聡明、正当無可奈何之際、君子可欺以其方、遂全然不疑、随著ト喬便走、］　　　（『通俗繡像新裁綺史』第二回）

　　○前村ムカイムラノ王-婆ガ家ニ、一窠ノ小猪ヲ養中ニ、一ツノ猪前脚全_然人ノ手ニ像リ。［前村王婆家養一窠小猪、内中有一個猪前面両双脚全然像個人手。］（『通俗平妖伝』巻七・13ウ）

　　○那頭陀眼ヲ閉テ、全然採ズ。［那頭陀垂著眼皮、全然不睬。］
　　　　　　　　　　　　　　　　　　　（『通俗平妖伝』巻一〇・6ウ）

これらの例は原文（［　］内、以下同）の中国語を示しつつ、振り仮名として添えられた和語によって訳文が成立している。すなわち「全然」をはじめとする振り仮名は読み仮名としてではなく、その翻訳ないし注釈としての機能を果たしているとみることができる。このことは、『通俗平妖伝』の他の箇所に、

243

○他又ワザト風流ノ話ヲ以テ挑ドモ、婦人心堅コト石ノ如クニシテ、全フ動ズ。〔他又故意掙幾句風話、那婦人心堅如石、全然不動。〕
(『通俗平妖伝』巻三・2オ)

○此如クスルコト七-日、膿水尽テ調-養ス。百-日ニ至テ全ク瘥ケレバ、〔如此七日、膿水倶尽。従此不去動他、調養到四五十日、裏面長出新肉来、筋絡也就和順、勉強掙扎得起。半眠半坐、不敢出土洞之外。到百日満足、去了膏薬、全然不覚。〕
(『通俗平妖伝』巻四・9オ)

のごとく、原文の「全然」を示さずに「まったく」を用いている例が存在する事実からも認められよう。

　白話小説翻訳書にはこのほか次表のような例が見られ、「全然」に対応する和語として、「まったく」のほかにも、「つゐに」「すこしも」「さらに」等のあったことがわかる。

表1　白話小説における「全然」と翻訳文

	原文	翻訳文	翻訳書名
①	全然無効	全クイマダ効ヲ得ス	通俗三国志・巻20
②	全然不採	了ニ何ノ沙汰モ無リシカバ	通俗三国志・巻20
③	全然不顧	全ク傍ヲ顧ルコト無リシカバ	通俗三国志・巻29
④	全然不動	全ク動カザリケレハ	通俗三国志・巻30
⑤	全然不懼	ナオ怕ルヽ色ナク	通俗三国志・巻39
⑥	全然不退	少シモ引ズ	通俗三国志・巻48
⑦	全然不動	少モ酔サル	通俗忠義水滸伝・巻11
⑧	全然不記得	全クコレヲ覚ヘサリヌ	通俗忠義水滸伝・巻19
⑨	全然打听不着	遂ニ尋遇ズシテ	通俗忠義水滸伝・巻25
⑩	全然不慌	一点モ慌ズ	通俗忠義水滸伝・巻28
⑪	全然不懼	少シモ騒ズ	通俗忠義水滸伝・巻37
⑫	若全然是火	モシ全ク火ナラバ	大明通俗女仙伝・巻1
⑬	全然是金	全ク金ナラバ	大明通俗女仙伝・巻1
⑭	全然不解其意	更ニ其意ヲ解セズ	大明通俗女仙伝・巻2
⑮	全然不懼	更ニ懼ル気色ナシ	大明通俗女仙伝・巻10

なお、
　○ 全 一然不慌 チットモ サワガズ　　（秋水園主人『画引小説字彙』六画　1791年）
の例は上記⑩の原典、
　○三個頭領、丁字脚囲定、盧廬俊義全然不慌、越闘越健。
　　　　　　　　　　　　　　　　　　　　（『水滸全伝』第六一回）
に拠るものと思われるが、『通俗忠義水滸伝』とは異なる訳が示されている。また、
　○全然 ネカラト云コトナリ　　（陶山南濤『忠義水滸伝解』第二三回〈1757年〉）
の例は同じく⑦の原典、
　○酒家見武松全然不動、又篩三碗。　　（『水滸全伝』第二三回）
に対するものであるが、やはり『通俗忠義水滸伝』の訳語とは異なっている。このほか、江戸時代の唐話関連資料には、
　○使₁尽₂了。如今全一然トシテ没₁有ルコトツカヒツクシテ。今ハ全クナイ　　（岡島冠山『唐訳便覧』
　　巻二・毎字注官音并点四声・ツ字部　1726年）＊声点は省略。次例も同。
　○全一然トシテ不₁知道₂ムヂニシラヌ
　　　　　　　　　　　　　　（同、巻三・毎字注官音并点四声・ム字部）
　○…前略…保管シテ再ビ容ヲ両日ヲ一全然モ妥貼セン…中略…請合テ。猶二日ホドイタシマシタラハ。全クラチガアキ候ハン。
　　　　　　　　　　　　　（岡島冠山『唐語便用』巻四・平日相会説話〈1735年〉）
　○全然 スキト　　　　　　　　　　　（長澤本『俗語解』セノ部）
のような例があり、漢語「全然」に対しては様々な訳語が充当されているが、「全然」に対する振り仮名の形で示されたものは、管見の範囲では「まったく」の例が認められるのみであり、振り仮名以外の形で示された例にも「まったく」が多い。これは上掲の諸例からもわかるように、「まったく」の漢字表記（訓漢字）に「全」が用いられるところから、「全然」との親和性が認められたことによるものと考えられる。成島柳北『柳橋新誌』に、
　○如キ葛蕊芳之烈操李湘真之雅致ミサヲ則全然不ゼ似₂女子₁也マツタク
　　　　　　　　　　　（初編〈1874年〉）＊振り仮名は何れも左傍）
とあるものなどは、その直接的な影響例といえるだろう。
　このほか、次のような洋学書における例もある。

○但殻は尽くその麦酒中にて溶化し、黄白（きみしろみ）は却て溶化せず、全然（そのまゝ）ニて酒中に在り。

(静岡県立中央図書館蔵本『厚生新編』巻一三・麦酒第二〈1811–45年〉)

同書には、

○響（たと）へば活物（くわつぶつ）及草木金石等腐壊焼焚（ふゑせうばん）すれば全然（ぜんぜん）たる土塊（どくわい）となるが如し。　　　　　　（同、巻七・アヽルデ即土地]

という漢語「全然」の例もある。「全然」は白話小説とは別に、朱子学・陽明学の文献を通じて江戸時代の漢学者・洋学者に受容され、使用されていた*1 ことから、上記の例はおそらく白話とは直接の関係はなく、独自に用いられたものと考えられる。

3．近代日本文学作品における「全然」の振り仮名

一方、近代（主に明治大正期）の日本文学作品における「全然」には、音読の漢語としての使用例が現れる以前に、

○夜（よる）になると人間（にんげん）の身体（しんたい）は。昼間（ひるま）の疲（つかれ）で寝入ツてしまひ。全然（まる）で感覚（かんかく）がなくなりますが。

(坪内逍遙『当世書生気質』第六号第七回〈1885年〉)

○但（ただ）しその男（をとこ）は全然（まるでとかげ）蜥蜴の粧飾（かざりみこと）を見た事は。忘（わす）れてしまって居ツたからして。　　　(同、第七号第八回〈1885年〉)

○道徳（どうとくぢやう）上から論じちやア。全然（まるつきり）話（はなし）にならんけれど。

(同、第八号第九回〈1885年〉)

○先刻桐山（せんこくきりやま）から聞（き）いた事（こと）をば。全然（まるきりおうむせき）鸚鵡石で喋（しやべ）口りたてる。

(同、第九号第一〇回〈1885年〉)

○娼妓（おいらん）もしんぞも気がつかねいが、わたしにはそれぞと気がついたから、聞耳（ききみゝ）をたてて全然（すっかりきゝとり）聞取、

(同、第一五号第一八回の下〈1885年〉)

○ヲヤ。宮賀君（みやがくん）か這入（はいり）たまへ。モウ全然（すつかり）癒のさ

(同、第一七号第一九回〈1886年〉)

○鍋（なべ）のお白粉（しろい）を施けたとこは全然（まるでたどん）炭団へ霜（しも）が降（ふ）ったやうで御座（ござ）います　　　　（『浮雲』第一篇第一回〈1887年〉)

○私の言葉（ことば）には漢語（かんご）が雑（ま）ざるから全然（すつきりなに）何を言ッたのだか解（わか）りま

せんて……　　　　　　　　　　　　　（同、第三回）
　○つまらぬ心配_{しんぱい}をした事_{こと}を<u>全然</u>咄_{すつぱりはな}して、快よく一笑_{せう}に付_ふして、
　　　　　　　　　　　　　　　　（同、第二篇第八回〈1888年〉）

のような例をはじめとする、「まるで」「まるっきり」「すっかり」「すっぱり」等の振り仮名を付した「全然」の例が見られるが、白話小説の翻訳に用いられた「まったく」および「つゐに」「すこしも」「さらに」等を振り仮名として用いた例はほとんど見られない*2。

　この差異については、「このことは、漢学に素養のある人にとっては、漢語「全然」の意味が「まったく」と近いと受け取られているのに対して、一般の人々にとっては、「全然」は「まったく」とは切り離して考えられているということを意味しているといえよう」（鈴木英夫1993: 434）という指摘がある。しかしこれは、そのような受容者層の異なりとみるよりむしろ、漢文文献に現れた「全然」に対する翻訳・注釈としての「まったく」（ないし「つゐに」「すこしも」「さらに」等）の使用と、日本語文中の「まるで」「すっかり」等に対するいわば狭義の"振り漢字"としての「全然」という、使用場面の異なりと捉える方が妥当であろう。白話小説翻訳における「まったく」の振り仮名付き「全然」について、鈴木は、「ルビで示された和語が文脈において語として働くのであり、「全然」は和語に添えられた振り漢字としての役割しかもっていない」（鈴木英夫1993: 430）とし、これと近代日本文学の振り仮名例を同列に扱っている。確かに両者は、何れも振り仮名の語によって文脈が形成されるという点では共通しているが、前者における「全然」が原漢文の語という所与の条件であるのに対し、後者の「全然」は日本語文に対して任意に付された漢語であり、両者は自ずからその性質を異にするものと考えられる。

　なお、これまでの研究（鈴木英夫（1993）、『日本国語大辞典』第二版）においては、「全然」は白話小説を通じて日本語に受容され、それが明治期以降に普及したものと認め得る記述がなされている。しかしそのような連続性があるならば、上述の条件の異なりを勘案しても、白話小説翻訳書や唐話資料の訳語と近代日本文学作品

の振り仮名例が全くといって良いほど一致しないことは不審である。加えて白話小説の語彙を多く採り入れる読本類にも「全然」の例を認めがたい*3 ことを考慮すれば、近代日本文学作品の「全然」使用に対する明清白話小説ないし唐話資料からの影響は、さほど大きくなかったのではないかと思われる。

　また、既に考察されている（鈴木英夫（1993）、新野（2010）等）ように、近代日本語における「全然」は必ずしも「ない」等の直接的な否定を伴う訳ではないが、白話小説における「全然」は、その多くが「全然不動」「全然無懼」「全然没有」「全然未保」のように、直後に否定辞を伴っている。試みに日本で広く受容されたと見られる作品（『三国演義』『水滸全伝』『西遊記』『喩世明言』『警世通言』『醒世恆言』『初刻拍案驚奇』『二刻拍案驚奇』『三遂平妖伝』『儒林外史』『女仙外史』『西湖佳話』）について調査を行った*4 ところ、121例中「全然不〜」、「全然無〜」「全然没〜」「全然未〜」の例が併せて108例、「全然打聴不著」（『水滸全伝』）「全然又無些子消息」（『警世通言』）「全然看不得」（『儒林外史』）を加えると111例（91.7％）あり、少なくともその用法については、白話小説類からの影響は認めがたい。

　一方前述のように、「全然」は朱子学・陽明学を通じて学問の語として受容され、それが明治期の西周をはじめとする哲学・思想関係の文献に受け継がれた*5。朱子学の基本文献の中で「全然」の例を多く含む『朱子語類』においては、全54例中、否定辞を伴う例は23例（42.6％）であり*6、極端な傾向はみられない。詳しくは別稿に譲るが、「全然」の日本語への受容は、白話小説からの影響もあると見られるものの、むしろ近世儒学を通じての受容という側面が大きいものと考えられる。

　明治期文学作品に用いられた振り仮名付きの「全然」は、はじめは和語に対する硬い漢語を、漢語流行の風潮*7 も手伝って、やや衒学的な意識も伴いつつ用いたものが、次第に普遍的な表記のあり方として定着していったとみることができるだろう。

4.『人情本刊行会叢書』における改変

　明治大正期の振り仮名付き「全然」がどのように捉えられていたのかについては、次の資料からもその一端をうかがうことができる。
　1916（大正5）年に人情本刊行会から出版された『人情本刊行会叢書』（以下「刊行会版」）には、しばしば振り仮名付きの「全然」がみられる*8が、それらの例がある箇所を原版本*9と対照させると以下のようになる。

○ナニ<u>さつぱり</u>どうしたのだか仔細のわからねへのだから<u>困り</u>きりやす　　　　　　　（為永春水『一刻千金梅の春』四編巻一・第二〇回）
→なに、<u>全然</u><ruby>何様<rt>どう</rt></ruby>したのだか、<ruby>訳<rt>わけ</rt></ruby>の<ruby>解<rt>わか</rt></ruby>らねぇのだから、<ruby>困<rt>こま</rt></ruby>り<ruby>切<rt>き</rt></ruby>りやす。　　　　　　　　　　　　　　（刊行会版）
○<u>さつぱり</u><ruby>意気地<rt>いくじ</rt></ruby>はありませんヨ　　　　　　　　　（同上）
→<ruby><u>全然</u><rt>さつぱり</rt></ruby><ruby>意気地<rt>いくじ</rt></ruby>はありませんよ。　　　　　　　（刊行会版）
○とてもの<ruby>事<rt>こと</rt></ruby>に<u>すつぱり</u>と<ruby>買<rt>かひ</rt></ruby>てが<ruby>有<rt>あら</rt></ruby>ば<ruby>売払<rt>うりはら</rt></ruby>ひ
　　　　　　　　　　　　　（竹葉亭金瓶『花鳥風月』二編巻上）
→<ruby>迚<rt>とて</rt></ruby>もの<ruby>事<rt>こと</rt></ruby>に<ruby><u>全然</u><rt>すつぱり</rt></ruby>と、<ruby>買人<rt>かひて</rt></ruby>が<ruby>有<rt>あ</rt></ruby>らば<ruby>売<rt>う</rt></ruby>り<ruby>払<rt>はら</rt></ruby>ひ、　　（刊行会版）
○<ruby>丸<rt>まる</rt></ruby>で<ruby>頭中<rt>あたまちう</rt></ruby>が<ruby>百鬼夜行<rt>ひやくきやぎやう</rt></ruby>さね　　　　　　（同、二編巻下）
→<ruby><u>全然</u><rt>まる</rt></ruby>　<ruby>頭　中<rt>あたまちう</rt></ruby><ruby>百鬼夜行<rt>ひやくきやぎやう</rt></ruby>さね。　　　　（刊行会版）
○そんならばお気の毒でも、<u>すつはり</u>お<ruby>断<rt>ことは</rt></ruby>りまさァな。
　　　　　　　（松亭金水『比翼連理花廼志満台』初編巻下第五回）
→<ruby>其様<rt>そん</rt></ruby>ならばお<ruby>気<rt>き</rt></ruby>の<ruby>毒<rt>どく</rt></ruby>でも、<ruby><u>全然</u><rt>すつぱり</rt></ruby>お<ruby>断<rt>ことわ</rt></ruby>り<ruby>申<rt>ま</rt></ruby>しまさァな。　（刊行会版）
○<ruby>其様<rt>そん</rt></ruby>な<ruby>事<rt>こと</rt></ruby>も<ruby>何<rt>なに</rt></ruby>も<ruby>角<rt>かう</rt></ruby>も<ruby>洗<rt>あら</rt></ruby>ひあげて。<u>すつかり</u>と<ruby>分解<rt>わかつ</rt></ruby>たうへで。また爺さんとも<ruby>相談<rt>そうだん</rt></ruby>して<ruby>何様<rt>どう</rt></ruby>とも<ruby>仕<rt>し</rt></ruby>やう。　（同、四編巻下第二三回）
→<ruby>其様<rt>そん</rt></ruby>な<ruby>事<rt>こと</rt></ruby>も<ruby>何<rt>なに</rt></ruby>も<ruby>彼<rt>か</rt></ruby>も<ruby>洗<rt>あら</rt></ruby>ひ<ruby>上<rt>あ</rt></ruby>げて、<ruby><u>全然</u><rt>すつかり</rt></ruby>と<ruby>分<rt>わか</rt></ruby>つた<ruby>上<rt>うへ</rt></ruby>で、<ruby>復父<rt>またとつ</rt></ruby>さんとも<ruby>相談<rt>さうだん</rt></ruby>して<ruby>何様<rt>どう</rt></ruby>とも<ruby>仕<rt>し</rt></ruby>よう。　　　　　（刊行会版）
○<ruby>後<rt>あと</rt></ruby>でよく〳〵<ruby>考<rt>かんが</rt></ruby>えれば。<ruby>命<rt>いのち</rt></ruby>と<ruby>恃<rt>たの</rt></ruby>む<ruby>此金<rt>このかね</rt></ruby>を。<u>丸</u>でとつたは<ruby>余<rt>あま</rt></ruby>り<ruby>無慈悲<rt>むじひ</rt></ruby>と。<ruby>泪<rt>なみだ</rt></ruby>もろく<ruby>容子<rt>やうす</rt></ruby>を<ruby>尋<rt>たづ</rt></ruby>ねて。　（同、四編巻下第二四回）
→<ruby>後<rt>あと</rt></ruby>で<ruby>能<rt>よ</rt></ruby>く〳〵<ruby>考<rt>かんが</rt></ruby>へれば、<ruby>命<rt>いのち</rt></ruby>と<ruby>恃<rt>たの</rt></ruby>む<ruby>此<rt>この</rt></ruby>の<ruby>金<rt>かね</rt></ruby>を、<ruby><u>全然</u><rt>まるで</rt></ruby><ruby>取<rt>と</rt></ruby>つたら<ruby>余<rt>あんま</rt></ruby>り<ruby>無慈悲<rt>むじひ</rt></ruby>と、<ruby>涙脆<rt>なみだもろ</rt></ruby>く<ruby>様子<rt>やうす</rt></ruby>を<ruby>尋<rt>たづ</rt></ruby>ねて、　（刊行会版）
○<ruby>丸<rt>まる</rt></ruby>で<ruby>死<rt>し</rt></ruby>ンたか<ruby>生<rt>いき</rt></ruby>たか<ruby>往方<rt>いきかた</rt></ruby>がわからないのだから
　　　　　　　（朧月亭有人『春色戀廼染分解』四編巻下第二三回）

→全然で死んだか、生きたか往き方が分らないのだから、
　　　　　　　　　　　　　　　　　　　　　　　　（刊行会版）
　　○丸〜お前様のお世話になっちやァ　　　（同、五編巻上第二五回）
　　→全然お前様のお世話になつちやア。　　　　　　　（刊行会版）
これらの例においては、原本の記載が改変されて、本来存在しなかった「全然」が刊行会版の本行に用いられている。したがってここでの「全然」は、人情本刊行会による改変の結果生じた表記ということになるが、和語の表記をわざわざ漢語の熟字訓のような形で示すのは、現在の目で見れば極めて不可解な処置のように映るものである。

　刊行会版の本文改変については浅川哲也の詳細な調査研究があり、「活字化された「人情本刊行会版」の本文は、版本の表記を改変している」として、「漢字→平仮名、平仮名→漢字、漢字→他の漢字、濁点の加除・改変などの例がある」（浅川 2014: 3）と述べ、その改変が多岐にわたることを指摘している。また改変の態度には全体として、原本の表記のうち刊行会版当時には特殊とみられたものを当時通常の平易な表記に改める、という方向性の認められることが示唆されている。上掲例では、「仔細」→「訳」、「分解た」→「分つた」などがその典型であるが、「すつかり」→「全然」、「丸で」→「全然」等は一見それに逆行するように思われる。

　しかし、先行研究（柄沢 1977、鈴木英夫 1993）で明らかにされているとおり、明治期文学作品の「全然」には「すっかり」「まるで」をはじめとする副詞の振り仮名付きの例が多く、このような表記法は、書き手にとっても読み手にとっても、違和感のない一般的なものであったと考えられる。したがって刊行会版における改変は、おおむね当時の常識的な表記意識に従ってなされたものと考えられる。すなわち「全然」「全然」等の表記法は、前掲例中の「とても」→「迚も」（『花鳥風月』）や、
　　○燗がべらぼうに醒た
　　　　　　　（松亭金水『比翼連理花の志満台』四編巻下・第二三回）
　　→燗が篦棒に冷めた。　　　　　　　　　　　　（刊行会版）
の「篦棒」等と同様、現在では既に一般的ではないものの、明治大

正期には広く普及していた表記法への改変例と捉えるべきであろう。試みに《太陽コーパス》*10 および《近代女性雑誌コーパス》*11 に拠って（次の一覧ではそれぞれ《太陽》《女性》とした）「まるで」「すっかり」の表記例を検索した結果は次の通りであった。

【まるで】
　《太陽》「まるで」183例、「丸で（丸るで）」102例、「全で（全るで）」34例、「全然」13例、「宛然」10例、「宛で」8例、「恰で」7例、「全体」1例、「悉皆」1例。
　《女性》「まるで」52例、「全然（全然で）」8例、「丸で」7例、「殆で」4例、「宛で」3例、「全で」2例、「宛然」1例。

【すっかり】
　《太陽》「すつかり（すツかり）」252例、「悉皆」15例、「全然」6例、「了然」5例。
　《女性》「すつかり（すツかり）」79例、「全然」6例、「悉皆」6例。

仮名および訓漢字（＝「丸で」）の例が多いのは和語の表記として当然であるが、「全然」をはじめとする漢語（二字漢語）を当てた例も散見され*12、そのような和語と漢語が一体となった表記の通用していたことが前提となって、刊行会版における改変が行われたものと考えられる。やや踏み込んだ表現をすれば、刊行会版の和語表記と一体となった「全然」使用は、現在の文庫本等においてしばしばみられる「読解の便を図って、原本の表記を現在通行のものに改める」という態度に通じるものといえるだろう。

5．振り仮名の影響

　上述のような使用状況の中で、明治大正期の振り仮名付き「全然」が漢語「全然」の普及に一定の役割を果たしたことは、容易に想像されるところである。例えば、

　　○二度（たびか）恁うして軍隊（ぐんたい）へ入（い）つてからと云ふものは、父様（とつさん）やお前們（まへたち）の事（こと）は思（おも）ひ出（だ）しても見（み）ん。昔（むかし）の事（こと）は全然（すつかり）忘（わす）れて了（しま）つてゐるのだ。
　　　　　　　（小栗風葉「下士官」四『新小説』五年一〇巻〈1900年〉）

○先の日紳商一家に少なからぬ恥辱を受けた事も、全然忘れて了つて、
　　　　　　　　　（小栗風葉「一腹一生」『太陽』1901年10号）
あるいは、
　　○其悲しみは今迄の悲しみとは全然其趣を異にして居る、
　　　　　（佐野天声「銅山王」詰の幕（中）紅葉谷『太陽』1909年5号）
　　○それに想像したお艶の顔とは、全然型を異にしてゐるので有つたのみならず、少しも顔面に険しさが見えなかつた。
　　　　　　　　（江見水陰「悪獣性の女」五『太陽』1925年7号）
のように、和語副詞と漢語「全然」の意味が一致する例をみれば、振り仮名の和語との一体表記が、漢語「全然」を広く人々の目に親しいものとし、日常口頭語としての定着に寄与したと考えることができるだろう。

　なお「まるで」は、「まるでＡ（の）ようだ」等の形で比況の陳述（呼応）副詞として用いられ、「全然」の振り仮名例にも、
　　○鍋のお白粉を施けたとこは全然炭団へ霜が降ッたやうで御座います　　　　　　　　　　　（『浮雲』第一篇第一回〈1887年〉）
　　○否ネ、近頃は奥様は全然生まれ代はりなすつた様よ
　　　　　　　　　　（木下尚江『良人の自白』上篇二三〈1904年〉）
　　○聴衆は西洋人の方が多い位で御座いましたから、全然西洋へでも参つたやうな気がいたしました。
　　　　（三浦環「音楽の名手 藤井環女史」『女学世界』1909年5号）
等の例がある。またしばしば慣用句的に用いられる「まるで夢のよう」についても、
　　○昨夜の事は全然夢の様なの、些とも判りやしないんだもの。
　　　　　　　　　　　　（小杉天外『はやり唄』第五〈1902年〉）
　　○全然夢の様な気がして持って帰つては来ましたけれど、
　　　　　　　　　（木下尚江『良人の自白』上篇一三の五〈1904年〉）
　　○嬉しいこと、本当に、全然夢の様ですわ。左様なつたら私一生に貴方を大事にするわ。
　　　　　　　　　　　（佐野天声「銅山王」『太陽』1909年5号）
　　○彼女の生涯に取つて、どんなに大切であつたかも知れない其の十年が、ちよつとした私の気の霧れ方で、私のために全然夢の

ように過ぎてしまつたのであつた。
（徳田秋声「感傷的の事」〈1921年〉）

といった例を比較的容易にあげることができる。しかしこのような日本語での用法に、漢語の「全然」はあまり用いられないようである。管見では、

○さういふ凄惨を極めた光景を眼のあたりに見ながらも、指一本は愚か、眼瞼さへ動かすことのできない状態にあつた団には余のことに、全体の事件が全然夢のなかでの事件のやうにしきや思はれなくなつてしまひだした。
（馬場孤蝶「悪の華」『婦人倶楽部』1925年3号）

という例が得られたが、これは後の「思はれなく」に掛かるという可能性も考えられる。

　比況の用法は中国語では、本稿の冒頭に掲げた『三遂平妖伝』の「内中有一個猪前面両双脚全然像個人手」等の例があり、現代中国語でも「全然如～」のような表現がみられる。しかしこの用法は日本語としての「全然」には馴染まなかったようで、なかなか類例を見出すことができない。

　ただ前掲の徳田秋声「感傷的の事」（『人間』第三号一巻所収の初出本文）の「全然」の例は、秋声存命中の1936年刊『秋声全集』（非凡閣）所収本文では、

○ちよつとした私の気の翳れ方で、私のために全然夢のように過ぎてしまつたのであつた。
（第六巻409頁）

とあって振り仮名が削除されており（代わりに「気の翳れ方」という別の箇所に振り仮名がある）、漢語「全然」の例のように見えてしまう形となっている。こういう例の存在からみれば、「全然」における比況の用法も次第に可能になったことがうかがわれる。管見では、やや時代が下るが、

○父は家事には全然、無能である。蒲団さへ自分で上げない。さうして、ただもう馬鹿げた冗談ばかり言つてゐる。配給だの、登録だの、そんな事は何も知らない。全然、宿屋住ひでもしてゐるやうな形。
（太宰治「桜桃」〈1948年〉）

という例が認められ、また近時には次のような例もある。

○いきなりその周りをずっと軍艦で取り囲んでなんという、<u>全然漫画の読み過ぎみたいな人の話</u>が多いと思うんですね、
（第 165 回衆議院安全保障委員会会議録第 1 号、2006 年 10 月 17 日［発言者麻生太郎］＊《国会会議録検索システム》に拠る）

なお精査が必要であるが、あるいはこれらの例のように否定的なニュアンスを伴う場合には、この用法が現れやすいということがあるかもしれない。

振り仮名の和語が漢語の用法に直ちに影響を与えるものとは考えにくいが、上記の例はその可能性を示すものと言えよう。

6. 近代日本語辞書における「全然」

本節では、振り仮名例にみられる漢語と和語の対応に関連するものとして、辞書類の記載について言及したい。

唐話辞書の中には先に掲げた『画引小説字彙』『忠義水滸伝解』『俗語解』などのように「全然」を掲載するものあるが、明治期の漢語辞書、漢和辞典類については、およそ 1900 年までのものへの登録例はほとんど見られない＊13。この事情については次節において考察する。

「全然」を記載するものとして早いのは、

○全然^{スキト}_{其マヽ}○ 　　　　（市川清流『雅俗漢語訳解』世之部〈1887 年〉）

という例であるが、これは写本で伝えられた前掲『俗語解』を改訂・版行したものであって純粋に近代の例とはいえない。その後の辞書では、

○全^{ゼンゼン}…中略…然^{マルで。ーマ}_{ルツキリ。}　（山田美妙『漢語熟語大辞林』〈1901 年〉）

という例が早いものと考えられる。同辞書はその凡例に、

　○漢土その元明以後から新にできた俗語の数多いのは言ふまでも無し、その語体の奇異学者の多く難解とするところで、此大辞林には勉めて能ふだけの其多くを挙げ、今日の支那の俗語の解を求めるための利便を図った。　　　　　　　　　　　　　（凡例 2 頁）

とあるように、中国口語（白話）辞書の性格を有しており、引用書一覧の中にも『水滸伝』『西遊記』『拍案驚奇』『今古奇観』あるい

は『小説字彙』等の書名が見られる。一方、その和訳語には「まるで」「まるっきり」が用いられ、これは明治期の振り仮名例との関わりをうかがうことができる。なお同書の改訂版では、
　○全_{ゼンゼン}…中略…一然_{マルデノコラズ}。　（山田美妙『新編漢語辞林』〈1904年〉）
とあって、訳語に変動がみられる。このほか同時代のものに、
　○全然（副）まつたく。すべて。
　　　　　　　　　　　　（大田才次郎『新式節用字典』〈1905年〉）
　○全然_{ゼンゼン}まるで。のこらず。みな。
　　　　　　　　　　　　　（森訥『漢和中辞典』〈1905年〉）
　○（全然）_{ゼンゼン}まつたく、すべて、「全然賛成す」「全然拒絶す」
　　　　　　　　　　（郁文社編輯所『漢和大辞林』〈1908年〉）
という例がある。その後、
　○【全然】ゼン・ゼン　まるで。全く。　（栄田猛猪『大字典』〈1919年〉）
のような例があるが、所謂"由緒ある漢語"とはみなされなかったためか、漢和辞典への登録例は多くない。

国語辞典では、
　○（ぜん-ぜん〔全然〕（副）全く，まるで．
　　　　　　　　　　　　　（金澤庄三郎『辞林』〈1907年〉）
の例が早いものとみられ、その後、次のような例も認められる。
　○ぜん-ぜん【全然】名 副 まったく。すべて。まるで。「―拒絶す」
　　　　　　　　　　　　（郁文社編輯所『辞海』〈1914年〉）
　○全然_{ぜんぜん}（副）まつたく。まるつきり。ことごとくと云ふ意
　　　　　　　　　　（文明堂編輯部『模範いろは辞典』〈1914年〉）

これら漢語辞書、漢和辞典、国語辞典類の例を通観すれば、何れの解釈にも「まったく」「すべて」「まるで」の何れかが用いられていることが認められる。これには「まったく」「すべて」と同様、「まるで」にも、
　○此の状の様子では、書いては無いが細君をも余程ほど大切に仕て居るらしい、小児と来てはそれには全で眼が無い様子だ、
　　　　　　　　　　（幸田露伴「緑の糸」其中『太陽』1901年2号）
　○私のは十八九から禿げ初して二十七八の時は全で禿顱になりましたがナ、　　　　　　（内田魯庵「投機」四『太陽』1901年5号）

「全然」とその振り仮名　255

のような「全」字を用いた例が少なくない（前述《太陽コーパス》の調査結果では 34 例）ことが関与していると見られる。これについてはさらに、

　○此老僕は全十二年彼と苦楽を分ツた忠義者で、

（嵯峨の屋おむろ訳、
トルストイ「セバストウポルの火花」其二『太陽』1901 年 8 号）

　○彼は大人のするやうに、巧みに魚の腸を出し、全部事なりまたは手頃になり切つて、

（加能作次郎「漁村賦」三『太陽』1917 年 4 号）

のような例もあり、「全て」を意味する「まる」に「全」字を用いることの広く行われていたことが知られる。辞書においては文脈抜きでも認識しやすい類義語を選択することが考えられるため、「全」字の表記を共有する「まるで」（および「まるっきり」）が「全然」の解釈に多く用いられたのであろう。一方、「まるで」とともに「全然」の振り仮名に多く見られる「すっかり」*14 が辞書記述に採用されにくいのは、この語の表記に「全」字が用いられない（『太陽コーパス』の調査でも未見）ことが関わっているものと考えられる。

7.「全然」の日常語化と辞書への登録

　前述の通り、「全然」が辞書に取り上げられるようになるのは 1900 年代すなわち明治 30 年代半ば以降であり、例えば、大槻文彦『言海』（1889–91 年）や山田美妙『日本大辞書』（1892 年）には「全然」が立項されていない。

　この点は和英辞典でも同様で、ヘボンの『和英語林集成』（初版 1867 年、再版 1872 年、三版 1886 年）には「全然」の記載はなく、ブリンクリー他編『和英大辞典』（1896 年）にも見られない。管見では、

　○**Zenzen,** 全然。【副】Quite; in every sense of the word; in all parts; throughly; at all; in every respect; entirely,（1）左様することを全然忘れた。I *quite* forgot to do so.（2）彼はその所

置を全然弁護した。He defended the transaction *in all its parts*.（3）合併の企ては全然失敗に終るべし。The amalgamation should fall *through*.　　（佐久間信恭『会話作文和英中辞林』〈1904年〉）

○ Zenzen（全然），*ad.* Wholly; totally; entirely; absolutely（断じて）．それは全然無根の事だ．That is abusolutely without foundation．僕は全然不賛成だ．I am entirely opposed to it.

(井上十吉『新訳和英辞典』〈1909年〉)

という例が早いものである。これは、既に文学作品の調査にもとづいてなされた、「一般的には、明治30年代の後半から、漢語としての「全然」が一般化したと言って良いのではなかろうか。」(鈴木英夫 (1993: 433)) という指摘と符合する。「全然」自体は江戸時代の文献から見られ、西周の文章や『明六雑誌』をはじめとする明治初期資料にも用例が認められるが、論文や評論などの硬い文章表現から上記和英辞典の文例に見るようなやゝくだけた日常語的な表現へと、漢語「全然」の使用が拡大したのがこの時期ということができるだろう。

なお英和辞典については鈴木英夫 (1993) に、ロプシャイド『英華字典』(1866–69年刊) の影響を受けた吉田賢輔等『英和字典』(1872年刊) の"Totally"項目下に「尽、全然、一概、」という対訳語の見えることが報告されている（本稿の筆者未見）が、これは、「その時点において「全然」を中国語と意識しており、まだ漢語すなわち外来語としては意識していなかったと言える」(鈴木英夫 (1993: 430)) とされる通りのものである。ロプシャイド『英華字典』の影響下にある辞書には他に、

○ Totaly, *adv.* wholly, 隴總 盡 全然 一概 价 マツタク，*mattaku*，スベテ，*subete*，アハセテ，*awasete*，ノコラズ，*nokoradzu*.

(中村敬字校、津田仙・柳澤信大・大井謙吉訳『英華和訳字典』〈1879年〉)

という例がある。その後のものとしては、

○ Wholly, *adv.* 全然，全ク，十分ニ，専ラ，一統ニ．

(島田豊纂訳『附音挿図和訳英字彙』〈1887年〉)

○ Wholly, adv. 全ク、全然、十分ニ、専ラ、一統ニ.

(イーストレーキ・棚橋一郎訳『ウェブスター氏新刊大辞書和訳字彙』〈1888年〉)

等があり、国語辞典や和英辞典よりやや早いが、それは和英辞典の例文等とは異なる、次のような硬い翻訳文での使用を想定したためという要因もあるだろう。

　○下等動物の間には、同一の器官にして同時に<u>全然</u>殊別の官能を行ひつゝある、夥多の実例を求むることを得べし、

（立花銑三郎訳『生物始源』〈1896 年〉p.303）

〈原英文〉Numerous cases could be given amongst the lower animals of the same organ performing at the same time <u>wholly</u> distinct functions ;

(Charles Darwin. On the Origin of Species, 1859: 137)

8．おわりに

　振り仮名に和語と漢語を結びつける働きのあることは周知のところで（今野（2013: 132–135）等）、本稿の筆者も先行研究（鈴木丹士郎 1966、小松 1974、細川 1989）を参照しつつ、「振り仮名はまた、「同胞(はらから)」「挙動(ふるまひ)」のような熟字訓の形をとることによって、漢語と和語の重層的表現に表現に用いられる。…中略…これらは漢字で書かれた言葉（漢字語）と振り仮名の言葉の合作によって一つの言葉を形成するものといえよう」（橋本 2009: 386）と述べたことがある。

　「全然」とその振り仮名の場合もその一例であるが、冒頭で述べたように、本稿ではそこから漢語の受容と定着の経緯および様相を看取することを試みた。今回は「全然」という一語についてのみの分析にとどまったが、他にも類例の存することが考えられ、今後これを語彙史研究へと発展させることを期したい。

＊1　この点の詳細に関しては、橋本（2010）、橋本他（2013）において報告を行った。比較的早い例としては次のようなものがある。
　　○而其迹如不与<u>全然</u>欺君売国、翻城納款者同、則世之議者輒与末減其罪、

（浅見絅斎「李陵論」〈1700年〉）
○清和天皇第三ノ皇子、貞元親王ノ宝玩板鈴卜云物有トテ、冒シタルヲ見レバ、…中略…我所蔵ノ物ト、全然タル同物ナリ。
（森島中良『桂林漫録』巻下〈1800年〉）

なおこの受容問題については別稿を用意している。

＊2　「まったく」の振り仮名例は、柄沢（1997）によれば二葉亭四迷の作品にある100例の「全然」中に1例、本稿の筆者に管見に入ったところでは、木下尚江『良人の自白』（上・中・下・続〈1904–06年〉金尾文淵堂刊）の52例中に2例がある程度で、《太陽コーパス》中には認められなかった。

＊3　鈴木英夫（1993）における調査のほか、国文学研究資料館《大系本文（日本古典文学・噺本）データベース》所収『椿説弓張月』『雨月物語』『春雨物語』、ジャパンナレッジ《新編日本古典文学全集》所収『近世説美少年録』『英草紙』『西山物語』の検索、およびOCR検索による岩波文庫『南総里見八犬伝』の調査結果。

＊4　《開放文学網》（http:/open-lit.com/）、《中央研究院漢籍電子文献》（hanji.sinica.edu.tw/）および《諸子百家中国哲学書電子化計画》（http://ctext.org/zh）所収のデータベースによって検索を行った。

＊5　注（1）を参照。

＊6　中華書局の理学叢書版『朱子語類』（1994年）を目視およびOCR検索によって調査した後、《諸子百家中国哲学書電子化計画》（http://ctext.org/zh）によって確認を行った。

＊7　池上（1957）を参照。

＊8　『比翼連理花廼志満台』『春色戀廼染分解』の例は、岡部嘉幸氏作成の《人情本コーパス》によって検索を行った。

＊9　参照本は以下の通り：『一刻千金梅の花』＝立命館大学蔵本（立命館大学アート・リサーチセンター《古典籍閲覧ポータルデータベース》所収画像）／『花鳥風月』＝早稲田大学蔵本（早稲田大学図書館《古典籍総合データベース》所収画像）／『比翼連理花廼志満台』＝関西大学蔵本（原本調査）／『春色恋廼染分解』＝原版未見。浅川哲也編著『春色恋廼染分解 翻刻と総索引』おうふう2012年所収の翻刻本文に拠った。

＊10　国立国語研究所作成、博文館新社刊CD-ROM。本稿中の雑誌『太陽』からの引例は同コーパスによった。

＊11　国立国語研究所作成CD-ROM。本稿中『女学世界』『婦人倶楽部』からの引例は同コーパスによった。

＊12　『太陽』に比べ、女性雑誌における振り仮名付「全然」の使用比率が高い。母数が少ないため判断は難しいが、これは他の漢語に比べて「全然」による表記がより日常的であったこと示す可能性も考えられる。

＊13　漢語辞書については、『明治期漢語辞書大系』（大空社）所収本を全巻調査した。

＊14　鈴木英夫（1993）では、得られた用例数の多寡から、「まるで」より「すっかり」の方を主と捉えている。なおこの振り仮名の使用は、作家（作品）によって偏りがあり、柄沢（1977）による二葉亭四迷作品の調査では、「全然」100例中の振り仮名は「すっかり」66例、「まるで」13例、「まるっきり」12

例、「さっぱり」4例、「すっぱり」「そっくり」各2例、「ぞっこん」「ずっと」「まったく」各1例、振り仮名無し2例で、「すっかり」の例が多いが、本稿の筆者が調査した木下尚江『良人の自白』（注（1）参照）では、50例中「まるで」36例、「すっかり」「ぜんぜん」各2例、「まるきり」「まったく」および振り仮名無しが各1例で、「まるで」の例が大多数を占めている。

参考文献

浅川哲也（2014）「江戸時代末期人情本の活字化資料にみられる諸問題―「あるのです」は「あるです」―」『日本語研究』34: pp.1–14. 首都大学東京・東京都立大学 日本語・日本語教育研究会

池上禎造（1957）「漢語流行の一時期―明治前期資料の処理について―」『国語国文』26（6）: pp.379–388. 京都大学国語国文学会

柄沢衛（1977）「「全然」の用法とその変遷―明治二、三十年代の二葉亭四迷の作品を中心として―」『解釈』23（3）: pp.38–43. 解釈学会

小松寿雄（1974）「『雨月物語』の文章」『国語と国文学』51（4）: pp.109–122. 東京大学国語国文学会

今野真二（2013）『漢字からみた日本語の歴史』筑摩書房

鈴木丹士郎（1966）「近世文語の諸問題」『専修大学論集』（3）: pp.47–64. 専修大学学会

鈴木英夫（1993）「新漢語の受け入れについて―「全然」を例として―」松村明先生喜寿記念会編『国語研究』pp.428–449. 明治書院

新野直哉（2010）『現代日本語における進行中の変化の研究』ひつじ書房

橋本行洋（2009）「振り仮名」前田富祺・阿辻哲次編『漢字キーワード事典』朝倉書店

橋本行洋（2010）「〈「全然」＋否定〉について―近世中国語から近代日本語へ―」近代語研究会2010年度春季発表大会口頭発表資料

橋本行洋・梅林博人・新野直哉・島田泰子・鳴海伸一（2013）「［ブース発表］漢語副詞の受容と展開―漢語の〈和化〉と否定との呼応―」『日本語学会2013年度秋季大会予稿集』pp.219–224. 日本語学会

細川英雄（1989）「振り仮名―近代を中心に―」佐藤喜代治編『漢字と仮名［漢字講座第4巻］』pp.201–224. 明治書院

付　記

本稿は、国立国語研究所共同研究プロジェクト（萌芽・発掘型）「近現代日本語における新語・新用法の研究」（プロジェクトリーダー新野直哉）による研究成果の一部である。

あとがき

　この論集のもととなった同名の日本語学会シンポジウム（2013年度春季大会）の企画が、担当者の石黒圭氏から提示されたのは2012年の夏であったと記憶している。
　副担当であった私は、この「書き言葉と話し言葉の接点」というテーマと構想をはじめてうかがったとき、──本書の「まえがき」で石黒氏が触れておられるように──「おもしろそうだが大風呂敷で大変だぞ、これは」と、正直なところ思ったのであった。
　私は個別現象の分析を行いつつそこから普遍性を見てゆこうという、いわば"小さな巾着"にまとめるところから研究を行ってきたためか、"大風呂敷"を広げる研究には懐疑的で、実際、その悪い例を目の当たりにしたこともあった。そのような認識の副担当であったため、大海に出た井蛙のごとくほとんど何もできず、パネリストの人選をはじめ、内容、進行方法、その他細かい手順に至るまで、すべて主担当の石黒氏一人に任せきりになってしまった。
　しかしこのテーマ設定が的確なものであったことは、周知の通りシンポジウムが非常な成功裏に終わったことからも明白である。各パネリストの発表内容も極めて実証的で質が高く、司会を務められた石黒氏の手腕とともに、"大風呂敷の広げ方"を目の当たりにしたのであった。
　ただ不足だったのは、上述のような私の怠慢のため、シンポジウムでは通時的研究からの発題者が野村剛史氏お一人になってしまった点であった。また時間の制約もあってパネリストは4名に限定されていた。したがって、シンポジウム終了時にひつじ書房から、「このシンポジウムをもとにさらに執筆者を加えて論文集を出さないか」とのお誘いを受けたとき、石黒氏も私も通時面からの論考を加える必要性を感じ、また共時的研究もさらに充実させるべく、パネリスト諸氏とも相談し、今般の執筆メンバーにお願いすることとなったのである。その際、執筆を打診した方々が全員お引き受けく

だされ、改めてこのテーマへの関心の高さと重要性を認識したのであった。ただ後になって、さらに執筆をお願いすべき方々がおられたことに思い至り、残念かつ申し訳なく感じている。

　本書の「まえがき」には、石黒氏による各論文の紹介が載せられている。これは、本来私が担当すべき通時的研究の分野にまで的確な解説がなされており、本書の性格がよく理解できる内容となっている。この紹介文に導かれつつ、あるいはまた別の視点を以て、本書の各論考をお読みいただければ幸甚である。

　末筆になりましたが、本書への執筆を快くお引き受け下さった執筆者の皆様、面倒な編輯作業と煩雑な索引作成に御尽力いただいたひつじ書房の海老澤絵莉様、またシンポジウムの際に貴重な御意見を賜りました方々、さらに本書の刊行に御助力下さった全ての方に感謝申し上げます。

　　2014年4月　編者のもう一人として

橋本行洋

索　引

あ
アイコン化　44
　　──レベル　49
『赤い鳥』　51
朝日新聞 DIGITAL　117
飛鳥池遺跡出土の音義木簡　172

い
言いさし　68
インヴォルヴメント　14
引用　44

う
「う」　193, 201
ヴァーチャル方言　38, 49
　　近代文学に現れる──　50
歌のことば　176
打ちことば　37

え
英和辞典　257
エクリチュールの零度　78
エッセイ　66
NHK NEWS WEB　117
延慶本平家物語　187, 189, 190, 192, 198, 201, 202

お
送り仮名　142, 153, 167
　　──の付け方　148, 150, 153

男気キャラ　46
音　140
音韻レベル　138
音漢字　140, 154
音訓整理　166
音声言語　14
音声レベル　138
音節／モーラ文字　139
音素文字　139
女ことば　8

か
解説のコ　123
顔文字　49
書き言葉口語体　205
『かたこと』　230
語り（ナラティブ）　109
カタリのことば　181, 182
括弧　70
活用　142, 143, 151, 152
活用語尾　142, 143
鎌倉時代口語　187, 192, 201
漢学者　246
漢語　176
　　──辞書　254, 255
　　──動詞　154
　　──流行　248
漢字制限　166
漢字表記　245, 250
間接経験領域　129
間接話法　5
漢文訓読　166, 171
漢文脈　76
漢和辞典　254, 255

263

き

聞き言葉　116
疑似独話　57, 60, 61, 72
希疎表記　137, 167
北大津遺跡出土音義木簡　171
きもち欠乏症　20
キャッシング　47
キャラクター（キャラ、キャラクタ）　3, 10, 18, 46
ギャンブル　47
共在性　81
共通語　5
巨視的コミュニケーション　6, 7
禁止　86
近世儒学　248
『近代女性雑誌コーパス』　251
近代日本語辞書　254

く

gooブログ検索　39
ク活用　151
組み合わせ不全　20
訓　140
訓漢字　140, 166, 245, 251

け

計画性　115
敬語　7
形態音韻レベル　138
形態素　143
　——文字　139, 145, 148, 150
　——文字方式　147, 149, 161
形容詞　151
『言海』　235
言及　44
原稿　115
言語年代　190
言語の二重分節性　139
現代口語演劇　7

『現代日本語書き言葉均衡コーパス』（BCCWJ）　96
言文一致　75
　——体　205

こ

語彙体系　153
語彙的多読性　152
「こう」　120
行為要求　67
豪傑キャラ　46
講義談話　134
「こうしたなか」　133
声に出して読めない日本語　30
語幹　143, 145
語義　164
『古今集遠鏡』　228
国語辞典　255, 258
コ系の指示語　118
「ここ」　123
語根　146, 150
　——文字　146, 147, 150
　——文字方式　147, 148, 149, 161
「ごさんなれ」　194, 195, 201
「ごさんめれ」　195, 201
個人的変異　3, 4
小新聞談話体　218
国字政策　166
語頭捨て仮名　153
『詞葉新雅』　226
「この」　119
「このあと」　131
「このうち」　130
「このため」　131
「この中で」　130
「このように」　132
語尾　143, 145
コミュニケーション・チャネル　15
語文字　139
語用論的機能　83
「これ」　119
「これから」　121

「これで」127
「これに関連し」126
「これに対し」123
「これについて」126
「これにより」127
「これまで」121
「これを受け」123
「今後」122

さ

西郷語 46
「さっぱり」260
「さらに」244, 247
三点リーダ 60, 64

し

子音終わり語幹の規則動詞 154
子音終わり語幹の動詞 144, 145
字義 141, 153, 164
自虐的トピック 48
シク活用 151, 161
思考過程 58, 61
指示語 116
示準性 189
示準文献 189, 198
自他対応 148
自他対応動詞 142
自他同形動詞 142
実時間性 107
執筆者属性 39
執筆者の性 49
自動詞 142, 146, 148
自動車改造 47
自分のコトバ 51
写生文 220
終助詞 67, 72, 81
『熟語大辞林』254
熟字訓 250
朱子学 246, 248
正倉院文書 174
常用漢字表 155, 166

省略 6
続日本紀宣命 177
助詞 141, 142, 143
真の多読性 163, 165
新聞 115
心理的距離 61, 70

す

「すこしも」244, 247
スタイル 18
「すっかり」247, 250, 256, 259, 260
「ずっと」260
「すっぱり」247, 260
ステレオタイプ 48
「すべて」255

せ

生活綴方運動 51
生活のことば 176, 182
正書法 152
節境界ラベル 98
接辞 143, 145
絶対指示 121
節連鎖構造 93
「全」256
「ぜんぜん」260

そ

「そ」196, 201
疎 61, 67, 71
「そう」120
候文 80
速報性 133
ソ系の指示語 118
「そっくり」260
「ぞっこん」260
「その」119
「そのうえで」130
「そのように」132
「それ」119, 128

『それから』 234
「それによりますと」 128

た

「た」 197, 201
待遇性 76, 83
体験 15, 18
体験談の構造 20
対者敬語 78
対面コミュニケーション 5
『太陽コーパス』 251, 256, 259
「たし」 192, 201
多視点性 7
多視点的 3, 4
他動詞 142, 146, 148
多読性 140, 141, 152, 164
　——解消 163, 165
　——表記 139
タネン 13
多表記性 152, 164
多表記性表記 139
談話構造 133

ち

地域イメージ喚起力 44
地域判明件数 41
チェイフ 13
逐字訓 178
逐次処理的 3, 4
知識 18
中国語受容 243
注釈 70
稠密表記 137, 167
重複発話 7
直示性 122
直示表現 4
直接経験領域 129
直接話法 6
陳述（呼応）副詞 252

つ

ツイッター（Twitter） 63, 116
「っと」 61, 63
「つゐに」 244, 247
ツンデレ 10

て

「で」 198, 201
ディタッチメント 15
丁寧語 78
丁寧体 58, 65, 66, 69, 71
丁寧表現 5
手紙文 205
伝達論的なコミュニケーション観 16

と

道具論的な言語観 16
動詞 143
同時性 132
動詞の自他 148
動的書き換え規則 110
同表記異語 154
当用漢字音訓表 155, 166
当用漢字表 166
唐話 245, 247, 248, 254
特定のトピックとの結びつき 47
「どこ」 197, 201
土地の名産 46
「とても」 250

な

「なあ」 60, 62
夏目漱石 234
「なむじ」 198, 201
ナラティブ（語り） 109

に

ニセ方言ヒーロー 52

ニセ方言ヒロイン　52
二段活用　144
日常語　256, 257
日常口頭語　252
日常のことば　180, 182
日葡辞書　225
『日本国語大辞典』　247
『日本語話し言葉コーパス』（CSJ）　96
ニュース　115
『人情本刊行会叢書』　249

ね

ネガティブ・ポライトネス　59, 87

は

配慮表現　3, 4, 5, 7
白話小説　243, 246, 247, 248
　　――の翻訳　243, 244, 247
「ばし」　192, 201
派生　142, 152
派生接辞　142, 143
パチンコ　47
発信者のローカリティー提示　45
発話スタイル　10
場面依存性　4, 6
場面依存的　3
パラ言語　18

ひ

比況　252, 253
非言語　18
微視的コミュニケーション　6
否定辞　248
非標準語形　231
表意性　153
表意文字　139
表音性　166, 167
表音文字　139
表記意識　250
表記法　251

表現手段としての方言　50
表出　58, 62
標準語　5
標準語形　231
評判分析　39
非流暢性　108

ふ

フィクション　3, 5, 11
フィラー　6
不規則動詞　145
複合語　152
富士谷御杖　226
不整表現　4, 6, 7
普通体　58, 65, 66
振り漢字　247
振り仮名　153
ブログ　38, 62
　　――記事の執筆態度　46
　　――タイトル　41
文語　151
文書語　225
分節表示機能　161
文体　68
文法（形態論）的多読性　142

へ

「篦棒」　250
変体漢文　173

ほ

母音終わり語幹動詞　144, 145, 154
母音交替　231
方言　8, 37
方言ステレオタイプ　48
　　――と結びついた臨時的キャラの発動　46
　　――度　49
方言文末表現　38
ポーズ　6

ボール表紙本　237
ポジティブな禁止　90

ま

マクドゥーガル　20
「まったく」　244, 245, 247, 255, 259, 260
「まほし」　192
「まる」　256
「まるきり」　260
「まるっきり」　247, 255, 256, 259
「まるで」　247, 250, 252, 255, 256, 259, 260

み

見かけ上の多読性　163

む

無標　163, 164

め

名詞　143
名詞止め　68
メラヴィアンの数字　18

も

目的論的な発話観　16
文字言語　14
文字の表音性　137
本居宣長　228

や

役割語　3, 7
役割語度　49

ゆ

唯一性表記　139, 152

有標　163, 164

よ

余韻　68
洋学者　246
洋学書　245
陽明学　246, 248
用例　44
読み言葉　116
読み手意識　68, 71

り

リード　133
龍馬語　46

ろ

老人語　7
ローカルチーム　46

わ

和英辞典　256, 258
和音　172
和訓　172
和語　176
和語副詞　252
話題のローカリティー提示　46
和文脈　76

執筆者一覧
五十音順

石黒圭（いしぐろ けい）

国立国語研究所日本語教育研究領域教授、一橋大学大学院言語社会研究科連携教授

主な著書：『よくわかる文章表現の技術Ⅰ　表現・表記編』『同Ⅱ　文章構成編』『同Ⅲ　文法編』『同Ⅳ　発想編』『同Ⅴ　文体編』（明治書院、2004〜2007年）、『日本語の文章理解過程における予測の型と機能』（ひつじ書房、2008年）

乾善彦（いぬい よしひこ）

関西大学文学部教授

主な著書：『漢字による日本語書記の史的研究』（塙書房、2003年）、『日本語史のインタフェース』（岩波書店、2008年、共著）

金水敏（きんすい さとし）

大阪大学大学院文学研究科教授

主な著書：『ヴァーチャル日本語―役割語の謎―』（岩波書店、2003年）、『コレモ日本語アルカ？―異人のことばが生まれるとき―』（岩波書店、2014年）、『〈役割語〉小辞典』（研究社、2014年、編著）

今野真二（こんの しんじ）

清泉女子大学文学部教授

主な著書：『仮名表記論攷』（清文堂出版、2001年）、『文献日本語学』（港の人、2009年）、『百年前の日本語』（岩波書店、2012年）、『「言海」を読む―ことばの海と明治の日本語―』（角川学芸出版、2014年）

定延利之（さだのぶ としゆき）

京都大学大学院文学研究科教授

主な著書：『認知言語論』（大修館書店、2000年）、『さ

さやく恋人、りきむレポーター』(岩波書店、2005年)、『煩悩の文法』(筑摩書房、2008年)、『日本語社会　のぞきキャラくり―顔つき・カラダつき・ことばつき―』(三省堂、2011年)、『コミュニケーションの言語的接近』(ひつじ書房、2016年)

滝浦真人（たきうら　まさと）
　　放送大学教養学部・大学院文化科学研究科教授
　　主な著書：『日本の敬語論―ポライトネス理論からの再検討―』(大修館書店、2005年)、『ポライトネス入門』(研究社、2008年)、『山田孝雄　共同体の国学の夢』(講談社、2009年)、『日本語は親しさを伝えられるか』(岩波書店、2013年)

田中ゆかり（たなか　ゆかり）
　　日本大学文理学部教授
　　主な著書：『首都圏における言語動態の研究』(笠間書院、2010年)、『「方言コスプレ」の時代―ニセ関西弁から龍馬語まで―』(岩波書店、2011年)、『方言学入門』(三省堂、2013年、共編著)、『ドラマと方言の新しい関係―『カーネーション』から『八重の桜』、そして『あまちゃん』へ―』(笠間書院、2014年、共編著)

野田春美（のだ　はるみ）
　　神戸学院大学人文学部教授
　　主な著書：『「の（だ）」の機能』(くろしお出版、1997年)、『モダリティ』(くろしお出版、2002年、共著)、『ケーススタディ　日本語のバラエティ』(おうふう、2005年、共編著)

野村剛史（のむら たかし）

東京大学総合文化研究科教授

主な著書・論文：「連体形による係り結びの展開」（『日本語学と言語教育』、東京大学出版会、2002年）、『話し言葉の日本史』（吉川弘文館、2011年）、『日本語スタンダードの歴史―ミヤコ言葉から言文一致まで―』（岩波書店、2013年）

橋本行洋（はしもと ゆきひろ）

花園大学文学部教授

主な論文：「「食感」の語誌―新語の定着とその要因―」（『日本語の研究』2（4）、2006年）、「語彙史・語構成史上の「よるごはん」」（『日本語の研究』3（4）、2007年）、「体系意識による新語の成立―「特化」を例として―」（『国語語彙史の研究』29、2010年）

丸山岳彦（まるやま たけひこ）

専修大学文学部教授・国立国語研究所客員教員

主な論文：「『基本文型の研究』における文型観と階層観」（『時間の流れと文章の組み立て―林言語学の再解釈』、ひつじ書房、2017年）、"On the Multiple Clause Linkage Structure of Japanese: A Corpus-based Study"（*New Steps in Japanese Studies*, Edizioni Ca' Foscari, 2017年）、「大正〜昭和前期の演説に現れる文末表現のバリエーション」（『SP盤演説レコードがひらく日本語研究』、笠間書院、2016年）

屋名池誠（やないけ まこと）

慶應義塾大学文学部教授

主な著書・論文：『横書き登場―日本語表記の近代―』（岩波書店、2003年）、「近世通行仮名表記―

「濫れた表記」の冤を雪ぐ―」(『近世語研究のパースペクティブ』、笠間書院、2011年)、「中世末期日本語の〈語〉と〈語表記〉―天草版平家物語前半の分かち書きから」(『芸文研究』106、2014年)

山本真吾（やまもと しんご）
東京女子大学現代教養学部教授
主な著書・論文：『平安鎌倉時代に於ける表白・願文の文体の研究』（汲古書院、2006年)、「東大寺図書館蔵七喩三平等十无上義について」(『古典語研究の焦点』、武蔵野書院、2010年)、「翻刻・翻字の限界―日本語史研究の立場から―」(『文学』11（5）、岩波書店、2010年)

ひつじ研究叢書〈言語編〉第 122 巻
話し言葉と書き言葉の接点

The Interface between Spoken and
Written Language:
Synchronic and Diachronic Approaches
Edited by Kei Ishiguro and Yukihiro Hashimoto

発行	2014 年 9 月 22 日　　初版 1 刷
	2019 年 4 月 5 日　　　2 刷
	(ISBN978-4-89476-708-9 の軽装版)
定価	4000 円＋税
編者	©石黒圭・橋本行洋
発行者	松本功
ブックデザイン	白井敬尚形成事務所
組版所	株式会社 ディ・トランスポート
印刷・製本所	株式会社 シナノ
発行所	株式会社 ひつじ書房
	〒112-0011　東京都文京区千石 2-1-2　大和ビル 2 階
	Tel: 03-5319-4916　Fax: 03-5319-4917
	郵便振替 00120-8-142852
	toiawase@hituzi.co.jp　http://www.hituzi.co.jp/

ISBN978-4-89476-975-5

造本には充分注意しておりますが、落丁・乱丁などがございましたら、小社かお買上げ書店にておとりかえいたします。
ご意見、ご感想など、小社までお寄せ下されば幸いです。

刊行のご案内

〈ひつじ研究叢書(言語編) 第66巻〉
日本語の文章理解過程における予測の型と機能
石黒圭 著　定価8,000円+税

山田文法の現代的意義
斎藤倫明・大木一夫 編　定価4,400円+税

これからの語彙論
斎藤倫明・石井正彦 編　定価3,200円+税

刊行のご案内

文の姿勢の研究
林四郎 著　定価 6,600 円 + 税

歴史語用論の世界
文法化・待遇表現・発話行為

金水敏・高田博行・椎名美智 編　定価 3,600 円 + 税

日本語複文構文の研究
益岡隆志・大島資生・橋本修・堀江薫・
前田直子・丸山岳彦 編　定価 9,800 円 + 税

刊行のご案内

ひつじ意味論講座 1 語・文と文法カテゴリーの意味
澤田治美 編　定価 3,200 円 + 税

ひつじ意味論講座 2 構文と意味
澤田治美 編　定価 3,200 円 + 税

ひつじ意味論講座 3 モダリティ I：理論と方法
澤田治美 編　定価 3,200 円 + 税

ひつじ意味論講座 4 モダリティ II：事例研究
澤田治美 編　定価 3,200 円 + 税

ひつじ意味論講座 5 主観性と主体性
澤田治美 編　定価 3,200 円 + 税

ひつじ意味論講座 6 意味とコンテクスト
澤田治美 編　定価 3,200 円 + 税